문제해결 중심의

PEPLE
ANALYTICS

 자료 분석 편

홍세희 | 양준영 | 조기현 | 김효진 | 장유나

박영story

들어가며

메이저리그 구단들은 선수들의 성적 자료와 그에 대한 분석을 바탕으로 투자하고, 구글은 People Analytics를 전담하는 부서를 중심으로 사람에 대한 모든 의사결정의 근거를 마련한다. 매체에서는 연일 인공지능(Artificial Intelligence), 빅데이터(Big data), 사물인터넷(Internet of Things, IOT) 등의 4차 산업혁명 기반기술과 이로 인해 새롭게 변화할 시대상을 이야기하고 있다. 사회 한편으로는 전통의 집단주의 가치가 몸에 밴 세대에 이어 합리적 개인주의를 지향하는 세대가 등장했음을 알리는 변화들이 나타나기 시작했다. 이전의 세대와는 다른 특징을 지닌 새로운 세대와 어떻게 협력하고 시대를 함께해야 하는지에 대한 고민은 더욱 깊어지고 있다. 이러한 새로운 변화의 물결은 그동안의 사람에 대한 의사결정 방식에 대해서도 의문을 제기한다. 기존의 '직감적' 의사결정에 대한 근거를 요구한다. 위에 나열한 최근 기업, 기술, 사회의 변화 양상들은 People Analytics가 왜 필요한지 그리고 나아가 이 책이 집필된 이유를 모두 함축하고 있다.

왜 People Analytics인가?

머니볼(2011)은 2002년의 실화를 바탕으로 한 영화이다. 머니볼의 빌리 빈(브레드 피트)은 선수 개개인의 경기기록을 활용하여 1루에 진루할 수 있는 능력이 높은 선수를 추려낸다. 개개인의 연봉을 고려하여 비용대비 효과가 큰 선수들을 영입하고, 적은 선수들은 내보낸다. 이와 같은 전에 없던 구단 운영방식을 많은 이들이 비웃었다. 하지만 결과는? 최약체 팀 오클랜드의 20연승이었다. 팀에 필요한 '1루 진루'라는 성과를 달성할 확률이 높은 개개인으로 팀을 구성했고, 이는 '팀 승리'라는 성과로 연결되었다.

　최근에는 경영현장에서도 이처럼 사람에 대한 자료를 바탕으로, 결과에 영향을 주는 요인을 밝히고, 이를 조절하기 위한 시도가 이루어지고 있다. 구글이나, 마이크로소프트와 같은 기업이 대표적이다. 맥킨지와 같은 글로벌 컨설팅 업체 역시 자료 분석에 기반을 둔 컨설팅을 진행하고 있다.

　예를 들어, HR의 영역에서는 개별 인재들의 이직확률을 예측하기도 한다. 단순한 예측에서 그치지 않고, 기업에 꼭 필요한 인재의 이직을 예방하기 위해 어떠한 요인들을 관리해야 하는지 밝혀내고자 한다. 이직률을 낮추는 데 영향을 주는 요인을 밝혀낸다면, 이 요인을 조절하는 방안을 고안하여 핵심인재의 retention을 유도할 수 있다. 핵심기술을 가능하게 하는 핵심인재들이 기업 내에 존재한다는 것은 생산시설이나, 연구시설과 같은 하드웨어와 마찬가지로 기업의 성패를 가르는 중요한 요인이다.

　또 다른 예를 들어보자. 마케팅의 영역에서는 자사 제품에 대한 고객의 선호도, 매장방문 시간, 매장 직원의 친절도 등과 같은 요인을 측정하여, 실제 고객이 제품을 구매할지 하지 않을지를 예측하기도 한다. 잘 만들어진 제품과 서비스도 중요하지만, 이를 소비하고 사용하는 고객에 대한 연구가 없다면, 팔리지 않는 제품과 서비스가 될 뿐이다. 기업의 제품과 서비스를 가능하게 하는 R&D와 생산과 같은 영역이 여전히 중요하지만, 이제는 R&D와 생산을 가능하게 하는 '임직원', 우리의 제품과 서비스를 구매할 '고객', 즉 '사람'에 대한 연구와 의사결정 역시 중요해졌다.

　우리는 그동안 이러한 사람에 대한 의사결정을 어떻게 해왔는가? 단언하기는 어렵지만, 많은 기업의 HR이나 마케팅 부서 등과 같이 사람에 대한 의사결정을 해야 하는 부서들은 자료를 분석하는 대신, '경험'과 경험을 바탕으로 발달한 '감'과 '촉'으로 의사결정을 해오고 있었는지도 모르겠다. 혹자는 이렇게 물을 수도 있겠다. 지금까지의 그 경험과 감, 그리고 촉이 중소기업과 대기업의 성공 신화를 만들었는데, 앞으로도 전과 같이 하는 것이 문제가 될까?

　앞서 언급한 것과 같이 새로운 시대가 도래하고 있다. 새로운 기술이 유입되고 있고, 새로운 세대와 함께 일하는 시대가 되었다. 장강의 뒷 물결이 앞 물결을 밀어내듯, 변화는 일상이 되었고, 속도는 전례 없다. 20~30년 전의 성공 경험과 그 경험으로 만들어진 감과 촉은 한 치 앞을 예측할 수 없는 새로운 시대에서 과거와 같은 성공을 담보하지 못한다. 우리의 의사결정도 이에 발맞추어 그 방식이 바뀌어야 하며, 특히 새로운 시대에 '사람'에 대한 의사결정은 더욱 그러하다. People Analytics가 필요한 이유이다.

🗃️ 왜 이 책이 필요한가?

최근 People Analytics의 중요성이 강조되고, 국내외 유수의 기업들이 선진적으로 이를 도입하고자 노력하고 있다. 이에 발맞추어 People Analytics를 적용하여 문제를 해결하거나, 새로운 시도를 하는 기업들의 다양한 사례를 담은 도서들이 출간되고 있다. 문제는 이러한 '새로운 시도에 대한 소개'는 지속되고 있으나, 실제 어떻게 구인을 측정하고 자료를 수집해야 하는지, 이 자료를 어떻게 분석해야 하는지를 다루는 도서는 찾아보기 힘들다는 점이다. 반대로, '어떻게'를 다루는 통계 중심의 도서들은 계량적 배경지식이 많지 않은 기업의 담당자들이 이해하기에는 쉽지 않다. 또한, 실제 통계 프로그램을 어떻게 실행하고, 분석의 결과를 해석해야 하는지에 대해서 불친절하다는 점도 문제이다. 이러한 상황에서 전보다 더나은 방법을 필요한 이들에게 전파하여 도움이 되고자 하는 행동과학 측정과 통계를 전공한 학자로서의 책임의식으로 이 책을 저술하게 되었다.

「People Analytics」의 각 Chapter는 기본적으로 다음과 같은 구성, 접근방식을 통해 People Analytics를 적용하고자 하는 기업의 담당자들에게 도움을 주고자 한다.

■ Chapter / Situation

기업의 담당자들이 People Analytics를 적용하는 데 있어 실제로 궁금해하는 질문, 주제를 바탕으로 각 Chapter를 구성하였다. 질문 자체를 각 Chapter의 제목으로 구성하였으며, 각 Chapter의 첫 번째 구성요소인 'Situation'에서는 질문자의 상황을 구체적으로 서술, 제시하였다. 통계에 대한 기초지식이 없다면, 기본적으로는 책을 순서대로 읽어나가길 권장하나, 어느 정도 배경지식이 있고, 본인이 해결해야 할 문제가 각 Chapter의 주제와 일치하는 부분이 있는 경우라면, 해당 Chapter의 내용을 발췌독하는 것도 가능하다.

■ Solution / Statistics

두 번째 구성요소인 'Solution'에는 각 Chapter의 Situation에서 제시한 주제를 해결하기 위해서 적용해야 하는 통계 방법론이 무엇인지 제시하고, 개략적으로 설명해두었다. 이어서 세 번째 구성요소인 'Statistics'에는 Solution에서 제시한 통계 방법론에 대한 이론적 설명을 보충하였다. 통계 방법론은 수학과 논리 등의 종합적 결과물이므로, 그 진입장벽이 높다. 아마 이전에 통계 학습을 시도해 본 독자가 중간에 포기한 경험이 있다면, 복잡한 수식과 여러 용어에 대한 이해에 어려움을 느꼈기 때문일 것이다. 본 도서에서는 이러한 독자들을 위해 수식은 최대한 아끼고, 필요한 부분에만 삽입하였다. 기본적인 수준의 수학적 지식만 가지고 있다면, 수식을 이해하는 데 큰 어려움은 없을 것이라고 생각한다. 마찬가지로, 통계 용어와 관련해서도 꼭 필요한 용어만 사용하도록 하였다. 또한, 지속적으로 예시를 들고, 반복적으로 설명하여 이해를 높이고자 하였다.

■ Application / Same application in different situations

'Application'에서는 Situation에서 제시한 상황을 해결하기 위하여, 실제 통계 프로그램을 어떻게 조작해야 하는지 다루었다. 화면 capture를 통해 각 단계를

step by step으로 따라할 수 있도록 구성하였다. 또한, 분석 결과를 어떻게 해석해야 하는지 자세히 기술하여 그 적용성을 높였다. 실습이 있는 Chapter는 해당 Chapter의 실습 파일을 다운로드 받아 반드시 책과 같이 분석을 해보고, 나아가 본인의 자료에 적용해보기를 권장한다. 다른 여타의 학문도 마찬가지겠지만, 자료분석 방법은 적용해보지 않으면, 완전히 학습되지 않기 때문이다. 'Same application in different situations'에서는 동일한 측정, 통계 방법을 적용하여 해결할 수 있는 주제를 추가적으로 제시하였다. 이것을 통해 학습한 내용을 적용할 수 있는 상황을 지속적으로 생각해보고 이해도와 그 적용성을 높여가기 바란다.

* data download url: http://www.seheehong.com의 DATA 페이지에서 제공

　본 책에서는 첫 번째 Chapter에서 측정과 통계를 이해하기 위해 필요한 기본적인 지식, 개념 등을 제시하였다. 또한, 가장 마지막 Chapter에는 실습에 사용되는 프로그램에 대한 소개, 다운로드 및 설치, 구성 등을 정리해두었다. 자료분석 방법을 이해하기 위해서는 개념과 이론뿐만 아니라 이를 가능하게 하는 프로그램에 대한 이해가 필수적이므로 마지막 Chapter도 꼭 정독하기를 권장한다. 기본적으로 각 Chapter는 위에서 말한 Situation, Solution, Statistics, Application, Same application in different situations으로 이루어졌으나, 실습이 필요 없는 Chapter나 기본지식, 통계 프로그램에 대한 설명을 다루는 Chapter는 그 구성이 다소 상이하니 참고하기 바란다.

🏯 대상 독자

　본 도서는 기본적으로 people data를 다루는 기업의 담당자를 독자로 가정하여 저술되었다. HR이나 마케팅 관련 업무 담당자들은 본 도서 학습을 통해 담당업무 개선을 위한 여러 idea를 꾀할 수 있을 것이라고 기대한다. 나아가 행동과학 분

야의 대학원생, 대학 관계자, 연구자들도 이 책을 통해 자료분석 지식과 프로그램 사용에 대한 이해를 높일 수 있을 것이라고 생각한다.

🏛️ 고려대학교 교육측정 및 통계 연구실의 집필진

본 도서의 집필진은 교육측정 및 통계를 전공으로 하고 있지만, 모두 측정, 통계 방법의 기업 people data 적용에 지대한 관심이 있다. 책임저자인 홍세희 교수는 석사전공으로 산업 및 조직심리학을 공부했고, 박사전공으로 행동과학 계량(계량심리학)을 공부했다. 따라서, 순수 계량 발전에 대한 연구에도 관심이 높지만, 고급계량 방법을 기업 data에 적용하는 데 많은 관심을 가지고 있다. 이러한 관심을 바탕으로 고려대학교 교육측정 및 통계 연구실은 여러 기업에 자료분석에 대한 자문 및 프로젝트를 수행해 오고 있다. 최근 수행한 자문이나 프로젝트의 몇 가지 예는 아래와 같다.

- 역량측정 도구개발 및 해석 가이드 개발: 기업에서 필요로 하는 역량을 정의하고 이를 측정하는 검사도구를 개발하였다. 각 개인에게 제공되는 해석가이드도 함께 개발하였다.

- 역량과 직무 사이의 적합도 지수개발: 개인의 역량패턴(예: 창의성이 높고 관계성은 낮다)에 따라 어떤 직무가 적합한지 그 정도를 보여주는 지수(index)를 개발하였다. 역량검사를 실시하면 어떤 직무에 잘 맞는지 상위 5개 직무를 추천해주는 알고리즘을 개발하고 이에 따라 추천해주는 컴퓨터 프로그램을 개발하였다.

- 이직을 예측하는 계량모형 개발: 대개의 이직예측 모형은 이직 가능성(확률)만 예측하지만, 이직 시점(이직 확률이 특정 정도를 넘어서는 시점)까지 예측하는 계량모형을 개발하였다. 이직뿐만 아니라 특정 사건의 발생 여부와 시점(예: 승진)도 마찬가지 방법으로 예측할 수 있다.

- 동일한 내용을 측정하는 다른 두 검사의 점수를 비교가 가능하도록 변환: 특정 내용(예: 업무만족감)을 측정하는 A 검사를 사용해오고 있었지만, 어떤 이유로 B 검사를 사용해야 한다면 새로운 검사로부터 얻은 점수를 기존의 검사점수와 비교할 수 없다는 문제가 생긴다. 그러나 측정이론을 통해 두 검사점수를 비교가능하도록 동등화(equating)하였다.

- 솔직한 응답을 유도하는 측정방식으로 검사개발: 기업에서 사용하는 검사를 해석하는 데 가장 큰 문제점을 응답자가 솔직하게 답변하지 않고 바람직한 방향으로 답변을 한다는 점이다. 따라서 채점을 해보면 모든 점수가 높게 나타난다(예: 모든 리더십 점수가 높게 나타난다). 이런 사회적 바람직성(social desirability)이나 거짓(faking)을 통제하는 방식의 검사를 개발하고 점수화하였다.

- 면접자의 차이를 통제하여(고려하여) 비교가 가능한 점수도출: 면접자에 따라 엄격성이 다르므로 다른 면접자로부터 나온 평가점수는 비교가 가능하지 않다. 면접자의 엄격성을 통제하여 면접점수를 도출하였다.

- 뇌파를 측정하고 상태 판별: 학습자의 뇌파를 측정한 바이오 데이터를 통해 상태를 판별하는 알고리즘 개발에 참여하였다. 해당 결과에 대한 해석가이드를 개발하였다.

이러한 다양한 자문 및 프로젝트 수행경험이 본 책을 집필하는 데 많은 도움이 되었음은 물론이다.

🏫 자문관련 문의

자문관련 문의는 책임저자인 고려대학교 교육학과 교육측정 및 통계 연구실 홍세희 교수의 메일로 연락하기 바란다.

* seheehong@korea.ac.kr

「People Analytics: 측정 편」 출판계획

본 책은 「People Analytics: 자료분석 편」이며 곧 「People Analytics: 측정 편」을 출판할 예정이다. 측정 편에서는 검사개발 방법, 신뢰도, 타당도, 표준점수화, 검사타당화, 문항의 적절성 분석 등의 기법을 다룰 것이다. 자료분석을 위해서는 측정이 선행되어야 하는데 대부분의 학문에서는 객관적으로 실존하는 것을 측정하므로(예: 판매량, 근무기간), 별도의 측정기법이 필요없는 편이다. 하지만 업무만족감, 역량, 태도 등의 변수는 추상적인 개념이며 측정방식이 관찰, 자기보고식 등으로 다양할 수 있다. 또한 어떻게 객관적인 점수화를 할 것인가도 문제가 된다. 특히 면접자가 다르거나 복수의 검사점수가 존재할 때 비교가 가능한 점수를 산출하는 것은 간단한 문제가 아니다. 교육학이나 심리학은 항상 이런 변수를 다루어 왔기 때문에 타 학문에 비해 측정이란 학문 분야, 즉 educational measurement, psychometrics 분야가 오랜 기간에 걸쳐 발전되어 왔다. 이에 교육측정 및 통계 분야에서 발전한 기법들을 소개하고자 한다.

마지막으로 본 도서가 발간되기까지 도움을 주신 모든 분들께 감사드린다. 모든 공저자가 수고가 많았다. 특히, 오하이오주립대학교 박사과정에 재학 중인 양준영의 노고가 있었다. 양준영은 대학원 진학 전 LG인화원 및 LG화학에서 근무했던 경험을 바탕으로 각 chapter의 실제적인 시나리오를 구상하고, 모든 공저자의 원고를 모아 유학을 떠나기 직전까지 통합하고 수정하는 수고를 아끼지 않았다. 감사를 표한다.

공부는 덧칠이다. 특히나 이와 같이 쉽지 않은 학문은 도중에 포기하지 않고, 반복하여 학습하는 자만이 성취할 수 있는 영역이다. 여러분들도 읽고, 본인의 자료에 대한 적용을 반복하다 보면, 남들이 가지지 못한 진입장벽이 높은 무기 하나를 갖게 될 것이니, 부단한 노력으로 그 무기를 갖게 되기를 바란다.

2021년 3월
코로나 종식과 따뜻한 봄을 기다리며
고려대학교 운초우선교육관 연구실에서
홍 세 희

차 례

— Chapter 1 —

통계 분석결과를 해석하는데
기본적으로 알아야 할 내용은
무엇이 있나요?

- 가설(hypothesis), 유의수준(significance level),

기각역(rejection region), 검정통계량(test statistic), 유의확률(p-value) -

01 ▷ | Situation

영업팀의 김대리는 조팀장의 지시를 받아 경쟁사인 A社와 자사(B社)의 서비스 만족도 설문조사를 시행하였다. 설문조사는 A社와 자사의 서비스를 모두 이용해 본 경험이 있는 고객을 대상으로 하였으며, 설문 조사지는 두 회사 서비스의 ① 접근성, ② 기능, ③ 가격, ④ 고객 응대, ⑤ 종합 만족도를 묻는 5개의 문항에 대하여 각각 응답하도록 구성하였다. 각 문항에 대한 응답은 '매우 만족하지 않는다, 만족하지 않는다, 보통이다, 만족한다, 매우 만족한다'는 5개 범주로 설정하였다.

설문조사를 마무리하고, 자료를 정리하던 김대리는 통계에 대한 사전지식이 없어 막막했다. 먼저 응답범주를 숫자로 바꾸어야 할 것 같았다. 이에 김대리는 수집한 자료가 기록된 Excel 파일에서 모든 문항에 대해 '매우 만족하지 않는다'를 1로, '만족하지 않는다'를 2로, … '매우 만족한다'를 5로 변환하였다. 이후에는 개인별로 A社와 자사 각각에 대한 5개 문항의 평균을 계산하여 '서비스 만족도(A)'와 '서비스 만족도(B)'로 명명하였다. 마지막으로 이 두 항목의 평균을 각 사의 서비스 만족도 점수로 제시하였다. 이렇게 해보니, A社의 서비스 만족도 평균은 4.40점, 자사의 서비스 만족도 평균은 4.45점이었다. 자사의 서비스 만족도가 높긴 한데, '0.05점'의 차이가 큰 것인지 작은 것인지 알 수가 없다. 보고서를 작성하면서 의견을 구했던 장대리는 '0.05점 차이면 거의 같은 거네요.'라는 의견이었고, 송대리는 '0.05점이라도 우리가 높으니까, 우리 서비스가 더 좋은 거네요!'라는 피드백을 주었다.

분명 이러한 응답 자료를 분석하는 다양한 방법이 있을 텐데, 통계에 대한 지식이 부족하다 보니, 단순 평균 비교 외에는 딱히 시도해 볼 수 있는 방법도 없고, 도출된 평균의 차이가 의미가 있는지도 모르겠다. 통계분석과 보고서 작성은 어디서부터 어떻게 시작해야 할까?

02 ▷ | Solution

　회사에서 김대리와 같이 설문조사 자료를 분석해야 하는 상황에서 막막함을 느꼈다면 ① 통계에 대한 기초지식이 부족하여 기본적으로 자료를 어떻게 다뤄야 하는지 모르거나, ② 통계에 대한 기초지식은 있으나, 통계 프로그램 활용법을 모르거나, ③ 통계 프로그램을 활용하여 분석하였으나, 분석 후 제시되는 여러 가지 복잡한 결과를 해석할 줄 모르거나의 경우에 해당될 것이다.

　이후의 Chapter에서는 다양한 통계 방법과 통계 프로그램 사용법, 그리고 분석 결과를 어떻게 해석해야 하는지 자세히 살펴볼 것이다. 다양한 통계 방법과 그 결과를 이해하기 위해서는 공통적으로 사용되는 통계 기초지식에 대한 학습이 선행되어야 한다. 따라서 본 Chapter에서는 이후 Chapter의 원활한 학습을 위해 '통계의 공통 기초지식'을 다루고자 한다. 구체적으로 통계의 목적, 기술통계와 추리통계, 모집단과 표본, 영가설과 대립가설, 유의수준과 검정통계량 등을 살펴볼 것이다. 본 도서는 전공서적이 아니므로 여러 복잡한 개념과 수식, 분포 등은 과감히 제외하고 이후 Chapter 학습을 위해 필수적으로 알아야 하는 내용을 중심으로 최대한 쉽게 설명하고자 한다.

03 ▷ | Statistics

1. 통계의 목적

통계의 '목적'은 무엇일까? 이를 논하기 위해 Situation의 상황에서 조팀장이 김대리에게 구두로 자사의 서비스 만족도 설문 결과가 '대략 어떠한지' 물어보았다고 하자.

대답 1

"서비스 만족도가 높다고 대답한 사람들도 많은 편인데, 낮다고 대답한 사람들도 10명 정도 있습니다."

대답 2

"총 응답자 50명의 자사 서비스에 대한 평균 만족도는 4.45점이며, 편차는 0.1입니다."

대답 1보다는 대답 2가 의미 있는 수치들을 압축적으로 제시하고 있다고 느껴진다. 대답 1은 모호한 부분이 많다. '높다고 대답'한 것과 '낮다고 대답'한 것이 구체적으로 몇 점으로 응답한 것을 의미하는지 알 수 없으며, 낮다고 대답한 사람 10명 외에 낮다고 대답하지 않은 사람에 대한 정보는 전혀 없기 때문이다. 이에 동의한다면, 이미 통계의 목적 중 하나를 인지하고 있는 것이다. 통계의 첫 번째 목적은 자료를 '효과적으로 요약하여 기술'하는 것이다.

그렇다면 통계에서 효과적으로 요약해서 기술하고자 하는 대상은 무엇일까? 앞의 상황에서처럼 서비스 만족도에 대한 응답 자료를 요약할 수도 있고, 임직원의 성과를 요약할 수도 있다. 여기서 서비스 만족도나 성과와 같이 한 항목에 대한 개개인의 값이 변화(다른)하는 수를 변수라고 한다. 예를 들어, 개개인이 응답한 서비스 만족도를 생각해보자. 고객 50명의 자사 서비스 만족도를 조사한 자료가 있다면, 개개인의 응답은 3, 4, 5, 1, 2, 1, 4, 2, 3, … 4와 같이 50개의 값으로 기록될 것이다.[1] 변수는 말 그대로 한 항목에 대한 개개인의 값이 다양하기 때문에, 하나의 수치로 그 특징을 요약할 수는 없으며, 대푯값을 의미하는 평균, 퍼져있는 정도를 의미하는 분산, 표준편차와 같은 여러 수치로 그 특징을 요약하곤 한다. 이처럼

---

1 하나의 변수 안에는 같은 값을 가지는 개인들도 존재할 수 있다. 또한, 숫자가 아닌 문자도 변수의 값이 될 수 있다.

자료의 특징을 요약하여 제시하는 통계를 기술통계(descriptive statistics)라 한다.

나아가 통계에서는 일부 집단(표본, sample)의 자료를 바탕으로 전체(모집단, population)의 특성을 추론하기도 한다. 일반적으로 행동과학에서 관심이 있는 대상 전체에 대한 자료를 수집하는 것은 쉽지 않다. 따라서 전체 중 일부를 대상으로 자료를 수집하고, 이를 분석한다. 예를 들어, 자사 임직원의 '직장만족도에 대한 연봉의 효과'를 알고싶다고 하자. 임직원 전체를 조사하는 것은 비용과 시간이 많이 소요되므로, 임직원 중 일부를 뽑아 직장만족도와 연봉을 조사할 것이다. 아직 다루지 않았지만, 이 자료를 이용하여 회귀분석을 하면, 임직원의 직장만족도에 대한 연봉의 효과를 '회귀계수'라는 수치로 추정할 수 있다. 임의로 뽑힌 임직원이 임직원 전체를 충분히 잘 대표한다면, 전체 임직원의 '직장만족도에 대한 연봉의 효과'도 앞의 회귀계수와 유사할 것이라고 추론할 수 있다. 이처럼 표본의 통계분석 결과를 바탕으로 모집단의 특성을 추론하는 것을 추리통계(inferential statistics)라고 한다.

2. 모집단(population)과 표본(sample)

다음으로 모집단과 표본을 다음의 상황을 통해 이해해보도록 하자.

상황1

어느 날 김대리는 자신이 속한 영업 1팀이 직장에 대해 어느 정도 만족하고 있는지 궁금해졌다. 이에 영업 1팀 구성원 모두를 대상으로 직장만족도를 조사하였고, 이를 요약하여 5점 만점에 4.45점이라는 평균값을 얻었다.

김대리는 영업 1팀의 직장만족도가 궁금했는데, 운 좋게도 영업 1팀 구성원 모두를 대상으로 직장만족도를 전수조사할 수 있었다. 여기서는 영업 1팀 자체가 관

심의 대상 전체이므로, '모집단'이라고 할 수 있으며, 영업 1팀 구성원 모두를 대상으로 조사하여 얻은 4.45점이라는 만족도 평균은 모집단의 특성을 기술하는 기술통계값이 된다. 한편, 며칠 후 다음과 같은 상황이 발생했다고 하자.

상황 2

조팀장은 김대리가 직장만족도 조사를 했다는 것을 다른 팀원에게 들어 알게 되었고, 김대리를 불러 영업팀 전체 구성원들이 직장에 대해 어느 정도 만족하고 있는지 물었다. 조팀장은 김대리가 '영업팀 전체(영업 1, 2, 3팀)'의 직장만족도를 조사하였다고 오해했지만, 사실 김대리는 영업 1팀의 직장만족도만 조사하였을 뿐, 영업 2팀과 영업 3팀에는 부탁할 사람이 마땅치 않아 조사하지 못했다. 당황한 김대리는 '영업 1팀의 직장만족도 4.45점이니, 나머지 팀도 비슷할 거야.'라고 생각하며 4.45점이라고 대답했고, 조팀장은 이를 듣고 높은 점수라며 만족스러워했다.

두 번째 상황은 첫 번째와 다르게, 관심의 대상이 영업 1팀이 아닌 '영업팀 전체'이다. 이 상황에서는 관심의 대상인 영업팀 전체가 '모집단'이 되며, 영업 1팀은 모집단에서 일부를 추출한 '표본'이 된다. 김대리는 영업 1팀에 대한 표본조사를 통해 표본의 직장만족도 평균이 4.45점이라는 것만 알고 있었지만, '전체도 비슷할 거야.'라는 논리를 바탕으로 모집단(영업 1, 2, 3팀)의 특성(직장만족도)을 추론해서 대답했다. 김대리가 한 일련의 사고과정 역시 '추리통계'라고 할 수 있다.[2] 전술하였듯이, 추리통계는 표본의 통계분석 결과를 바탕으로 모집단의 특성을 '추론'하는 것이기 때문이다.

여기서 주의해야 할 점은 표본을 통해 모집단의 특성을 추론하는 추리통계는 일반적으로 '전수조사'를 하지 않기 때문에 항상 틀릴 가능성이 존재한다는 것이다. 예를 들어, 영업 3팀은 팀원 간의 관계가 좋지 않아, 직장만족도 평균이 다른 팀과 비교하여 상대적으로 낮을 것으로 예상된다고 가정해보자. 아직 영업 2팀과 영업 3팀의 직장만족도를 조사하지는 않았으므로, 김대리가 추측한 영업팀 전체

---

2 물론 방법이 틀렸다.

직장만족도 평균 4.45점(김대리의 추정값)이 여전히 맞을 수도 있고, 틀릴 수도 있지만, 가정 전과 비교하여 '영업팀 전체의 직장만족도가 4.45점이 아니지 않을까?' 하는 의심은 늘어났을 것이다.

김대리는 영업 1팀만을 대상으로 직장만족도를 조사한 후, 이를 전체 영업팀의 평균으로 추정하였다. 이처럼 전체의 특성을 반영하지 못하는 표본을 바탕으로 통계분석을 하고, 그 결과를 통해 모집단의 특성을 추론하는 것은 바람직하지 않다. 추론의 바탕이 되는 표본이 모집단을 대표하지 못하기 때문이다. 따라서, 우리는 추리통계에서 반드시 표본이 모집단을 대표할 수 있도록 설계해야 한다. 일반적으로 모집단 내 개개인이 표본으로 뽑힐 확률을 동일하게 하여, 임의적(random)으로 표본을 추출해야 표본이 모집단을 대표할 수 있게 된다. 표본의 대표성을 확보한 후에는 표본의 통계치를 '검정'한다.

3. 영가설(null hypothesis)과 대립가설(alternative hypothesis)

검정의 첫 번째 단계는 두 가지 '가설'을 세우는 것이다. 하나는 우리가 주장하고자 하는 가설이고(대개 집단 간 차이가 있거나 특정변수가 다른 변수를 예측하는 데 효과가 있다고 주장하고 싶은 경우), 다른 하나는 그 주장과 반대되는 가설이다. 다시 Situation의 상황으로 돌아가 보자. 김대리가 조사한 자료에서 A社에 대한 서비스 만족도의 평균은 4.40점이고, B社(김대리가 속한)는 4.45점이었다. 김대리는 A社와 B社의 서비스 만족도는 같지 않다고 말하고 싶을 것이다.[3] 이때, 'A社와 B社의 서비스 만족도는 같지 않다'는 김대리의 주장을 대립가설(alternative hypothesis, H_1이나 H_A로 표기)이라 하고, 이를 수식으로 표현하면, 다음과 같이 쓸 수 있다.

---

3 정확히는 김대리가 속한 B社의 서비스 만족도가 더 높다고 이야기하고 싶을 것이다. 하지만, 영가설과 대립가설을 이해하기 위하여 일단은 '같지 않다'를 주장하고 싶어 한다고 하자.

🧠 수식 1-1 | 김대리의 case에서 대립가설

$$H_1 : \mu_A \neq \mu_B$$

μ라는 기호는 평균,[4] A는 A社, B는 B社를 의미한다. 따라서 μ_A는 A社 서비스 만족도 평균, μ_B는 B社 서비스 만족도 평균을 나타낸다. 위의 수식을 보면, H_1으로 표현되는 김대리의 대립가설은 μ_A와 μ_B가 같지 않다(≠)는 기호로 연결되어 있어, 이 표현이 'A社와 B社의 서비스 만족도는 같지 않다'를 간단히 수식으로 표현하고 있음을 알 수 있다. 대립가설은 연구가설이라고도 하며, 기본적으로 무엇과 무엇이 '같지 않다'를 주장한다. 항상 그러한 것은 아니지만, 대부분 통계분석을 하는 연구자는 무엇과 무엇이 '같지 않다'를 주장하고 싶어 한다. 김대리의 경우도 마찬가지이다. A社와 B社의 서비스 만족도가 다름을 주장하고 싶고, 우리의 서비스 만족도가 높아 더 우수함을 주장하고 싶어 한다. 때문에, 연구자가 주장하는 것이라는 의미에서 연구가설이라는 단어가 사용된다고 이해해도 좋다.

대립가설과 반대로 'A社와 B社의 서비스 만족도는 같다'라는 주장은 영가설(null hypothesis, H_0로 표기)이라 하고, 이를 수식으로 표현하면, 다음과 같이 쓸 수 있다.

🧠 수식 1-2 | 김대리의 case에서 영가설

$$H_0 : \mu_A = \mu_B$$

H_0로 표현되는 영가설은 μ_A와 μ_B가 같다(=)는 기호로 연결되어 있어, 이 표현이 'A社와 B社의 서비스 만족도는 같다'를 간단히 수식으로 표현하고 있음을 알 수 있다. 영가설은 귀무가설이라고도 하며, 기본적으로 무엇과 무엇이 '같다', 혹은 '없다', '0이다'를 주장하고, 대립가설과 반대의 내용을 담고 있다.

---

4 정확히는 모집단의 평균을 의미하지만, 여기서는 '평균'이라는 의미만 기억하도록 하자.

가설을 세우고 나면 검정을 통해 영가설과 대립가설 중 하나를 선택해야 한다. 이 선택에는 항상 틀릴 가능성, 즉 오판의 가능성이 존재한다. 첫 번째 오판은 영가설이 맞음에도 불구하고, 대립가설을 채택하는 경우이며, 이를 '제1종 오류'라 한다. 이해를 위해 김대리의 case에서 몇 가지 가정을 추가해보자. A社와 B社 서비스를 이용해본 고객 모두를 대상으로 만족도를 조사하는 것은 불가능하다. 따라서 실제로 두 회사의 서비스 만족도가 같은지 다른지는 알 수 없다. 하지만 두 회사의 서비스 만족도가 같다(다르지 않다)는 것이 사실(truth)이며, 우리는 이 사실을 알고 있다고 가정하자. 이 경우 두 회사의 서비스 만족도가 같음(영가설이 맞음)에도 불구하고, 영가설을 채택하지 않으면(대립가설을 채택하면) '제1종 오류'를 범하게 된다. 고객 전체를 조사할 수는 없지만, '사실'은 두 회사의 서비스 만족도가 다르지 않다는 것이고, 전체 중 일부만 조사했을 때 0.05점의 차이가 발생한 것뿐이다. 이를 통계적 검정을 통해 다르다고 주장한다면, '제1종 오류'를 범하게 되는 것이다. 간단히 말하면, A社와 B社의 서비스 만족도가 같은데, 같지 않다고 주장하는 경우 범하는 오류이다.

두 번째는 대립가설이 맞음에도 불구하고, 영가설을 채택하는 경우이며, 이는 '제2종 오류'라 한다. 이번에는 앞의 예와 반대로, 두 회사의 서비스 만족도가 같지 않다(다르다)는 것이 사실이며, 우리가 이 사실을 알고 있다고 가정하자. 이 경우 두 회사의 서비스 만족도가 같지 않음(대립가설이 맞음)에도 불구하고, 대립가설을 채택하지 않으면(영가설을 채택하면) '제2종 오류'를 범하게 되는 것이다. 간단히 말하면, A社와 B社의 서비스 만족도가 같지 않은데, 같다고 주장하는 경우 범하는 오류이다. 이를 정리하면 다음과 같다.

◎ 표 1-1 | 제1종 오류와 제2종 오류

사실 / 의사결정	H_0(A社와 B社가 같다)	H_1(A社와 B社가 같지 않다)
H_0(A社와 B社가 같다)	옳은 결론	제2종 오류(β)
H_1(A社와 B社가 같지 않다)	제1종 오류(α)	옳은 결론

<표 1-1>에서와 같이 제1종 오류는 α로, 제2종 오류는 β로 표기한다. 일반적으로 제1종 오류를 범하는 것이 제2종 오류를 범하는 것보다 심각한 오류로 여겨진다. 이 말의 의미를 영가설의 개념을 다시 떠올리며 이해해보자. 영가설은 보통 '같다', '없다', '0이다'를 주장한다고 하였다. 예를 들어, 사람의 유/무죄를 판단하는 상황이라면, 영가설은 '죄가 없다'가 될 것이다. 이때, 대립가설은 '죄가 없지 않다(있다)'가 된다. 만약, 실제로 죄가 없는 사람을 죄가 없지 않다고 판단하여 유죄를 선고한다면, 제1종 오류를 범한 것이다. 반대로, 실제로 죄가 있는 사람을 죄가 없다고 판단하여 무죄를 선고한다면, 제2종 오류를 범한 것이다.

4. 검정의 과정: 검정통계량(test statistic), 분포(distribution), 유의수준 (significance level), 기각역(rejection region)

지금부터는 가설을 검정하고, 선택하는 방법에 대해 알아보자. 가설 검정을 위해서는 영가설을 바탕으로 '검정통계량(test statistic)'을 구하고, 이것의 '분포'[5] 내 위치를 확인하여, 영가설의 채택/기각 여부를 판단한다. 검정통계량은 말 그대로 검정의 대상이 되는 통계량을 의미한다. 김대리의 case에서 검정해야 할 대상은 'A社와 B社 표본의 서비스 만족도 평균 차이'이다. 이를 검정통계량으로 바꾸어 검정해야 한다.

---

5 Z, t, F, χ^2 분포 등 각 검정통계량이 따르는 분포를 상황에 맞게 사용한다.

<수식 1-2>의 영가설을 보면, μ_A(A社 서비스 만족도 평균)와 μ_B(B社 서비스 만족도 평균)가 같다를 의미하는 등호(=)로 연결되어 있다. μ_B를 좌변으로 이항하면, $\mu_A - \mu_B = 0$이 된다. 그런데 실제 김대리가 조사한 두 회사의 서비스 만족도 평균 차이는 몇이었는가? -0.05였다.[6] 표본에서의 -0.05라는 차이가 0이라는 차이와 같다고 할 수 있는지, 없는지 판단하는 과정이 바로 검정이다.[7] 일반적으로 각통계 방법에 따라 이러한 차이를 특정 검정통계량으로 변환하여 검정한다. 김대리의 case에서는 A社와 B社 표본의 서비스 만족도 평균 차이를 특정 검정통계량으로 변환하여 검정하면 된다. 아직 본격적인 통계 방법을 설명하는 부분이 아니므로, 검정의 전체적인 process를 이해하는 과정으로 생각해주길 바란다. 여기서 말한 검정통계량은 이후의 Chapter에서 다시 자세히 다룰 예정이다.

두 표본의 서비스 만족도 평균 차이가 클수록, 우리는 A社와 B社 간 서비스 만족도 차이가 있다는 것을 직관적으로 알 수 있다. 하지만 그 차이가 얼마나 커야 정말 '의미 있는' 차이일까? 개인의 판단으로 이를 정할 수는 없다. 그 차이가 의미 있는 차이인지 통계적으로 확인하기 위해 사용되는 것이 분포(distribution), 유의수준(significance level), 기각역(rejection region)이다.

각 검정통계량은 저마다 그것이 따르는 분포가 있다. 각 분포는 영가설이 옳다는 가정하에 생성되며, 분포 내 검정통계량의 위치를 확인하여 영가설의 채택, 기각 여부를 결정한다. 분포 내에서 검정통계량이 특정 기준 밖에 위치한다면 영가설을 기각하고, 안에 있다면 영가설을 채택하는 방식이다. 이 특정 기준은 유의수준과 자유도에 따라 달라진다. 유의수준은 검정통계량이 0과 같다는 영가설을 얼마나 극단적일 때 기각할 것인가의 기준이다. 유의수준을 <그림 1-1>을 바탕으로 이해해보자.

---

6 김대리가 조사한 표본 자료를 바탕으로, A社 서비스 만족도 평균 4.40점에서 B社의 평균 4.45점을 뺀 값이다.
7 물론, 값이 다르기에 바로 같지 않다고 주장할 수도 있지만, 표본에서의 0.05라는 차이가 의미 있는 차이인지, 아닌지는 지금의 김대리가 판단할 수 없는 부분이다. Situation에서 장대리와 송대리의 의견도 각각 다르지 않았는가?

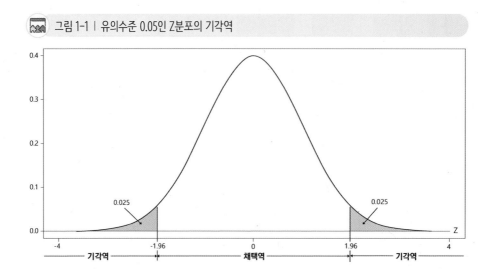

그림 1-1 | 유의수준 0.05인 Z분포의 기각역

<그림 1−1>은 Z분포이다. 아직 다양한 통계 방법론들을 다루지 않았지만 미리 설명하자면, 일반적으로 표본의 평균 차이 검정은 t분포를 활용한다. Z분포는 모집단의 특성을 알 때 활용하는 이상적인 분포인 반면, t분포는 모집단의 특성을 알지 못할 때 사용할 수 있는 분포이기 때문이다. 하지만, t분포 역시 표본의 수가 많아지면 Z분포를 따르므로, 우리는 여기서 설명의 편의상 모집단의 특성을 안다고 가정하고 Z분포를 활용한 검정으로 설명하도록 하겠다.

Z분포를 포함한 여러 분포는 선 아래 영역의 전체 면적이 1인 확률분포이다. 우리가 구한 검정통계량이 이 분포 안에서 어디에 위치하느냐에 따라 영가설을 채택할지 기각할지를 결정하게 된다. 유의수준을 0.05로 설정한 경우, 검정통계량이 Z분포 내에서 0이라는 중심을 기준으로 보라색으로 표시된 극단적인 위치(0.05의 면적(5%))에 있다면, 검정통계량이 0과 같지 않다고 판단한다. 표본을 통해 구한 검정통계량이 영가설이 맞다는 가정하에 생성된 분포 내에서 0과 먼 극단의 위치에 자리한다면, 0이라기에는 0과 너무 큰 차이가 있는 값이므로, 차이가 없다는 영가설을 기각하겠다는 논리이다. 반대로 검정통계량이 흰색으로 표시된 위치(0.95

의 면적(95%))에 있다면, 0과 같다고 판단한다.

왜 검정통계량의 분포 내 위치를 바탕으로 이를 검증하는 것일까? 검정통계량의 특성 때문이다. 만약, 두 표본의 평균 차이가 없다면(0이라면), 검정통계량은 0이 된다. A社의 평균이 더 높아 평균 차이 값이 양수라면($\mu_A > \mu_B$라면, $\mu_A - \mu_B$는 양수가 되기 때문에), 검정통계량도 양수가 된다. 이때 평균 차이 값의 절댓값이 크면 클수록 검정통계량의 절댓값 역시 커진다. 반대로 B社의 평균이 더 높아 평균 차이 값이 음수인 경우도 평균 차이 값의 절댓값이 크면 클수록 검정통계량의 절댓값이 커진다. 이상의 특성을 살펴보았을 때, 검정통계량이 0과 멀리 떨어지면 떨어질수록(평균 차이 값의 절댓값이 클수록) 0과 다름(차이가 큼)을 의미하게 된다.

유의수준을 0.05로 설정했다고 하자. 두 표본을 바탕으로 도출한 검정통계량이 0을 중심으로 95%의 영역 밖에 위치한다면, 이는 두 표본의 평균 차이가 0이라는 가정하에 생성된 분포 내에서 나오기 힘든 극단적인 값이므로, 두 표본의 평균 차이가 존재한다고 본다는 논리이다.

일반적으로 통계분석을 한 후, 보통 결과표에서 추정치의 우측에 '$p - \text{value}$' 혹은 'p'라고 표기된 부분에 유의확률이 제시되어 있다. 유의확률은 검정통계량이 영가설이 맞다는 가정하에 생성된 분포 내에서 얼마나 극단적인 자리에 위치하고 있는지에 대한 정보이다. 이는 *로 표기하기도 한다. 유의수준 0.05에서 유의하다면 *, 0.01에서 유의하다면 **, 0.001에서 유의하다면 ***으로 표기한다. 유의확률이 설정한 유의수준보다 작은 경우, 우리는 영가설을 기각하고 대립가설을 채택한다. 즉, 추정치가 통계적으로 유의미하다는 의미이며, 이는 모집단에서도 표본에서와 같이 차이가 있을 것이라고 추론할 수 있는 근거가 된다.

김대리의 예시를 바탕으로 분석을 해보니, 검정통계량의 유의확률이 0.033으로 계산되었다고 가정해보자. 이 유의확률은 검정통계량이 영가설이 맞다는 가정하에 생성된 분포 내에서 극단적인 자리에 위치하고 있음을 의미한다. 즉, 영가설이 맞다는 가정하에서는 이러한 극단적인 값이 나오기 힘듦을 나타낸다. 따라서 영가설(A社와 B社의 서비스 만족도는 같다)을 기각하고 대립가설(A社와 B社의 서비스 만족도는 같지 않다)을 채택하므로, 통계적으로 두 회사의 서비스 만족도 평균은 같지 않다는 사실을 추론할 수 있다. 따라서 우리는 판결문을 내리듯이 다음과 같은 보고를 할 수 있을 것이다.

"유의수준 0.05에서 p-value가 유의수준보다 작으므로,
영가설을 기각하고 대립가설을 채택한다.
즉, 두 회사의 서비스 만족도 평균은 같지 않다."

본 Chapter에서는 앞으로 다룰 다양한 통계 방법론에서 공통적으로 사용될 통계 기초지식을 다루었다. 구체적으로 영가설과 대립가설, 유의수준, 검정통계량, 기각역, 유의확률 등을 살펴보며 통계적 검정의 기본적인 process를 살펴보았다. 이후부터는 본격적으로 업무와 연구 역량 향상에 도움을 줄 수 있는 다양한 통계 방법을 살펴보도록 하자.

Chapter 2

신제품 출시를 앞두고, 매장 방문 고객의
절반에게는 구매 의사만을 묻고, 나머지
고객에게는 신제품 sample을 제공한 후 구매
의사를 묻는 마케팅을 하였습니다. sample을
받은 고객과 받지 않은 고객의 구매 의사 평균이
다른데, 이 차이가 통계적으로 의미 있는
차이인지 검증할 수 있을까요?

- 독립표본 t검정(independent samples t-test),
  종속표본 t검정(dependent samples t-test),
  분산분석(ANOVA, analysis of variance) -

01 ▶ | Situation

향수의 개발, 생산, 유통 사업을 하는 A社 마케팅팀의 이대리는 브랜드 및 제품 홍보를 담당하고 있다. 최근 향수 신제품 발매를 앞두고, 구매 의사 조사, 신제품 sample 제공 및 시향과 같은 마케팅 활동을 하였다. 마케팅 활동은 총 2주 동안 진행되었다. 첫 주에는 매장 방문고객을 대상으로 sample 제공 및 시향 행사 없이 A社 향수 구매 의사를 응답해달라고 하였다. 구매 의사는 '제품이 출시되면 반드시 구매하겠다'를 10점을 만점으로 하여, 1, 2, 3, 4, 5, 6, 7, 8, 9, 10 중 하나를 선택하는 방식으로 조사하였다. 둘째 주에는 매장 방문고객에게 sample을 제공하고 시향을 권한 후(이하 마케팅 행사)에 A社 향수 구매 의사를 응답해달라고 하였다.

이 마케팅 활동의 목적은 두 가지였다. 첫 번째는 sample을 고객들에게 배부, 시향을 하게 함으로써 신제품 출시를 홍보하기 위함이었다. 두 번째는 '신제품 sample 제공과 시향'이라는 마케팅 행사가 고객의 구매 의사를 높이는 데 도움을 준다는 것을 밝히기 위해서였다. 최근 팀 내 회의에서 마케팅비 절감 차원에서 sample 제공 마케팅 행사를 축소해야 한다는 의견이 있었는데, 이 마케팅 방법을 찬성하는 이대리 입장에서는 sample 제공 마케팅이 구매 의사 향상에 긍정적이라는 것을 자료의 분석을 통해 밝혀야 했기 때문이다.

이대리는 첫 주에 응답한 고객(단순 구매 의사 응답 고객)들의 구매 의사 평균과 둘째 주 고객(sample 제공 및 시향의 마케팅 행사 후 구매 의사 응답 고객)들의 구매 의사를 비교해보기로 하였다. 계산해보니, 첫 주 고객의 구매 의사 평균은 5.90, 둘째 주 고객의 구매 의사 평균은 7.43이었다. sample 제공 및 시향 마케팅 행사를 했던 주의 구매 의사 평균이 1.53만큼 높긴 한데, 어떻게 보면 작은 차이인 것 같고, 어떻게 보면 큰 차이인 것 같기도 하다. 두 평균의 차이가 통계적으로 의미가 있는지 확인할 방법이 있을까?

02 | Solution

우리는 종종 새로운 제품, 서비스의 홍보나 교육의 효과 등을 증명하기 위해 처치(홍보나 교육 등 평균 차이를 유발한다고 생각되는 행위) 전과 후의 변화(효과, 차이)를 평균이라는 수치를 활용하여 제시하는 것을 볼 수 있다. 그런데 많은 경우, 두 평균의 차이가 통계적으로 유의한지까지는 검증하지 않는다. 대부분 처치 전과 비교하여 처치 후 점수가 평균 '몇 점' 높아졌다는 식으로 제시하는 경우가 많다. 이 차이가 통계적으로 유의한지 검증하고 싶다면, 두 집단의 평균 차이를 검증하는 't검정(t-test)'을 활용할 수 있다.[1] 이대리의 case를 살펴보면, 마케팅 활동을 통해 두 집단의 자료(첫 주 방문고객 구매 의사와 둘째 주 방문고객 구매 의사)를 수집하여, 각 집단[2]의 평균, 분산 등을 계산할 수 있는 상황이다. 두 집단에 대한 자료를 모두 가지고 있으므로, 구매 의사라는 연속변수의 평균 차이가 통계적으로 유의미한지 t검정을 통해 밝힐 수 있을 것이다.

t검정은 평균 차이 검정의 대상이 되는 두 표본의 특성에 따라 몇 가지 종류로 세분화하여 적용할 수 있다. 만약, 대상이 되는 두 표본이 독립적이라면, 독립표본 t검정(independent samples t-test)을 한다. 여기서 '독립적'이라는 것은 말 그대로 두 표본이 독립적인 관계에 있음을 의미한다. 예를 들어, 이대리의 case에서 첫 주와 둘째 주 응답 고객 중 두 개 조사에 모두 응답한 인원이 한 명도 없다고 가정해 보자. 이 경우에는 겹치는 인원이 없으므로, 두 표본은 완전히 독립적이다. 따라서 독립표본 t검정을 적용해야 한다.

만약, 평균 차이 검정의 대상이 되는 두 표본이 종속적이라면, 종속표본 t검정(dependent samples t-test)을 한다. 두 표본이 종속적이라는 것은 자료들이 반복적

---

1 한 집단의 평균과 특정 점수의 차이가 유의한지도 일표본 t검증(one-sample t-test)을 통해 검증할 수 있지만, 기업에서의 여러 상황, 활용가치 등을 고려하여 본 Chapter에서 다루지는 않는다.

2 여기서 두 집단은 ① 첫 주 구매 의사에 응답한 고객 집단과 ② 둘째 주 구매 의사에 응답한 고객 집단이 된다.

(repeated)으로 측정되거나 대응(matched-pair)되는 관계에 있음을 의미한다. 먼저 반복측정된 자료의 예를 보자. 사전 신청을 통해 30명의 고객을 대상으로 A社 향수 신제품 런칭행사를 진행하였다. 행사를 통해 신제품의 특징을 소개하였으며, sample을 제공하고, 시향을 권하였다. 이때, 고객 개개인별로 런칭행사 전의 A社 향수 구매 의사와 후의 구매 의사를 각각 물어 자료를 수집하였다. 런칭행사 전-후의 구매 의사는 개별 고객에 의해 평가된 점수이므로, 한 명의 개인에게 종속된다. 즉, 반복측정된 개인의 점수는 개인에게 종속된 점수라는 것이다. 따라서 반복측정된 자료의 평균 차이 검정은 종속표본 t검정을 적용해야 한다.

자료가 대응된다는 것은 쉽게 말해 두 자료가 특별한 관계로 묶여 있어, 서로의 점수가 관련이 있는 경우를 말한다. 예를 들어, 부부 관계에 있는 두 개인에게 부부생활만족도라는 점수를 물어 자료를 수집하였다고 해보자. 이 경우 한쌍의 부부 내 두 개인의 점수는 '부부'라는 울타리 안에서 만들어진 점수이기 때문에 서로 관련이 있을 것이다. 즉, 부부 안에 두 개인의 점수가 종속되어 있는 것이다. 따라서 이와 같은 경우 역시 종속표본 t검정을 적용해야 한다.

만약 평균비교를 하고자 하는 집단이 세 집단 이상이라면, 분산분석(ANOVA, analysis of variance)을 통해 각 집단의 평균이 통계적으로 같은지, 같지 않은지를 검증할 수 있다. 예를 들어, 90명의 고객에게 A, B, C 세 종류의 향수 시제품 중 하나만을 시향하게 한 후, 구매 의사를 조사한 상황을 가정해보자. 각 시제품을 시향한 고객의 수는 모두 30명씩으로 동일했다. A, B, C 시제품 중 구매 의사가 가장 높은 시제품이 무엇인지 알고 싶다면, 각 집단의 평균을 계산하면 된다. 하지만 집단의 평균 차이가 통계적으로 의미 있는 차이인지 확인하거나, 차이가 있는 집단이 어느 집단들인지 밝히고자 한다면, 분산분석과 사후비교분석을 적용해야 한다.

본 Chapter에서는 평균 차이를 검증하기 위한 t검정과 분산분석의 제반 개념과 각 방법의 원리를 중점적으로 살펴보고자 한다.

03 ▶ | Statistics

　t검정은 여러 통계방법 중 기초에 해당하는 분석방법이지만, 이를 이해하기 위해 알아야 하는 개념과 수식은 적지 않다. 따라서 꼭 알아야 하는 개념을 중심으로 검정의 원리를 살펴보도록 하겠다. t검정은 이전 Chapter에서 설명한 검정의 process를 따른다. 영가설을 바탕으로 '검정통계량'을 구하고, 영가설이 맞다는 가정하에 생성된 분포 내 위치를 확인하여, 영가설의 채택/기각 여부를 판단하는 절차로 진행된다. t검정에서 사용하는 검정통계량은 t분포라는 분포를 따른다.

　t검정의 내용을 살펴보기 전에, 간단히 t분포에 대해 먼저 알아보자. 먼저 정규분포(normal distribution)에 대해서 살펴보자. 정규분포는 평균을 중심으로 좌우가 대칭인 종모양의 분포이며, 이 분포는 여러 관측치(예: 키, 몸무게 등)가 평균을 중심으로 몰려있고, 평균과 차이가 큰 값일수록 그 빈도가 드물다(평균과 먼 곳은 얇아지므로)는 의미를 담고 있다. t분포는 정규분포의 형태를 가지고 있으나, 표본 크기에 대한 정보를 가지고 있는 자유도(degree of freedom)에 따라 그 형태가 조금씩 다르다.

　<그림 2-1>은 Z분포와 자유도에 따른 t분포를 나타낸다. 새롭게 등장한 t분포에 대해서는, t분포의 평균이 0이며, 정규분포와 유사한 형태를 보인다는 것, 자유도가 커질수록 Z분포의 모양과 같아진다는 것 정도만 알고 넘어가도 좋다. 중요한 것은 t분포를 사용하여 표본의 평균 차이를 검정한다는 것이다. 우리가 이후에 구할 검정통계량이 t분포 내에서 기각역에 위치하는 경우 영가설을 기각하며, 그렇지 않으면 영가설을 채택하는 방식으로 t검정이 이루어진다.

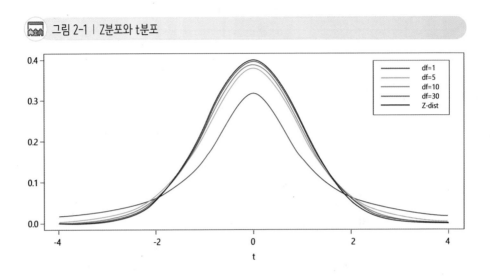

그림 2-1 | Z분포와 t분포

1. 독립표본 t검정(independent samples t-test)

독립표본 t검정은 서로 다른 두 모집단에서 각각 추출된 두 표본의 자료를 활용하여 두 모집단 간 평균의 차이가 있는지를 검증하는 방법이다. 이대리의 case로 위의 정의를 이해해보자. 이 대리는 두 개의 표본을 대상으로 자료를 수집하였다. 첫 번째 표본은 마케팅 행사에 참여하지 않고 구매 의사를 응답한 고객(이하 A집단)이다. 마케팅 행사에 참여하지 않은 고객들 전부(모집단)를 대상으로 구매 의사를 조사할 수 없으므로, 첫 주 매장 방문고객(표본)을 대상으로 조사한 것이다. A집단은 모집단의 일부분이므로 표본이 된다. 두 번째 표본은 향수 sample 제공 및 시향 마케팅 행사에 참여한 후 구매 의사를 응답한 고객들(이하 B집단)이다. 역시, 모집단 전체를 대상으로 구매 의사를 조사할 수 없으므로, 표본을 대상으로 자료를 수집하였다. A집단과 B집단이라는 서로 독립된 표본자료를 활용하여 구매 의사 평균 차이를 검증하고자 하므로, 이 경우는 독립표본 t검정이 수행되어야 할 것이다. 독립표본 t검정에서 영가설(H_0)과 대립가설(H_1)을 수식으로 표현하면 다음과 같다.

수식 2-1 | 독립표본 t검정의 영가설과 대립가설

$$H_0 : \mu_A = \mu_B$$
$$H_1 : \mu_A \neq \mu_B$$

μ는 모집단의 평균,[3] A는 마케팅 행사에 참여하지 않은 고객, B는 마케팅 행사에 참여한 고객 표본을 의미한다. 따라서 영가설은 '마케팅 행사에 참여하지 않은 고객(전체, 모집단)의 구매 의사 평균(μ_A)과 참여한 고객(전체, 모집단)의 구매 의사 평균(μ_B)은 같다'이다. 영가설의 반대인 대립가설은 '마케팅 행사에 참여하지 않은 고객(전체, 모집단)의 구매 의사 평균(μ_A)과 참여한 고객(전체, 모집단)의 구매 의사 평균(μ_B)은 같지 않다'가 된다.

독립표본 t검정의 검정통계량을 설명하기 전에 검정통계량 공식들의 일반적 특성에 대해 잠시 설명하도록 하겠다. 검정통계량은 일반적으로 '효과 크기'를 '불확실성'으로 나누는 형태로 구성된다. 효과 크기는 눈에 보이는 값, 차이 등으로, 불확실성은 단어 그대로의 의미로 이해하면 된다. 앞서 설명하였듯, 검정통계량의 절댓값이 커질수록 기각역으로 이동하므로, 영가설을 기각하게 될 가능성 역시 커진다. 검정통계량은 효과 크기를 불확실성으로 나누는 형태이기 때문에, 앞의 문장은 효과 크기가 커지거나, 불확실성이 작아지는 경우, 영가설을 기각하게 될 가능성이 커진다는 의미와 같다. 즉, 검정통계량은 보이는 차이가 얼마나 큰지와 그때의 불확실성을 함께 고려하여 영가설 채택/기각의 판단근거를 제공한다. 이후에 다룰 여러 검정통계량 역시 이와 같은 논리를 따른다.

이제 본격적으로 독립표본 t검정에서 검정의 대상이 되는 검정통계량을 알아보자. 독립된 두 집단 간 차이를 검증하기 위해서 차이의 정도를 나타내는 검정통계량을 구해야 하는데, 이는 <수식 2-2>를 활용하여 얻을 수 있다.

---

3 일반적으로 μ는 모집단의 평균, $^{-}$는 표본의 평균을 표현하는 경우에 사용된다.

(🧠) **수식 2-2 | 독립표본 t검정의 검정통계량**

$$독립표본\,t - 검정통계량 = \frac{두\,표본의\,평균\,차이}{표준오차}$$

<수식 2-2>는 두 표본의 평균 차이를 표준오차라는 값으로 나누는 형태이다. 새롭게 등장한 표준오차라는 개념에 대해 간단히 살펴보자.

표준오차는 통계적 추정의 정확도에 대한 정보를 담고 있는 수치로 앞서 검정통계량의 형태에서 설명한 '불확실성'에 대응하는 개념이다. '오차'라는 이름에서 알 수 있듯 그 값이 작을수록 바람직하다. 큰 표준오차는 높은 불확실성을, 작은 표준오차는 낮은 불확실성을 의미한다. 표준오차의 크기를 결정하는 가장 큰 요인은 표본크기이다. 표본크기가 작을수록 표준오차, 즉 불확실성은 커진다.

행동과학 통계에서 모집단을 전체를 대상으로 자료를 수집하는 것은 쉬운 일이 아니다. 예를 들어, 모집단의 평균을 알 수 없을 때(모집단 전체의 자료 수집이 어려운 경우) 표본 크기가 n인 새로운 표본을 무한히 만들어내는 경우, 무한히 많은 표본의 평균이 생성될 수 있다. 이때 만들어진 가상의 무한한 표본 평균들에 대한 표준편차가 표준오차이다. 표준오차에 대한 깊이 있는 이해를 위해서는 표집분포, 확률, 중심극한정리 등의 다양한 통계 이론을 다루어야 한다. 여기서는 표준오차가 '통계적 추정의 정확도에 대한 정보', 즉 '불확실성'임을 이해하고, 이것이 어떻게 사용되는지에 집중해서 살펴보자.

다시 <수식 2-2>로 돌아가 보면, 두 표본의 평균 차이를 표준오차(불확실성)로 나누어주고 있다. 표준오차의 의미를 생각하며, 이 식의 형태를 해석해보자. 두 표본의 평균 차이가 일정할 때 표준오차가 커지면(불확실성이 커지면), 검정통계량은 0에 가까워지게 된다.[4] 0에 가까워진다는 것은 검정통계량의 절댓값이 작아진다는 의미이다. 검정통계량의 절댓값이 기각역의 기준값[5]보다 작아진다면, 영가설

---

4 분모가 커지기 때문에(=더 큰 수로 나누기 때문에) 0에 가까워진다.
5 이대리의 case라면, 자유도가 58일 때 유의수준 0.05의 기준값은 약 ±2.00이다. 따라서 독립표본 t검정의 검정통계량 절댓

이 채택된다.[6] 영가설을 채택한다는 것은 두 표본의 평균 차이가 없다는 가설을 선택한다는 것이다.

두 표본의 평균 차이 절댓값이 커 보이더라도(효과 크기가 커보이더라도) 추정이 부정확하다면(표준오차가 크다면, 불확실성이 크다면), 검정통계량은 0에 가까워져 '두 값은 같다(영가설 채택)'라는 결론에 이르게 될 가능성이 커질 수 있다. 반대로 차이 절댓값이 작아 보이더라도(효과 크기가 작아보이더라도) 추정이 정확하다면(표준오차가 작다면, 불확실성이 작다면), 검정통계량은 0에서 멀어져 '두 값은 같지 않다(영가설 기각, 대립가설 채택)'라는 결론에 이르게 될 가능성이 커질 수 있다. 즉, <수식 2-2>는 눈에 보이는 두 표본의 평균 차이(효과 크기)와 표준오차(통계적 추정의 정확도, 즉 불확실성)를 함께 고려하여, 영가설을 검증하는 통계치이다.

지금까지 독립표본 t검정에 사용되는 t분포, 표준오차, 검정통계량의 원리를 살펴보았다.[7] 이상의 내용을 다시 정리하면 다음과 같다. 독립표본 t검정의 검정통계량은 표본의 평균 차이와 표준오차를 함께 고려한다. 이제 이대리의 case에서 독립표본 t검정을 수행한 결과를 보고 해석해보자.

먼저 <표 2-1>의 하단을 보자. Group 1은 A집단, 2는 B집단을 의미하며, 각 집단의 표본크기(N)와 평균(Mean)을 확인할 수 있다. A, B집단 모두 표본 크기는 30명[8]이며, A집단의 평균은 5.90, B집단의 평균은 7.43이다. 두 집단의 평균 차이(Mean difference)는 상단에 나타나 있으며, -1.53임을 알 수 있다. statistics는 독립표본 t검정의 검정통계량, df는 자유도, SE difference는 두 집단 평균 차이의 표준오차다. 따라서 Mean difference를 SE difference로 나누면[9], statistics의 값인

값이 2.00보다 작다면, 영가설이 채택된다. 이 기준값은 자유도와 유의수준에 따라 달라진다.

6 이전 Chapter에서 Z분포의 기각역을 설명하며 유의수준이 0.05일 때, ±1.96의 바깥쪽이 기각역이라 하였다. 검정통계량이 -1.96과 +1.96 사이에 위치한다면 영가설이 채택된다. 따라서 검정통계량이 0에 가까워져(검정통계량의 절댓값이 작아져), ±1.96의 안쪽에 위치한다면 영가설이 채택될 것이다. 반대로 검정통계량이 0과 멀어져(검정통계량의 절댓값이 커져) ±1.96의 바깥쪽에 위치한다면 영가설이 기각된다. t검정도 동일한 방식으로 진행된다. 다만, t분포에서는 자유도와 유의수준에 따라 기각역의 기준값이 달라진다.

7 이미 표준오차와 검정통계량의 의미와 원리를 이해하였으므로, 이 책의 범위를 넘어서는 표준오차 공식은 다루지 않기로 한다.

8 이 예제에서는 각 집단에 속한 고객이 각각 30명이었으나, 두 집단의 표본 크기가 달라도 독립표본 t검정이 가능하다.

◎ 표 2-1 | 독립표본 t검정 결과

statistics	df	p-value	Mean difference	SE difference
-3.37	58	0.001	-1.53	0.455

Group	N	Mean
1	30	5.90
2	30	7.43

−3.37이 된다. 자유도가 58일 때, t검정의 기각역은 유의수준 0.05에서 대략 ±2.00의 바깥쪽이다. −3.37은 −2.00보다 작아 기각역에 위치하므로, p−value 가 0.05보다 작음을 알 수 있다. 즉, 독립표본 t검정의 결과가 유의하게 나타났다. 이전 Chapter에서 설명한 것과 같이 p−value가 0.05보다 작으면, 영가설을 기각 하고 대립가설을 채택한다. 따라서 우리는 다음과 같이 보고할 수 있다.

'마케팅 행사에 참여하지 않은 고객의 구매 의사 평균과
참여한 고객의 구매 의사 평균은 같지 않다.
즉, 마케팅 행사의 효과가 존재한다.'[10]

2. 종속표본 t검정(dependent samples t-test)

Solution의 두 번째 상황에서는 30명의 고객을 대상으로 신제품 런칭행사를 진 행하였다. 먼저, 런칭행사 전 고객을 대상으로 구매 의사를 조사하였다. 그리고 A 社 향수 신제품의 특징 소개, sample 제공, 시향 권유를 하는 런칭행사 후에 동일

---

9 -1.53/0.455
10 B집단의 평균이 A집단보다 큼을 통계적으로 증명하고자 한다면, 단측검정(one-tailed test)을 적용하기도 한다. 이에 대한 내용은 기초통계서를 참고하기 바란다.

한 고객에게 다시 구매 의사를 조사하였다. 즉, 동일한 고객(동일한 표본)의 런칭행사(처치)[11] 전-후의 점수 자료를 가지고 있고, 개인에게 종속된 전-후 점수의 평균 차이를 통계적으로 검증하고자 하므로, 종속표본 t검정이 수행되어야 할 것이다. 종속표본 t검정에서 영가설(H_0)과 대립가설(H_1)을 수식으로 표현하면 다음과 같다.

👤 **수식 2-3 | 종속표본 t검정의 영가설과 대립가설**

$$H_0 : \mu_A = \mu_B$$
$$H_1 : \mu_A \neq \mu_B$$

μ는 독립표본 t검정에서와 같이 모집단의 평균, A는 런칭행사 전 고객, B는 런칭행사 후 고객 표본을 의미한다. 따라서 여기서 영가설은 '런칭행사 전 고객(전체, 모집단)의 구매 의사 평균(μ_A)과 런칭행사 후 고객(전체, 모집단)의 구매 의사 평균(μ_B)은 같다'이다. 영가설의 반대인 대립가설은 '런칭행사 전 고객(전체, 모집단)의 구매 의사 평균(μ_A)과 런칭행사 후 고객(전체, 모집단)의 구매 의사 평균(μ_B)은 같지 않다'가 된다.

다음으로 종속표본 t검정에서 검정의 대상이 되는 검정통계량을 알아보자. 이는 <수식 2-4>를 활용하여 구할 수 있다.

👤 **수식 2-4 | 종속표본 t검정의 검정통계량**

$$대응표본\,t-검정통계량 = \frac{처치\,전-후\,평균\,차이}{표준오차}$$

---

11 실험설계를 통해 검증하는 경우가 아니라면, 홍보나 교육 등과 같은 처치가 꼭 필요한 것은 아니다. 처치가 없이도 종속표본의 두 점수 차이를 비교할 수 있다. 여기서는 더 현실적인 사례 제시를 위해 '런칭행사'라는 처치가 있음을 가정한 것뿐이다.

종속표본 t검정의 검정통계량도 독립표본 t검정의 그것과 유사하게 처치 전–후 평균 차이를 표준오차[12]로 나누는 형태이다. 또한, 그 외의 성질도 동일하다. 종속표본 t검정의 검정통계량 역시 t분포를 따르며, 점수 차이를 판단함에 있어, 처치 전–후 평균 차이와 표준오차(불확실성)를 함께 고려한다.

표본의 처치 전–후 평균 차이 절댓값이 커 보이더라도(효과 크기가 커보이더라도) 추정이 부정확하다면(표준오차가 크다면, 불확실성이 크다면), 검정통계량은 0에 가까워져 '두 값은 같다(영가설 채택)'라는 결론에 이르게 될 가능성이 커질 수 있다. 반대로 차이 절댓값이 작아 보이더라도(효과 크기가 작아보이더라도) 추정이 정확하다면(표준오차가 작다면, 불확실성이 작다면), 검정통계량은 0에서 멀어져 '두 값은 같지 않다(영가설 기각, 대립가설 채택)'라는 결론에 이르게 될 가능성이 커질 수 있다. 즉, <수식 2–4> 역시 눈에 보이는 처치 전후의 차이(효과 크기)와 표준오차(통계적 추정의 정확도, 즉 불확실성)를 함께 고려하여, 영가설을 검증하는 통계치이다.

이제 두 번째 상황에서 종속표본 t검정을 수행한 결과를 보고 해석해보자.

◎ 표 2-2 | 종속표본 t검정 결과

statistics	df	p-value	Mean difference	SE difference
-6.24	29	<0.001	-1.60	0.256

Group	N	Mean
런칭행사 전 구매 의사	30	5.90
런칭행사 후 구매 의사	30	7.50

---

[12] 다만, 종속표본 t검정의 표준오차는 독립표본 t검정의 표준오차와 다른 방식으로 계산된다. 종속표본 t검정에서는 표준오차 계산 시, 대응되는 표본들 사이의 상관이 고려된다.

먼저 <표 2-2>의 하단을 보자. 각 집단의 표본크기(N)와 평균(Mean)을 확인할 수 있다. 런칭행사 전-후 집단 모두 표본 크기는 30명[13]이며, 런칭행사 전 구매 의사의 평균은 5.90, 후 구매 의사의 평균은 7.50이다. 두 구매 의사의 평균 차이(Mean difference)는 상단에 나타나 있으며, -1.60임을 알 수 있다. statistics는 종속표본 t검정의 검정통계량, df는 자유도, Mean difference는 처치 전-후 평균 차이, SE difference는 처치 전-후 평균 차이의 표준오차다. 따라서 Mean difference를 SE difference로 나누면[14], statistics의 값인 -6.24[15]이 된다. 자유도가 29일 때, t검정의 기각역은 유의수준 0.05에서 대략 ±2.05의 바깥쪽이다. -6.24는 -2.05보다 작아 기각역에 위치하므로, p-value가 0.05보다 작음을 알 수 있다. 즉, 종속표본 t검정의 결과가 유의하므로, 영가설을 기각하고 대립가설을 채택한다. 따라서 우리는 다음과 같이 보고할 수 있다.

'고객의 런칭행사 전-후 구매 의사 차이의 평균은 0이 아니다.
즉, 런칭행사의 효과가 존재한다.'

3. 분산분석(ANOVA, analysis of variance)

앞서 살펴본 두 가지 t검정은 두 집단의 평균(독립된 두 표본의 평균 or 처치 전-후와 같이 종속되는 자료의 두 평균) 차이를 검증하는 경우 사용하는 방법이라면, 분산분석은 세 집단 이상의 평균 차이를 확인하는 경우에 사용한다. 물론 두 집단 비교에도 분산분석을 사용할 수 있으며 이 경우에는 t검정과 같은 유의확률이 계산된다. 독립표본과 종속표본 t검정의 경우 평균 차이를 검증하기 위해 독립된 두 표본이나 종속표본의 '평균'을 이용하였는데, 세 집단 이상의 평균 비교를 위해서 '평

---

13 행사 전에 응답한 30명이 동일하게 행사 후에 응답했기 때문이다.
14 -1.60/0.256
15 소수점 이하 자릿수 표기법에 따라 약간의 오차가 있을 수 있다.

균'이 아닌 '분산'을 사용하는 것에 의문이 드는 독자도 있을 것이다. 평균이 같은 지 확인해야 할 표본이 세 집단 이상이라면, 각 표본의 평균이 '얼마나 퍼져있는 지', 즉 '얼마나 이질적인지'를 살펴보아야 한다. 따라서 집단 간 분산과 집단 내 분산을 이용한 분산분석(이하 ANOVA)을 사용하게 된다. 분산을 이용하여 각 집단의 평균 차이를 검증한 후, 평균 차이가 존재하는 집단이 어느 집단들인지 밝히기 위해서는 다시 평균이라는 정보를 사용한다.

ANOVA는 앞에서도 간단히 설명하였듯 분산을 활용한다. 구체적으로 집단 간의 변화량(분산)[16]과 집단 내의 변화량(분산)을 활용하여 집단 간의 차이가 통계적으로 유의한지 검증하는 방법이다. ANOVA의 이해를 위해 Solution에서 제시했던 세 번째 상황을 중심으로 설명하고자 한다. 세 번째 상황은 시제품 A를 시향한 집단, B를 시향한 집단, C를 시향한 집단의 구매 의사를 각각 조사하였고, 각 집단의 구매 의사 평균 차이가 통계적으로 의미 있는 차이인지 확인하고 싶은 경우다. 이 경우는 ANOVA가 수행되어야 할 것이며, 영가설(H_0)과 대립가설(H_1)을 수식으로 표현하면 다음과 같다.

🧠 수식 2-5 | ANOVA의 영가설과 대립가설

$$H_0 : \mu_A = \mu_B = \mu_C$$
$$H_1 : \text{최소 한 쌍의 } \mu_j \neq \mu_{j'} (j = A, B, C)$$

μ는 독립, 종속표본 t검정에서와 같이 모집단의 평균, A, B, C는 각각 시제품 A, B, C를 시향한 고객 표본을 의미한다. 따라서 영가설은 '시제품 A를 시향한 고객(모집단)의 구매 의사 평균(μ_A)과 B를 시향한 고객(모집단)의 구매 의사 평균(μ_B), C를 시향한 고객(모집단)의 구매 의사 평균(μ_C)이 같다'이다. 대립가설은 '시제품 A, B, C를 시향한 고객의 구매 의사 평균(μ_A, μ_B, μ_C) 중 최소 한 쌍의 구매 의사

---

16 '차이'라고 읽어도 좋다.

평균이 같지 않다'를 주장하고 있다. 시제품 A, B, C를 시향한 고객(이하 A집단, B집단, C집단)의 구매 의사 평균 중 최소한 하나는 다르다는 의미이다. 최소한 하나의 구매 의사 평균이 다르다면, 영가설에서 말한 '고객의 구매 의사 평균이 모두 같다'가 깨어지므로 영가설이 성립되지 않기 때문이다. 다음으로 ANOVA에서 검정의 대상이 되는 검정통계량을 알아보자. 이는 <수식 2-6>을 활용하여 구할 수 있다.

수식 2-6 | ANOVA의 검정통계량 F

$$ANOVA - 검정통계량 : F = \frac{집단\ 간\ 편차제곱평균}{집단\ 내\ 편차제곱평균}$$

<수식 2-6>을 보면, ANOVA에서 사용되는 F라는 검정통계량은 집단 간 편차제곱평균(Mean Square Between groups, 이하 MS_B)을 집단 내 편차제곱평균(Mean Square Within group, 이하 MS_W)으로 나누어주는 형태임을 알 수 있다. 여기서도 수식의 원리를 중심으로 이해해보도록 하자.

MS_B는 집단 간 편차제곱합(이하 SS_B)을 집단 간 자유도(df_B)로 나누어 계산한다. 집단 간 편차제곱합 SS_B는 각 집단의 평균에서 전체 집단들의 평균을 뺀 후 제곱하여 더한 값이다. 이해를 위해 다음의 예를 보자. A집단의 구매 의사 평균이 8, B집단은 9, C집단은 7, 전체 평균은 8이라면, SS_B는 2[17]가 된다. SS_B는 각 집단의 평균에서 전체 평균을 뺀 후 제곱하여 더하기 때문에, 집단 간 평균이 서로 멀리 떨어져 있는 경우 커지며, 평균이 가까이 있는 경우 작아진다. 즉, SS_B는 각 집단의 평균이 얼마나 떨어져 있는지에 대한 정보를 담고 있다. 이를 산술평균을 구하듯이 자유도로 나누어주면, 집단 간 편차제곱의 평균을 의미하는 MS_B를 구할 수 있다.

---

17 $(8-8)^2 + (9-8)^2 + (7-8)^2$

개념적으로 MS_B는 처치에 의한 집단 평균의 '체계적인 차이'를 나타낸다. 각 집단 구매 의사의 평균 차이는 시제품 A, B, C 시향이라는 서로 다른 처치로 인해 발생한 것이기 때문이다. 따라서 MS_B값이 크다는 것은 처치의 효과로 인해 각 집단의 평균이 크게 떨어져 있음을 의미하며, 반대로 작다는 것은 처치의 효과가 크지 않아 각 집단의 평균이 크게 떨어져 있지 않음을 의미한다.

MS_W는 집단 내 편차제곱합(이하 SS_W)을 집단 내 자유도(df_W)로 나누어 계산한다. 집단 내 편차제곱합 SS_W는 각 집단 내 개개인의 값에서 각 집단의 평균을 뺀 후 제곱하여 더한 값이다. 이해를 위해 다음의 예를 보자. 시제품 A를 시향한 표본(A집단) 내에 ID1, 2, 3의 총 3명만 속해있다고 가정해보자. ID1의 구매 의사는 6, ID2는 10, ID3은 8, A집단의 평균은 8이었다. A집단의 편차제곱합은 8[18]이 된다. B집단과 C집단도 이러한 방식으로 편차제곱합을 구하여 모두 더하면, SS_W를 구할 수 있다. SS_W는 각 집단 내 개개인의 값에서 각 집단의 평균을 뺀 후 제곱하여 더하기 때문에, 집단 내 개개인의 값이 멀리 떨어져 있는 경우 커지며, 평균을 중심으로 모여 있는 경우 작아진다. 즉, SS_W는 각 집단 내 개개인이 얼마나 떨어져 있는지에 대한 정보를 담고 있다. 이를 산술평균을 구하듯이 자유도로 나누어주면, 집단 내 편차제곱의 평균을 의미하는 MS_W를 구할 수 있다.

개념적으로 MS_W는 집단 내 개개인의 무작위적인 차이를 나타낸다. 각 집단 내 개인들은 동일한 시제품의 시향이라는 처치를 받았지만, 개인이 가지고 있는 무작위성으로 인해 서로 다른 구매 의사를 응답했기 때문이다. 따라서 MS_W값이 크다는 것은 동일한 처치를 받은 집단 내 개개인들의 값이 크게 떨어져 있음을 의미하며, 반대로 작다는 것은 동일한 처치를 받은 개개인들의 값이 크게 떨어져 있지 않음을 의미한다.

이상을 살펴보았을 때, <수식 2-6>은 처치에 의한 집단 평균의 체계적인 차이(MS_B)를 집단 내 개개인의 무작위적인 차이(MS_W)로 나누는 형태임을 알 수 있

---

18 $(6-8)^2+(10-8)^2+(8-8)^2$

다. 즉, 처치로 인해 발생한 차이(효과 크기)와 무작위적으로 발생한 차이(불확실성)를 함께 고려하여, 영가설을 검증하는 통계치이다.

이 검정통계량은 F분포를 따른다. 따라서 F분포상의 위치를 확인하여 영가설의 기각 여부를 결정한다. 잠시 F분포를 간단히 살펴보도록 하자. F분포는 자유도 (df_B, df_W)에 따라 형태가 다르긴 하지만 기본적으로 Z, t분포와는 다르게 좌우 대칭의 형태가 아니며, 분포 값이 모두 양수이다. F분포에서는 이를 따르는 검정통계량이 특정 값보다 큰 경우 영가설을 기각한다. 반대로 특정 값보다 검정통계량이 작은 경우 영가설을 채택한다. 이 특정 값은 자유도(df_B, df_W)와 유의수준에 따라 달라지며, F분포표를 통해 확인할 수 있다. 하지만, 기본적으로 통계 프로그램에서 F검정을 수행하는 경우 자동적으로 검정통계량 F의 유의확률을 제시해 준다. 이 유의확률을 보고 영가설을 채택할지 기각할지 판단하는 것은 이전의 방법들과 동일하다.

그림 2-2 | F분포

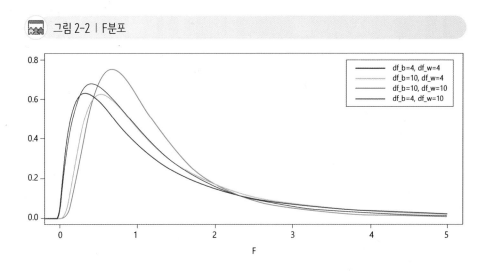

정리해보자. 처치로 인해 각 집단의 평균 차이, 즉 처치에 의한 평균의 체계적

인 차이가 크더라도(MS_B가 크더라도, 효과 크기가 크더라도) 집단 내 개개인의 무작위성이 크다면(MS_W가 크다면, 불확실성이 크다면), ANOVA의 검정통계량 F는 작아질 수 있다. 이 F값이 자유도와 유의수준에 따른 특정 값을 초과하지 못한다면, 영가설을 채택하게 된다. 즉, 각 집단의 '커 보이는 평균 차이'를 '통계적 차이'로 인정하지 않게 되는 것이다. 반대로, 각 집단의 평균 차이가 작더라도(MS_B가 작더라도, 효과 크기가 작더라도) 집단 내 개개인의 무작위성이 작다면(MS_W가 작다면, 불확실성이 작다면), ANOVA의 검정통계량 F는 커질 수 있다. 이 F값이 자유도와 유의수준에 따른 특정 값을 초과한다면, 영가설을 기각하게 된다. 즉, 각 집단의 '작아 보이는 평균 차이'를 '통계적 차이'로 인정하게 되는 것이다.

이제 세 번째 상황의 ANOVA 결과를 보고 해석해보자.

표 2-3 | ANOVA 결과

	Sum of Squares	df	Mean Square	F	p-value
Group	38.5	2	19.23	6.49	0.002
Residuals	257.9	87	2.96		

Test for Homogeneity of Variances(Levene's)	F	p-value
	0.279	0.757

상단의 표를 살펴보기에 앞서, 하단의 표를 보자. ANOVA의 경우 검정통계량 F를 보기 전에 먼저 확인해야 할 사항이 있다. 바로 하단의 Test for Homogeneity of Variance(Levene's Test) 부분이다. ANOVA는 각 집단의 모집단 분산이 같은 경우 사용해야 한다는 '등분산 가정'을 가지고 있다. Levene's Test는 분석 자료 내 각 집단이 등분산 가정을 만족하는지에 대한 검증이며, p-value가 0.05보다 클 경우 '분산이 같다'는 영가설을 채택하므로(가정을 만족하므로), 표 하단의 p-value

가 0.05보다 큰지 확인해주면 된다.[19] <표 2-3>의 결과에서 Levene's Test의 p -value는 0.05를 초과하여 등분산 가정을 만족하였음을 알 수 있다.

　다음으로 상단을 보자. Group의 Mean Square는 각 집단 평균의 체계적 차이 (효과 크기)에 대한 정보를 갖고 있는 MS_B를 나타낸다. 19.23의 값을 확인할 수 있다. Residuals의 Mean Square는 각 집단 내 개개인의 무작위성(불확실성)에 대한 정보를 갖고 있는 MS_W를 나타낸다. 2.96의 값을 확인할 수 있다. MS_B를 MS_W로 나누면, 검정통계량 F의 값, 6.49가 계산된다. 이는 자유도$(2(=df_B), 87(=df_W))$에 따른 기각 기준값인 3.101[20]을 초과하여 기각역에 위치하므로, p -value가 0.05보다 작음을 알 수 있다. 즉, ANOVA의 검정 결과가 유의하므로, 영가설을 기각하고 대립가설을 채택한다. 따라서 우리는 다음과 같이 보고 할 수 있다.

'시제품 A, B, C를 시향한 고객의 구매 의사 평균 중
최소 한 쌍의 구매 의사 평균이 같지 않다.'

　<표 2-3>의 ANOVA 결과를 통해서는 시제품 A, B, C를 시향한 고객 집단 중 어떠한 집단 간 구매 의사의 차이가 통계적으로 유의한지까지는 알 수 없다. Excel 실습 파일을 이용하여 실제 구매 의사 평균을 구해보면, A집단은 5.90, B집단은 7.43, C집단은 6.27이다. 영가설이 기각되고, 대립가설이 채택되었다고 해서, A, B, C 각 집단의 평균이 모두 서로 통계적으로 유의미한 차이가 있음을 의미하지는 않는다. ANOVA의 대립가설은 '최소 한 쌍의 평균이 같지 않다'일 뿐, 평균 차이가 있는 집단이 어느 집단쌍인지에 대한 주장은 아니기 때문이다. 각 집단 간 평균 차이의 통계적 유의성을 확인하기 위해서는 ANOVA 후, 사후비교분석을 진행해야 한다. 이는 Application에서 자세히 다루도록 한다.

19　만약 0.05보다 작아 등분산 가정이 충족하지 않을 경우에는 다른 방법을 사용해야 한다. 이는 Application에서 다루도록 한다.
20　google에 F distribution calculator로 검색하면, 계산기를 사용할 수 있다. 여기에 자유도와 유의수준을 기입하면, 자유도에 따른 F분포의 영가설 기각 기준값을 쉽게 구할 수 있다.

04 **| Application(with jamovi)**

　　본 실습은 Chapter의 서두에 설명하였던 이대리의 case를 해결하기 위한 실습이다. 독립표본 t검정, 종속표본 t검정, 그리고 ANOVA에 대한 실습과정을 차례대로 살펴보도록 하자.

　　독립표본 t검정의 실습 파일명은 'Chapter2_Data(1)_independent.csv', 종속표본 t검정은 'Chapter2_Data(2)_dependent.csv', ANOVA는 'Chapter2_Data(3)_ANOVA.csv'이며, 모든 자료는 실제 존재하는 것이 아닌 임의로 생성된 가상의 자료다. 따라서 실습분석의 결과는 실습 이해용으로만 활용해야 하며, 각 변수의 관계에 실제 의미를 부여해서는 안됨을 명확히 하고자 한다.

1. 독립표본 t검정

Step ⓪ jamovi 실행 > 좌측상단 ' ≡ ' 클릭 > 'Open' 클릭 > 'Browse' 클릭 > 'Chapter2_Data(1)_independent.csv' 선택 > '열기' 클릭

- 실습 파일 'Chapter2_Data(1)_independent.csv'를 jamovi에서 불러온다. 각 열에 다음의 변수가 위치하고 있는지 확인한다.
  ① ID: ID
  ② 구매 의사: 신제품 구매 의사(1 – 10점)
  ③ 집단: 집단(1= A집단, 2 = B집단)
- 본 도서에서 제공하는 실습 파일 내 대부분 변수명은 한글로 설정해두었다. jamovi는 한글 변수명도 인식하지만, 종종 한글 변수명으로 인한 분석 오류가 발생하기도 한다. 혹시 이후 분석 단계에서 오류가 발생한다면, 변수명을 모두 영어로 변경하여 실습하기 바란다.

Step① Data > Setup > 변수 클릭 > Continuous/Ordinal/Nominal/ID 설정

- 첫 번째 단계는 각 변수의 속성을 정의하는 단계이다. <그림 2-3>과 같이 각 변수의 속성을 지정해주면 된다. jamovi의 경우 SPSS와 같은 프로그램과 달리 '완료' 버튼이 없으니, 클릭하여 설정만 해주면 된다.
- ID는 ID로, 구매 의사는 연속변수이므로 Continuous로, 집단은 질적변수이므로 Nominal로 설정해준다.

📷 그림 2-3 | 독립표본 t검정 Step1

Step② Analyses > T-Tests > Independent Samples T-Test

- 두 번째 단계는 각 변수의 역할을 설정하는 단계이다. 이 단계에서 종속변수와 집단변수를 설정할 수 있다.
- 종속변수인 구매 의사를 Dependent Variables의 자리에 옮기고, Grouping

Variable의 자리에 집단을 옮긴다.

▪ 다음으로 분석 옵션을 선택한다. 변수설정 박스 하단의 Tests에서 'Student's'를 선택하고, 오른쪽에 Additional Statistics에서 'Mean difference', 'Descriptives'를 선택한다.

▪ Statistics에서 설명하였듯, 독립표본 t검정에서 대립가설은 '마케팅 행사에 참여하지 않은 고객(전체, 모집단)의 구매 의사 평균(μ_A)과 참여한 고객(전체, 모집단)의 구매 의사 평균(μ_B)은 같지 않다'이므로, Hypothesis에서 이를 의미하는 'Group1 ≠ Group2'를 선택한다.

그림 2-4 | 독립표본 t검정 Step2

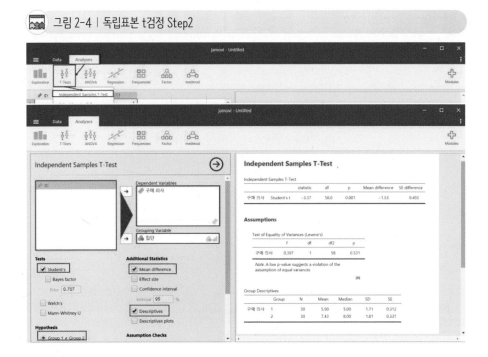

Step③ Interpretation

▪ jamovi의 경우 각 변수 및 옵션을 설정하면, 실시간으로 우측의 화면에 분석 결과가 Update 된다.

▪ <그림 2-4>의 Group Descriptives를 먼저 살펴보면, 1(A집단)의 평균은 5.90, 처치집단의 평균은 7.43임을 알 수 있다. 다음으로 Independent Samples T-Test를 살펴보면, 두 집단의 Mean difference(A집단 평균-B집단 평균)은 -1.53임을 알 수 있다. 검정통계량은 -3.37로, p를 확인하면 0.001로 유의함을 알 수 있다. 이는 검정통계량이 기각역에 위치함을 의미하므로, 영가설을 기각하고 대립가설을 채택한다. 따라서 '마케팅 행사에 참여하지 않은 고객의 구매 의사 평균과 참여한 고객의 구매 의사 평균은 같지 않으며, 마케팅 행사의 효과가 존재한다'고 할 수 있다.

2. 종속표본 t검정

Step⓪ jamovi 실행 > 좌측상단 ' ≡ ' 클릭 > 'Open' 클릭 > 'Browse' 클릭 > 'Chapter2_Data(2)_dependent.csv' 선택 > '열기' 클릭

▪ 실습 파일 'Chapter2_Data(2)_dependent.csv'를 jamovi에서 불러온다. 각 열에 다음의 변수가 위치하고 있는지 확인한다.

① ID: ID

② 런칭행사 전 구매 의사: 런칭행사 전의 신제품 구매 의사(1-10점)

③ 런칭행사 후 구매 의사: 런칭행사 후의 신제품 구매 의사(1-10점)

Step① Data > Setup > 변수 클릭 > Continuous/Ordinal/Nominal/ID 설정

▪ 첫 번째 단계는 각 변수의 속성을 정의하는 단계이다. <그림 2-3>과 같이

각 변수의 속성을 지정해주면 된다. jamovi의 경우 SPSS와 같은 프로그램과 달리 '완료' 버튼이 없으니, 클릭하여 설정만 해주면 된다.

- ID는 ID로, 런칭행사 전 구매 의사와 런칭행사 후 구매 의사는 모두 연속변 수이므로 Continuous로 설정해준다.

Step② Analyses > T-Tests > Paired Samples T-Test

- 두 번째 단계는 각 변수의 역할을 설정하는 단계이다. 이 단계에서 종속표본 내에서 비교하고자 하는 변수를 설정할 수 있다. 앞서 종속표본 t검정을 dependent samples t-test라 하였으나, jamovi에서는 이것이 'Paired Samples T-Test'로 표기되어 있다. 종속표본 t검정은 repeated measure, paired, matched-pair 등으로 표기가 되기도 하나, 모두 두 자료가 '종속'되어 있는 경우에 적용하므로 dependent samples t-test로 표기하는 것이 정확할 것이다. 다만, jamovi에서는 'Paired Samples T-Test'로 표기된 분석방법을 선택하면, 종속표본 t검정이 가능함을 알아두기 바란다.

- 런칭행사 전 구매 의사와 런칭행사 후 구매 의사를 차례대로 paired variables 의 자리로 옮긴다.

- 다음으로 분석 옵션을 선택한다. 변수설정 박스 하단의 Tests에서 'Student's'를 선택하고, 오른쪽에 Additional Statistics에서 'Mean difference', 'Descriptives' 를 선택한다.

- Statistics에서 설명하였듯, 종속표본 t검정에서 대립가설은 '런칭행사 전 고객(전 체, 모집단)의 구매 의사 평균(μ_A)과 런칭행사 후 고객(전체, 모집단)의 구매 의사 평균(μ_B)은 같지 않다'이므로, Hypothesis에서 이를 의미하는 'Measure1 $\neq$ Measure2'를 선택한다.

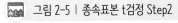 그림 2-5 | 종속표본 t검정 Step2

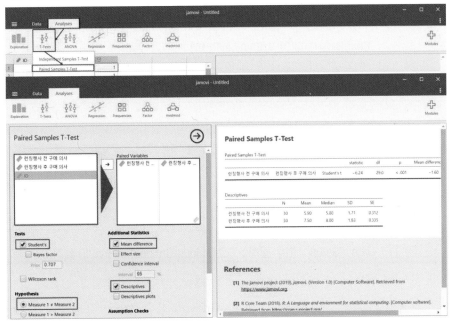

Step③ Interpretation

■ <그림 2-5>의 Descriptives를 먼저 살펴보면, 런칭행사 전 구매 의사 평균
은 5.90, 런칭행사 후 구매 의사 평균은 7.50임을 알 수 있다. 다음으로 Paired
Samples T-Test를 살펴보면, 두 집단의 Mean difference(런칭행사 전 구매 의
사 평균-런칭행사 후 구매 의사 평균)은 -1.60임을 알 수 있다. 검정통계량은
-6.24로, p를 확인하면 <0.001로 유의함을 알 수 있다. 이는 검정통계량이
기각역에 위치함을 의미하므로, 영가설을 기각하고 대립가설을 채택한다. 따
라서 '고객의 런칭행사 전-후 구매 의사 차이의 평균은 0이 아니며, 런칭행
사의 효과가 존재한다'고 할 수 있다.

3. ANOVA(analysis of variance)

Step ⓪ jamovi 실행 > 좌측상단 ' ☰ ' 클릭 > 'Open' 클릭 > 'Browse' 클릭 > 'Chapter2_Data(3)_ANOVA.csv' 선택 > '열기' 클릭

▪ 실습 파일 'Chapter2_Data(3)_ANOVA.csv'를 jamovi에서 불러온다. 각 열에 다음의 변수가 위치하고 있는지 확인한다.

① ID: ID

② 구매 의사: 시제품 A, B, C를 시향한 후의 구매 의사(1 – 10점)

③ 집단: 시향한 시제품에 따라 분류된 집단(1 = A만 시향한 집단, 2 = B만 시향한 집단, 3 = C만 시향한 집단)

Step ① Data > Setup > 변수 클릭 > Continuous/Ordinal/Nominal/ID 설정

▪ 첫 번째 단계는 각 변수의 속성을 정의하는 단계이다. <그림 2 – 3>과 같이 각 변수의 속성을 지정해주면 된다. jamovi의 경우 SPSS와 같은 프로그램과 달리 '완료' 버튼이 없으니, 클릭하여 설정만 해주면 된다.

▪ ID는 ID로, 구매 의사는 연속변수이므로 Continuous로, 집단은 질적변수이므로 Nominal로 설정해준다.

Step ② Analyses > ANOVA > One-way ANOVA

▪ 두 번째 단계는 각 변수의 역할을 설정하는 단계이다. 이 단계에서 종속변수와 집단변수를 설정할 수 있다.

▪ 종속변수인 구매 의사를 Dependent Variables의 자리에 옮기고, Grouping Variable의 자리에 집단을 옮긴다.

▪ 다음으로 분석 옵션을 선택한다. ANOVA는 각 집단의 분산이 동일함을 가정하므로, 등분산 검정을 위한 옵션을 먼저 설정해주어야 한다. Assumption

Checks에서 Equality of variances를 체크해준다(jamovi 버전에 따라 'Equality of variances' 대신 'Homogeneity test'라는 옵션이 제시될 수 있다). 우측에 바로 분석 결과가 보인다. Levene's Test의 p를 보면, 0.05보다 높아, 유의하지 않음을 알 수 있다. 따라서 등분산 검정의 영가설인 '분산이 같다'를 채택한다. 즉, 각 집단의 분산은 같으며, ANOVA를 위한 등분산 가정을 만족한다.

▪ 등분산 가정을 만족하였으므로, Variances에서 Assume equal(Fisher's)를 선택한다. 오른쪽에 Additional Statistics에서는 'Descriptives table'을 선택한다.

　* 만약 등분산 가정을 만족하지 않는다면, Variances에서 Don't assume equal(Welch's)를 선택한다. 분산의 동질성 여부에 따라 검정통계량을 산출하는 수식이 다르기 때문이다. 이후의 결과 해석은 등분산 가정을 만족한 경우와 동일한 방식으로 하면 된다.

그림 2-6 | ANOVA Step2

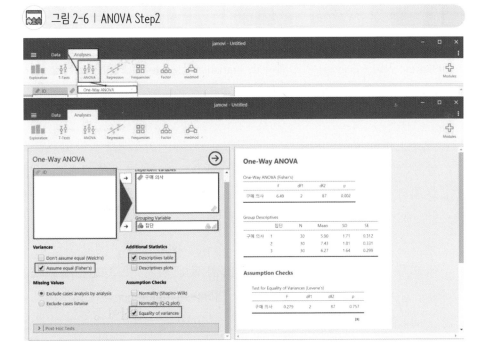

Step③ Interpretation

- <그림 2-6>의 ANOVA 결과를 살펴보자. 검정통계량 F의 값이 6.49로, p를 확인하면 0.002로 유의함을 알 수 있다. 이는 검정통계량이 기각역에 위치함을 의미하므로, 영가설을 기각하고 대립가설을 채택한다. 따라서 '시제품 A, B, C를 시향한 고객의 구매 의사 평균 중 최소 한 쌍의 구매 의사 평균이 같지 않다'고 할 수 있다.

- Group Descriptives를 보면, 1(A만 시향한 집단)의 평균은 5.90, 2(B만 시향한 집단)의 평균은 7.43, 3(C만 시향한 집단)의 평균은 6.27임을 알 수 있다. 하지만, Statistics에서 설명하였듯, 이 결과를 통해서는 어느 집단 간의 평균 차이가 유의한지는 알 수 없다.

- 어느 집단 간의 평균 차이가 유의한지 알고 싶다면, <그림 2-7>과 같이 하단의 Post-Hoc Test 탭을 클릭하여 몇 가지 옵션을 설정해야 한다.

- 앞서 등분산성 가정이 만족됨을 확인했기 때문에 Post-Hoc Test의 방법 중 Tukey(equal variances)를 선택하고, Statistics에서 Mean difference와 Report significance를 클릭한다.

- <그림 2-7>의 결과를 보면, 1(시제품 A를 시향한 집단)과 2(시제품 B를 시향한 집단)의 Mean difference는 -1.53이며, p-value가 0.05보다 작아 유의함을 알 수 있다. 즉, 시제품 A를 시향한 집단과 B를 시향한 집단의 구매 의사 평균 차이는 통계적으로 유의하다. 1(시제품 A를 시향한 집단)과 3(시제품 C를 시향한 집단)의 Mean difference는 -0.367이며, p-value가 0.05보다 커 유의하지 않음을 알 수 있다. 즉, 시제품 A를 시향한 집단과 C를 시향한 집단의 구매 의사 평균 차이는 통계적으로 유의하지 않다. 마지막으로 2(시제품 B를 시향한 집단)와 3(시제품 C를 시향한 집단)의 Mean difference는 1.167이며, p-value가 0.05보다 작아 유의함을 알 수 있다. 즉, 시제품 B를 시향한 집단과 C를 시향한 집단의 구매 의사 평균 차이는 통계적으로 유의하다.

📷 그림 2-7 | ANOVA Step3

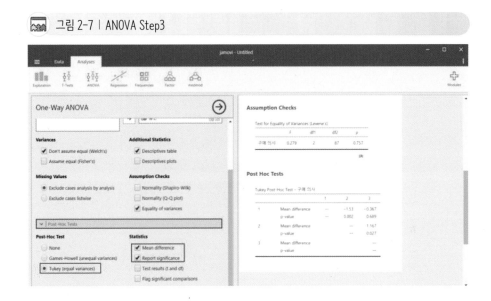

---

05 ▶ | Same application in different situations

본 Chapter에서는 이대리의 case를 해결하기 위하여 독립표본 t검정을 살펴보았으며, 나아가 다양한 상황에서의 적용을 위해 종속표본 t검정과 ANOVA를 다루었다. 각 방법은 분석자가 처한 상황에 따라 조금씩 다르게 사용되지만, 크게 보면 연속변수의 평균 차이가 유의미한지를 확인하는 방법들이었다. 이를 기업의 경영현장 전반으로 확대해 본다면, 다음과 같은 상황에서도 적용해 볼 수 있을 것이다.

- 직무교육 전 직무이해도를 측정한 시험점수와 교육 후 직무이해도를 측정한 시험점수의 평균 차이를 검증하고자 하는 경우

- 홈쇼핑 구매페이지의 디자인, 기능, 레이아웃 등을 변경하기 전과 후의 구매
  페이지 만족도 평균 차이를 검증하고자 하는 경우

Chapter 3

교육의 효과를 증명하기 위해 교육을 받은
집단과 받지 않은 집단 각각을 대상으로
직무 전문성을 측정하였습니다.
독립표본 t검정 결과 두 집단의 전문성
평균 차이가 유의하지 않은데, 교육의 효과가
없었던 것일까요?

- 실험설계(experimental design),
공분산분석(ANCOVA, analysis of covariance) -

01 ▶ | Situation

　A社 직무교육팀의 김대리는 매년 재무 직군 사원, 대리를 대상으로 전문성 향상을 위한 직무교육과정을 운영하고 있다. 작년 교육 종료 후 참가자들로부터 교육과정이 업무수행에 많은 도움이 되었다는 피드백을 받았다. 또한, 자체적으로 시행한 만족도 조사 결과도 4점 이상으로 높은 평가를 받은 것으로 나타났다. 김대리는 여기서 그치지 않고 참가자들의 팀장을 인터뷰하였고, 해당 직원들의 전문성이 교육 참가 전과 비교하면 상당히 향상되었다는 평가를 들을 수 있었다.

　올해는 직무교육팀장으로부터 직무교육은 전년도와 같이 시행하되, 동시에 직무교육의 효과를 증명하라는 새로운 미션을 부여받았다. 김대리는 교육의 효과를 증명하는 방법으로 독립표본 t검정을 떠올렸다. 직무교육 참가자와 비참가자 모두를 대상으로 직무 전문성 검사(시험)를 시행하고, 두 집단 시험점수의 평균 차이를 독립표본 t검정을 활용하여 증명하는 것이다. 만약, 검정 결과 유의미한 차이가 있다면, 교육의 효과로 인해 두 집단 간의 전문성 차이가 발생하였다고 주장할 수 있기 때문이다.

　이를 위해 올해 직무교육 종료 후, 참가자를 대상으로 직무 전문성 검사를 시행하였다. 또한, 재무팀의 협조를 받아 교육에 참여하지 않은 재무 직군 비참가자들도 하루의 시간을 할애하여, 직무 전문성 검사에 응시하도록 하였다. 두 집단의 검사 결과(시험점수)를 바탕으로 독립표본 t검정을 한 결과 검정통계량의 값은 -0.600, p-value는 0.550으로 유의하지 않았다. 즉, '두 집단의 직무 전문성 평균은 같다'라는 영가설을 채택했다. 분석 결과는 교육을 받은 집단과 받지 않은 집단의 직무 전문성 차이가 없음을 나타내고 있는데, 정말 김대리가 담당하는 교육은 직무 전문성 향상에 효과가 없는 교육이었을까?

02 | Solution

　　교육의 효과를 측정하기 위해서는 크게 두 가지 방법을 적용해 볼 수 있다. 첫 번째는 교육 참가 전 참가자들을 대상으로 전문성에 대한 사전 평가를 시행하고, 교육 종료 후에 사후 평가를 하여 점수의 평균 차이를 살펴보는 것이다. 이는 앞의 Chapter에서 다루었던 종속표본 t검정(dependent samples t−test)을 적용하는 방법으로, 종속표본의 사전−사후 점수 평균 차이가 통계적으로 유의한지를 파악하는 접근이다. 사전과 사후 점수의 평균 차이가 통계적으로 유의하다면, 교육으로 인해 차이가 발생했음을 주장할 수 있다. 즉, 교육의 효과가 있음을 주장할 수 있다.

　　한편 김대리와 같이 교육 참가자와 비참가자 각각을 대상으로 전문성을 검사한 후, 독립표본 t검정을 활용하여 분석할 수도 있다. 교육참가자와 비참가자의 전문성 평균 차이가 유의하다면, 역시 교육으로 인해 차이가 발생했음을 주장할 수 있기 때문이다. 이러한 접근을 위해서는 실험집단(experimental group), 통제집단(control group)을 설정하는 등의 통계적 설계가 필요하다. 실험집단은 처치(treatment)를 받은 집단, 통제집단은 실험집단과의 비교를 위한 집단으로 아무런 처치도 가하지 않은 집단을 의미한다.[1] 여기서 처치란 실험상황에서 효과를 유발하기 위해 가해진 조치이다. 김대리의 case는 '직무교육의 효과'를 확인하고 싶은 경우이므로, '직무교육'이 처치가 되며, 교육참가자 집단은 실험집단, 비참가자 집단은 통제집단이 된다.

　　그런데 김대리의 case와 같이 두 집단의 평균 차이가 통계적으로 유의하지 않다는 결과가 도출되었다면, 두 집단의 '원래 갖고 있던 전문성(이하 '사전 전문성')의 차이'를 의심해 볼 수 있다. 교육참가자 집단의 교육 전 사전 전문성은 낮았고, 비

---

1 행동과학 연구에서 많이 활용하는 '실험설계'와 관련된 내용이기 때문에, 실험, 처치, 통제 등의 단어가 등장하지만, 단어의 의미 그대로 이해하면 어렵지 않다.

참가자 집단의 사전 전문성은 높았다고 해보자. 교육으로 인해 교육참가자 집단의 전문성이 높아졌더라도 비참가자 집단은 원래 전문성이 높은 집단[2]이었기 때문에, 교육 후 실시한 두 집단의 전문성(이하 사후 전문성) 차이가 유의하지 않게 도출될 수도 있다. 따라서 교육참가자 집단과 비참가자 집단의 사전 전문성을 '통제'해야 두 집단의 사후 전문성을 올바르게 비교할 수 있다. 여기서 사전 전문성을 '통제' 한다는 것은 사전 전문성으로 인한 차이를 제외하고 교육으로 인한 효과(차이)만 을 보겠다는 의미이다.

사전 전문성을 통제하기 위해서는 실험집단과 통제집단의 설정 외에도 각 집단 을 대상으로 사전-사후검사를 시행하는 등의 설계가 필요하며, 이를 통제집단 사 전-사후 설계라 한다. 이처럼 실험집단과 통제집단의 설정, 사전-사후검사의 시 행 등과 같은 일련의 과정을 행동과학에서는 '실험설계(experimental design)'라고 한다. 본 Chapter에서는 실험설계를 이해하기 위한 개념과 여러 가지 유형, 그리 고 분석을 위한 통계적 방법과 원리 등에 대해 살펴보고자 한다.

03 ▶ | Statistics

처치의 효과를 증명하기 위한 사전-사후 설계는 세 가지 요건이 충족되어야 한다. 첫 번째로 처치와 효과(혹은 효과측정)의 시간상 전후 관계가 명확해야 한다. 처치가 시간상으로 효과의 앞에 가해진 경우에만, 처치로 인해 효과가 향상되었다 는 '인과관계'를 설명할 수 있기 때문이다. 김대리의 case로 예를 들어보면, 직무교 육(이하 '교육')이라는 처치가 전문성 검사라는 효과측정보다 시기적으로 앞서 있어 야 한다는 것이다.

---

2 원래 전문성이 높았던 집단이었다면, 높은 전문성으로 인해 전문성 검사에서 높은 점수를 받을 것이다.

두 번째 요건은 처치와 효과의 연관성이다. 처치와 효과 간에 상관이 있어야 한다는 것이다. 예를 들어, 교육참가자가 모든 교육일에 출석하여 교육을 받는 것이 어려울 수도 있다. 높은 출석률을 보이는 참가자는 전문성 향상 정도가 높고, 낮은 출석률을 보이는 직원은 전문성 향상 정도가 낮다면, 원인과 결과 간의 연관성이 있는 것으로 볼 수 있다. 즉, 두 변수 간 상관이 있어야 한다는 것이다. 이는 상관계수(correlation coefficient)를 통해 파악할 수 있다.[3]

마지막으로 세 번째 요건은 격리이다. 교육 외에 개개인이 가지고 있는 서로 다른 요인이 전문성 향상이나 감소에 영향을 주지 않도록 설계해야 한다는 의미이다. 예를 들어, 참가자의 서로 다른 학습 동기, 나이, 사전 전문성 등과 같이 효과에 영향을 줄 수 있는 여러 요인을 통제하는 경우에만 처치와 효과의 인과관계를 정확하게 추론할 수 있다는 것이다.

1. 진실험설계(true-experimental design)

지금부터는 구체적으로 실험설계의 방법에 대해 살펴보도록 하자. 행동과학에서는 진실험설계(true-experimental design)를 통해 위의 세 가지 요건을 만족하는 인과추론을 시도할 수 있다. 하지만, 자연과학 분야와는 달리 사람이 대상이 되는 행동과학 분야에서 진실험설계를 수행하기는 쉽지 않은데, 세 번째 요건이었던 '격리'를 만족하기가 쉽지 않기 때문이다. 행동과학의 진실험설계에서는 '격리'를 만족시키기 위해 무선할당(random assignment)을 한다. 무선할당은 개개인을 각 집단에 무선(random)으로 배치함으로써 학습동기, 나이, 사전 전문성 등 효과에 영향을 줄 수 있는 요인이 집단별로 큰 차이가 없도록 하는 과정이다.

개개인을 각 집단에 무선할당하지 않는다면 어떻게 될까? 직급을 기준으로 과

---

3 상관분석은 말 그대로 두 변수의 관계가 어떠한지를 분석하는 방법이다. 예를 들어, A와 B라는 변수에 대해 상관분석을 실시하면, 'A가 높으면 B도 높다(정적상관).', 'A가 높으면 B는 낮다(부적상관)' 등과 같이 두 변수의 관계를 알 수 있다. 다만, 상관이 인과를 의미하지는 않는다. 상관에 대한 자세한 내용은 측정편을 참고하기 바란다.

장 이상은 실험집단에 대리 이하는 통제집단에 할당한다면, 처치(교육)하기도 전에 이미 효과(전문성)의 차이가 존재할 수 있다. 하지만 무선으로 개개인을 할당하면, 각 집단이 딱히 특별한 특징을 갖지 않게 된다.[4] 즉, 무선할당을 통해 각 집단의 전체적인 특징(학습동기, 나이, 사전 전문성 등)이 유사함을 가정하겠다는 논리이다. 이 가정을 바탕으로 처치 후 효과는 오로지 '처치에 따른 결과'임을 주장할 수 있다.

하지만 현실 상황에서 이러한 무선할당은 쉽지 않다. 기업에서의 일반적인 교육 상황을 생각해보자. 기업 내에서 실시되는 교육은 '효과를 증명하기 위해 시행'되는 것이 아니라, 교육이 필요한 인원에게 시의적절하게 제공되어야 하는 solution이기 때문이다. '효과 측정'을 위해 여러 설계를 더하다 보면, solution이 시의적절하게 제공되지 못하거나, 주객이 전도되는 현상이 발생할 수도 있다.[5] 더하여 효과에 영향을 주는 여러 요인을 측정하기도 쉽지는 않다. 이러한 이유로 진실험설계가 아닌 준실험설계(quasi-experimental design)를 통한 교육 효과성 확인을 권장한다.

2. 준실험설계(quasi-experimental design)

준실험설계에는 단일집단 사후검사 설계(one-group posttest only design), 단일집단 사전-사후검사 설계(one-group pre-posttest design), 비동등 사후검사 설계(posttest only design with nonequivalent groups), 그리고 통제집단 사전-사후검사

---

4 무선, random의 의미를 생각해 보자. random 하게 개인을 선택해서 각 집단에 할당하였다. 개인의 특징(나이, 성별, 학력, 전공 등등)을 전혀 고려하지 않고 random 하게 선택했기 때문에, random 선택된 개개인이 모여 만들어진 집단은 다른 집단과 비교해 뚜렷한 특징을 갖지 않게 된다. 집단 구분에 아무런 고려를 하지 않았기 때문이다. 물론 우연히 이례적인 특징을 가진 집단이 만들어질 수도 있다. 하지만, 사람을 대상으로 하는 행동과학의 진실험설계에서 효과에 영향을 줄 수 있는 요인들의 정도가 같도록 각 집단을 완벽히 통제하는 방법은 존재하지 않는다. 무선할당(random)은 이를 통제하기 위한 하나의 방법이다.

5 물론, 김대리와 같이 개인이나 팀의 존재 이유인 '담당업무의 효과'를 증명하는 큰 프로젝트라면, 이러한 설계가 필요하다.

설계(untreated control group design with dependent pre-posttest samples)가 있다. 지금부터 각각의 내용을 차례대로 살펴보자.

단일집단 사후검사 설계는 통제집단 없이 실험집단을 대상으로 사후검사만을 시행하는 방법으로 매우 간단하다는 장점이 있지만, 사전검사나 통제집단이 없으므로 처치(직무교육)로 인한 효과의 변화 정도(전문성 변화 정도)를 파악하기가 어렵다. 단일집단 사후검사 설계의 순서는 처치와 사후검사 순으로 진행된다.

수식 3-1 | 단일집단 사후검사 설계의 절차

$$X(처치) \rightarrow O_{post}(사후검사)$$

단일집단 사전-사후검사 설계는 단일집단 사후검사 설계에 사전검사를 추가함으로써 사전과 비교하여 사후 점수가 어떻게 변화하였는지 비교할 수 있다는 장점이 있다. 이는 앞의 Chapter에서 다루었던 종속표본 t검정을 적용하여 분석할 수 있다. 이때 주의할 점은 사전검사와 사후검사가 같거나 유사한 경우에는 사전검사에 대한 기억이 남아있어 사후검사의 점수가 더 높게 나타날 수 있다는 것이다. 따라서 사전-사후 두 검사의 정교한 출제, 시행 간격 설정 등에 대한 고민이 필요하다.

수식 3-2 | 단일집단 사전-사후검사 설계

$$O_{pre}(사전검사) \rightarrow X(처치) \rightarrow O_{post}(사후검사)$$

비동등 사후검사 설계는 단일집단 사후검사 설계에 통제집단을 추가함으로써 실험집단과 통제집단의 사후 점수를 비교할 수 있다는 장점이 있다. 통제집단은 처치(직무교육) 없이 사후검사만 응시하게 된다. 이는 앞의 Chapter에서 다루었던 독립표본 t검정을 적용하여 분석할 수 있다. 이때 주의할 점은 사전검사 없이 사후검사만을 시행했으므로 두 집단의 차이가 처치(직무교육)에 따른 효과인지 아니면 사전에 이미 차이(사전 전문성 차이)가 존재하여 발생한 차이인지 구분할 수 없다는 점이다.

🧠 수식 3-3 | 비동등 사후검사 설계의 절차

$$[\text{실험집단(NR)}^6 \text{ 대상}] \quad X(\text{처치}) \rightarrow O_{post}(\text{사후검사})$$
$$[\text{통제집단(NR) 대상}] \quad \text{처치없음} \rightarrow O_{post}(\text{사후검사})$$

통제집단 사전−사후검사 설계는 비동등 사후검사 설계에 사전검사를 추가함으로써 두 집단의 사전점수 차이를 확인할 수 있어, 준실험설계에서 일반적으로 사용되는 방법이라 할 수 있다. 다만, 두 집단의 사전점수에는 차이(사전 전문성 차이)가 있을 수 있으며, 이것이 사후점수에 영향을 줄 수 있음을 유념해야 한다.

🧠 수식 3-4 | 통제집단 사전-사후검사 설계의 절차

$$[\text{실험집단(NR) 대상}] \, O_{pre}(\text{사전검사}) \rightarrow X(\text{처치}) \rightarrow O_{post}(\text{사후검사})$$
$$[\text{통제집단(NR) 대상}] \, O_{pre}(\text{사전검사}) \rightarrow \text{처치없음} \rightarrow O_{post}(\text{사후검사})$$

이처럼 준실험설계는 방법에 따라 사전검사나, 통제집단이 없이 진행되기도 한다. 만약, 처치의 효과를 증명하고자 한다면 통제집단 사전−사후검사 설계를 권장한다. 하지만 이 설계 또한 진실험설계에서 시행되어야 하는 무선할당을 하지 않기 때문에, 효과가 처치로 인한 효과인지 집단의 특성 차이에 의해 원래부터 존재했던 효과인지 구별하기 어렵다. 따라서 집단의 특성을 통제하는 통계적 조치가 필요하다.

---

6 비동등 사후검사 설계는 준실험설계이므로 무선할당을 하지 않는다. 이를 나타내기 위해 NR(non-random)이라고 표기하였다.

3. 공분산분석(ANCOVA, analysis of covariance)

종속변수에 영향을 줄 수 있는 요인을 통제한 상태에서 종속변수 평균을 비교하고자 하는 경우, 공분산분석(이하 ANCOVA)을 적용해야 한다. 앞의 Chapter에서는 ANOVA(분산분석)를 통해 세 집단의 평균 차이가 통계적으로 유의한지 검증했다. 종속변수인 각 집단의 평균(예: 사후 전문성)에 영향을 주는 다른 요인(예: 사전 전문성)이 존재한다고 해보자. ANCOVA에서는 이 영향 요인을 공변인(covariate)으로 설정하여, 각 집단 종속변수의 '추정된 주변평균(EMM, Estimated Marginal Means)'을 계산한다. 여기서 '추정된 주변평균'이라는 개념이 새롭게 등장한다. 추정된 주변평균은 공변인의 효과를 통제한 상태에서 각 집단의 종속변수 평균을 통계적으로 교정한 값으로 이해하면 된다. ANCOVA에서는 이 교정된 평균(추정된 주변평균)의 통계적 차이를 검증하여, 실험집단과 통제집단의 평균 차이가 유의한지 확인한다. 만약 유의하다면, 이 차이를 '처치'의 효과라고 주장할 수 있다.

본 Chapter에서는 ANCOVA의 개념, 결과의 해석, 프로그램 사용법을 중심으로 살펴보도록 한다. 김대리의 case에 ANCOVA를 적용하기 위해서는 통제집단 사전−사후검사 설계가 필요하다. 김대리는 교육의 효과로 인해 교육참가자 집단의 전문성 신장이 발생하였는지 확인하고자 한다. 따라서 전문성 정도를 교육 전 검사(이하 사전검사)와 교육 후 검사(이하 사후검사)를 통해 측정해야 한다. 또한, 이 검사는 교육참가자 집단(실험집단)과 비참가자 집단(통제집단) 모두에게 시행되어야 한다. 즉, 두 집단에 대해서 사전검사와 사후검사가 실시되어야 한다.

교육 전 전문성을 측정한 사전검사 점수를 공변인으로, 교육 후 전문성을 측정한 사후검사 점수를 종속변수로 설정하여 ANCOVA를 적용하면, 사전 전문성을 통제한 상태에서 사후 전문성 평균의 교정된 값(추정된 주변평균)을 얻을 수 있다. 두 집단의 추정된 주변평균 차이가 통계적으로 유의하다면, 교육으로 인해 두 집단 간 사후 전문성의 차이가 발생했다고 주장할 수 있을 것이다.

김대리의 case를 위와 같이 통제집단 사전－사후검사 설계한 후, ANCOVA를 적용하여 분석한 결과를 살펴보자.

표 3-1 | 사전-사후검사 평균과 추정된 주변평균

	education	pre_score	post_score	EMM
Mean	0	69.0	75.6	73.6
	1	62.5	77.2	79.3

<표 3－1>은 각 집단의 사전－사후검사 평균과 추정된 주변평균을 나타낸다. education 열의 0은 교육 비참가자 집단, 1은 참가자 집단, pre_score는 사전검사 평균, post_score는 사후검사 평균을 의미한다. 비참가자 집단과 참가자 집단의 사전검사 평균의 차이는 6.5다. 두 집단 모두 사전검사와 비교하여 사후검사가 향상된 것을 확인할 수 있다. 표 가장 우측의 EMM은 추정된 주변평균을 의미한다. 즉, 사전검사(사전 전문성)를 통제(고려)한 상태에서의 교정된 사후검사 평균(사후 전문성)이다. 추정된 주변평균의 차이가 유의한지 확인하기 위해 <표 3－2>의 ANCOVA 결과를 보자.

표 3-2 | ANCOVA 결과

	Sum of Squares	df	Mean Square	F	p-value
pre_score	8285	1	8285.0	96.86	<0.001
education	772	1	772.0	9.03	0.003
Residuals	8297	97	85.5		

ANCOVA는 이전 Chapter에서 ANOVA의 결과와 유사한 방식으로 해석된다. 종속변수인 사후검사에 대한 공변인의 효과는 pre_score의 F값을 통해 유의한지 아닌지 판단할 수 있다. 이 검정통계량 F값이 유의한 경우 효과가 0이 아님(대립가설 채택)을 의미하고, 그렇지 않으면 효과가 0임(영가설 채택)을 의미한다. F값은 96.86이며, p-value는 <0.001로 유의했다. 따라서 공변인, 즉 사전 전문성이 사후검사 점수에 유의한 영향을 미침을 알 수 있다.

공변인인 사전 전문성을 통제한 상태에서 추정된 주변평균 차이에 대한 검증[7]은 education의 F값을 통해 판단할 수 있다. 이 검정통계량 F값이 유의한 경우 차이가 0이 아님(대립가설 채택)을 의미하고, 그렇지 않으면 차이가 0임(영가설 채택)을 의미한다. F값은 9.03이며, p-value는 0.003으로 유의했다. 즉, 교육의 효과로 인해 두 집단의 추정된 주변평균 차이(전문성의 차이)가 발생했음을 나타낸다.

ANCOVA를 적용하기 위해서는 실험집단과 통제집단을 설계해야 하며, 처치 전 사전검사와 처치 후 사후검사에 대한 측정이 필요하다. 물론 이러한 설계를 하는 것은 쉬운 일이 아니다. 하지만 꼭 '효과의 증명'이 필요한 경우라면, 본 Chapter에서 다룬 내용을 적용-분석한 결과를 의사결정의 주요 근거로 활용할 수 있을 것이다. 본 Chapter에서는 연속변수인 공변인이 하나인 경우의 예만 들었으나, 공변인이 두 개 이상인 경우도 가능하며, 연속변수가 아닌 질적변수 또한 공변인으로 설정할 수 있다. 기업 현장에서 이러한 실험설계를 통해 ANCOVA를 적용하는 경우, 각 집단의 성별, 나이 등의 인구통계학적 요인을 공변인으로 설정하여 종속변수의 평균을 교정한다면 더욱 의미 있는 결과를 도출해 낼 수 있을 것이다.

---

7 추정된 주변평균 차이가 유의하다는 것은 교육의 효과로 인해 두 집단의 교정된 사후검사가 유의한 차이가 있음을 의미한다.

| **Application(with jamovi)**

본 실습은 Chapter의 서두에 설명하였던 김대리의 case를 해결하기 위한 실습 이다.

본 Chapter의 실습 파일명은 'Chapter3_Data.csv'이며, 모든 자료는 실제 존재 하는 것이 아닌 임의로 생성된 가상의 자료다. 따라서 실습분석의 결과는 실습 이 해용으로만 활용해야 하며, 각 변수의 관계에 실제 의미를 부여해서는 안됨을 명 확히 하고자 한다.

Step 0 jamovi 실행 > 좌측상단 ' ≡ ' 클릭 > 'Open' 클릭 > 'Browse' 클릭 > 'Chapter3_Data.csv' 선택 > '열기' 클릭

- 실습 파일 'Chapter3_Data.csv'를 jamovi에서 불러온다. 각 열에 다음의 변수 가 위치하고 있는지 확인한다.
  ① ID: ID
  ② education: 장기 직무교육 참가 여부(0=장기 직무교육 비참가자 집단, 1=장 기 직무교육 참가자 집단)
  ③ pre_score: 사전검사(전문성) 점수(1-100점)
  ④ post_score: 사후검사(전문성) 점수(1-100점)

Step 1 Data > Setup > 변수 클릭 > Continuous/Ordinal/Nominal/ID 설정

- 첫 번째 단계는 각 변수의 성격을 정의하는 단계이다. <그림 3-1>과 같이 각 변수의 성격을 지정해주면 된다. jamovi의 경우 SPSS와 같은 프로그램과 달리 '완료' 버튼이 없으니, 클릭하여 설정만 해주면 된다.
- ID는 ID로, education은 질적변수이므로 Nominal로, pre_score와 post_score

는 연속변수이므로 Continuous로 설정해준다.

📷 그림 3-1 | Step1

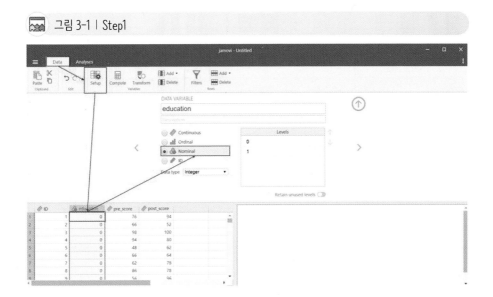

Step② Analyses > ANOVA > ANCOVA

▪ 두 번째 단계는 각 변수의 역할을 설정하는 단계이다. 이 단계에서 종속변수, 집단변수, 공변인을 설정할 수 있다.

▪ 종속변수인 post_score는 Dependent Variable의 자리로, pre_score는 Covariates 의 자리로, 그리고 education은 Fixed Factors의 자리로 옮긴다.

▪ 다음으로 분석 옵션을 선택한다. 변수설정 박스 하단의 Estimated Marginal Means를 클릭한다. education을 오른쪽의 Marginal Means 자리로 옮겨주 고, 하단의 'Marginal means plots'과 'Marginal means tables'를 선택한다.

그림 3-2 | Step2

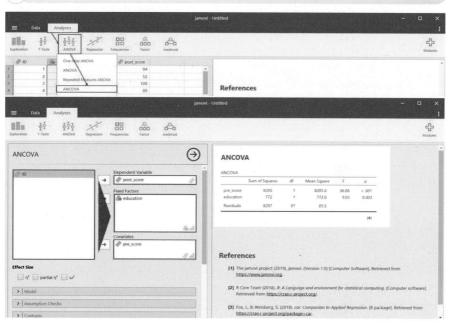

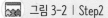 그림 3-3 | Step2 Estimated Marginal Means

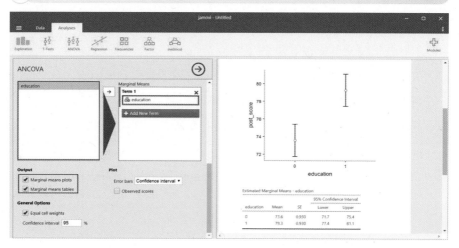

▪ ANCOVA와는 별개로 pre_score와 post_score의 기술통계를 보고 싶다면, <그림 3-4>와 같이 Exploration > Descriptives에서 두 변수를 Variables 자리로 옮기고, education을 Split by의 자리로 옮겨야 한다. 우측 Descriptives 에 두 집단의 pre_score, post score 기술통계가 출력된다. 이는 <표 3-1> 의 값과 같다.

그림 3-4 ㅣ Step2 Descriptives

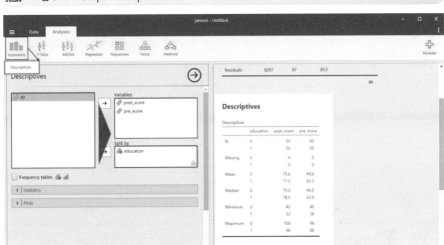

Step③ Interpretation

▪ jamovi의 경우 각 변수 및 옵션을 설정하면, 실시간으로 우측의 화면에 분석 결과가 Update 된다.

▪ <그림 3-2>의 ANCOVA 결과를 먼저 살펴보자. pre_score F값의 p를 확 인하면, <0.001로 유의함을 알 수 있다. 검정통계량 F값이 유의하므로 post_ score(종속변수)에 대한 pre_score(공변인)의 효과가 0이라는 영가설을 기각하 고, 대립가설을 채택한다. 즉, 공변인(사전 전문성)은 사후검사 점수에 유의한

영향을 미치는 요인이다. education F값의 p를 확인하면, 0.003으로 유의함을 알 수 있다. 검정통계량 F값이 유의하므로 두 집단의 추정된 주변평균 차이가 0이라는 영가설을 기각하고, 대립가설을 채택한다. 이 결과는 교육의 효과로 인해 두 집단의 추정된 주변평균 차이(사후 전문성의 차이)가 발생했음을 의미한다.

- <그림 3-3>의 Estimated Marginal Means에서는 추정된 주변평균을 확인할 수 있다. 장기 교육 비참가자 집단(education=0)과 교육 참가자 집단(education=1)의 추정된 주변평균은 각각 73.6, 79.3이다. 이는 <표 3-1>의 값과 같다. 각 집단의 pre-score(공변인, 사전 전문성)를 통제(고려)하여 사후검사(종속변수, 사후 전문성)의 평균을 교정한 결과, pre-score가 낮았던 참가자 집단은 77.2에서 79.3으로 더 높아졌고, pre-score가 높았던 비참가자 집단은 75.6에서 73.6으로 더 낮아졌다. 추정된 주변평균으로 두 집단을 비교해보니, 교육의 효과가 더욱 명확히 드러남을 확인할 수 있다.

05 ▶ | Same application in different situations

본 Chapter에서는 김대리의 case를 해결하기 위하여 진실험설계, 준실험설계, ANCOVA를 살펴보았다. ANCOVA를 통해 공변인의 효과를 통제하여 종속변수의 추정된 주변평균을 도출하고 그 차이에 대한 검증이 가능하다. 이를 기업의 경영 현장 전반으로 확대해 본다면, 다음과 같은 상황에서도 적용해 볼 수 있을 것이다.

- 임직원 개개인의 MBO(management by objectives) 수립 시, 도전적 목표 설정이 필요함을 증명하고자 하는 경우

- 이를 위해 두 집단 중 한 집단에게는 도전적 수준의 목표를 설정(실험집단)하도록 하고, 한 집단에게는 달성 가능한 수준의 목표를 설정(통제집단)하게 한 후, 두 집단의 전년도 성과(수주액)를 고려하여 올해 성과(수주액)의 차이를 검증한다. 여기서 처치는 '도전적 수준의 목표 설정'이 된다.

Chapter 4

임직원의 성과와 이에 영향을 줄 것으로
판단되는 여러 요인과의 관계를 알고 싶습니다.
각 요인이 성과에 긍정적 혹은 부정적 영향을
주는지 통계적으로 확인할 수 있을까요?

- 회귀분석(regression) -

| Situation

영업팀 박팀장은 팀원들의 개인별 상반기 성과(수주액: 만원)를 보고 받았다. 성과 결과를 확인하던 박팀장은 '성과가 좋은 직원들이 공통적으로 가지고 있는 특징은 무엇일까?'라는 의문이 들었다. 박팀장은 김대리를 불러 물었다.

> **박팀장:** "김대리, 어떤 특징을 가진 영업사원들이 좋은 성과를 낼까? 통계적으로 분석하는 방법이 있을까?"
>
> **김대리:** "회귀분석을 하면 될 것 같습니다."
>
> **박팀장:** "그래? 역시! 김대리야. 그럼 한 번 분석해보게. 여러 요인이 수주액에 어떠한 영향을 미치는지, 그것들이 통계적으로 의미가 있는지도 함께 알려주게나."

자리에 돌아온 김대리는 우선 여러 도서와 연구결과 등을 조사하여 성과에 영향을 줄 것으로 판단되는 다섯 가지 변수(조직적응도, 인센티브, 업무이해도, 직무교육 시간, 해당 직무 경력)를 선정했다. 다섯 변수에 대한 영업팀 구성원들의 자료도 모두 수집하였다. 하지만, 학부 때 학습했던 회귀분석이 지금까지 자세히 기억날 리 만무했다. '이제 어떻게 하지? 그냥, 상위 10% 고성과자랑 하위 30% 저성과자를 나눠볼까? 그리고 고성과자와 저성과자의 다섯 가지 변수의 평균을 보고하면 되려나? 그럼 각 요인이 성과에 어떠한 영향을 주는지 알 수 없고, 성과에 대한 각 요인의 영향이 통계적으로 의미 있는지도 알 수 없잖아? 어쩌면 좋지?' 김대리는 오랫동안 보지 않아 먼지 쌓인 기초통계 책을 꺼내 들었다.

02 ▶ Solution

변수 간의 인과관계와 그 효과를 확인하기 위해서는 회귀분석(regression)을 적용해 볼 수 있다. 회귀분석은 인과관계에 있는 변수들을 활용하여 결과가 되는 변수에 원인이 되는 변수가 어떠한 영향(효과)을 미치는지 분석하는 방법이다. 이때, 변수의 인과관계에서 결과가 되는 변수를 종속변수(또는 결과변수)라고 하고, 원인이 되는 변수를 독립변수(또는 설명변수)라고 한다.

회귀분석은 사용되는 변수의 수나 특성, 분석자의 의도에 따라 다양하게 세분화할 수 있다. 먼저, 독립변수의 수에 따라 회귀분석을 구분할 수 있다. 독립변수가 하나인 회귀분석을 '단순회귀분석(simple regression)'이라고 한다. 이는 독립변수가 하나라는 것에서 알 수 있듯, 하나의 독립변수가 종속변수에 미치는 영향을 확인하는 방법이다. 그러나 실제로 하나의 독립변수만을 활용하는 단순회귀분석을 하는 경우는 많지 않다. 종속변수를 설명하는 변수가 오직 하나만 존재할 가능성이 크지 않기 때문이다. 성과(종속변수)를 조직적응도(독립변수)로만 설명할 수는 없지 않겠는가? 따라서 실제로는 종속변수를 설명하는 두 개 이상의 독립변수의 영향을 확인하게 되는데, 이처럼 독립변수가 두 개 이상인 회귀분석은 '다중회귀분석(multiple regression)'이라고 한다. 앞선 상황에서 김대리는 다섯 가지 변수가 성과에 미치는 영향을 분석하고자 하는 경우이므로, 다중회귀분석을 적용해야 할 것이다.

한편, 종속변수와 독립변수의 관계 양상(형태)에 따라 회귀분석을 구분할 수도 있다. 종속변수와 독립변수가 연속변수일 때, 두 변수의 관계를 선형으로 설명하고 싶은 경우 선형회귀분석(linear regression)을 적용한다. 또한, 종속변수가 합격/불합격 등과 같이 숫자가 아닌 범주를 가지는 질적변수인 경우 로지스틱 회귀분석(logistic regression)을 적용할 수 있다. 로지스틱 회귀분석은 이후 Chapter에서 자세히 다룰 예정이다.

이번 Chapter에서는 종속변수와 독립변수의 관계를 선형으로 설명하는 회귀분석을 중점적으로 살펴보고자 한다. 우선 독립변수가 1개인 단순회귀분석(simple linear regression)[1]을 살펴보고, 이후 독립변수의 수가 두 개 이상인 다중회귀분석(multiple linear regression)을 다루도록 하겠다.

| Statistics

1. 단순회귀분석(simple linear regression)

회귀분석의 개념을 이해하기 위해서 가장 간단한 형태인 단순회귀분석부터 살펴보자. 단순회귀분석은 독립변수와 종속변수의 관계를 밝히거나 독립변수의 수준을 바탕으로 한 종속변수의 수준을 예측하고자 할 때 사용된다. 예를 들어, 김대리의 case에서 성과를 종속변수, 조직적응도를 독립변수로 설정하여 단순회귀분석을 시행한다고 해보자. 이 경우 단순회귀분석을 통해 조직적응도(독립변수)와 성과(종속변수)의 관계를 밝히고, 조직적응도(독립변수)의 수준을 바탕으로 한 성과(종속변수)의 수준을 예측할 수 있다. 앞서 이번 Chapter에서 다룰 단순회귀분석과 다중회귀분석은 종속변수와 독립변수의 관계를 선형으로 설명하는 경우라고 하였다. 단순한 선형결합 식의 형태를 바탕으로 단순회귀분석을 이해해보자.

---

1 정확히는 단순선형회귀분석이라 할 수 있지만, 이후에는 간단히 단순회귀분석이라 칭하도록 한다. 다중회귀분석도 마찬가지로 다중선형회귀분석이 아닌 다중회귀분석으로 칭할 예정이다.

수식 4-1 | 선형결합 식

$$\hat{Y} = a + bX$$

<수식 4-1>의 선형결합 식을 단순회귀분석의 관점에서 보면, $\hat{Y}$은 종속변수의 예측값, X는 독립변수, a는 절편(intercept), b는 회귀계수(coefficient)다. 회귀분석에서는 a로 표기된 절편을 b_0으로, b로 표기된 회귀계수를 b_1로 표기하기도 한다. 절편은 독립변수 X의 값이 0일 때, 예측되는(기대되는) Y의 값이며, 회귀계수는 독립변수 X가 1 증가할 때, 예측되는 Y의 변화량을 의미한다.

앞의 예시에 위의 내용을 적용하여 해석해보자. 성과를 종속변수, 조직적응도를 독립변수로 설정하여 단순회귀분석을 하였다. 분석결과 <수식 4-1>과 같은 형태의 회귀식을 도출할 수 있었다. 그렇다면, a(절편)는 조직적응도(X, 독립변수)가 0일 때, 예측되는 성과(Y, 종속변수)를 의미한다. b(회귀계수)는 조직적응도(X, 독립변수)가 1(점) 증가할 때, 예측되는 성과(Y, 종속변수)의 변화량을 의미한다. 만약 b가 양수라면, 조직적응도가 증가할수록 성과는 높아질 것으로 예측할 수 있다. 반대로 음수라면, 조직적응도가 증가할수록 성과는 낮아질 것으로 예측할 수 있다. 이상의 내용을 통해 b의 부호와 값을 통해 독립변수 X와 종속변수 Y의 관계를 파악할 수 있음을 알 수 있다.

회귀분석에서는 절편 a나 회귀계수 b와 같이 추정된 값들을 추정치(estimate), 추정치를 바탕으로 기술한 식을 회귀식이라 한다. 그렇다면 두 변수 간의 관계를 설명하는 회귀계수와 같은 추정치는 어떻게 구할 수 있을까? 이를 추정하는 방법에는 여러 방법[2]이 있지만, 선형회귀분석에서는 일반적으로 최소제곱법(ordinary least squares, OLS)이 많이 사용된다. 최소제곱법은 실제 종속변수값(Y)과 예측되는 종속변수($\hat{Y}$)의 오차를 최소로 하는 a(절편)와 b(회귀계수)의 값을 추정하는 방

---

2 가중최소제곱법(weighted least squares, WLS), 일반화최소제곱법(generalized least square, GLS) 등 여러 추정 방법이 있다.

법이다. 이를 이해하기 위해서는 오차의 개념을 알아야 한다. 아래 <수식 4-2>를 보자.

수식 4-2 | 단순회귀분석을 통해 얻은 회귀식(X(독립변수)와 Y(종속변수))

$$\hat{Y} = a + bX$$

<수식 4-2>는 Y(종속변수)에 대한 X(독립변수)의 영향을 살펴보기 위해, 단순회귀분석하여 얻은 회귀식이다. X의 자리에 특정 독립변수의 값(수준)을 대입하여 추정된 b와 곱하고 a를 더하면, 종속변수의 값을 예측($\hat{Y}$)할 수 있다. 김대리의 case로 설명해보자. 예를 들어, 조직적응도가 1(점)인 개인의 성과를 예측하기 위해서는 X의 자리에 1을 대입하면 된다. 이 경우, 예측되는 성과는 a+b가 된다. 실제 김대리의 자료에서 조직적응도가 1(점)인 개인의 성과는 회귀식을 통해 예측된 성과인 a+b와 같을 수도, 다를 수도 있다. 회귀분석은 많은 개인의 자료를 바탕으로 추정치를 구한다. 이 추정치를 바탕으로 회귀식을 작성하고 개개인의 종속변수값을 예측할 수 있다. 회귀식을 통해 예측한 개인의 종속변수값($\hat{Y}$)과 실제 개인의 종속변수값(Y)이 항상 같을 수는 없으므로, 회귀분석에는 오차(e)가 필연적으로 발생한다.[3]

즉, 개인의 예측된 성과($\hat{Y}_i$)는 실제 그 인원의 성과(Y_i)와 차이가 있을 수 있으며, 회귀분석에서는 이 차이를 오차(e_i)라 한다. 따라서 회귀식에서 $\hat{Y}_i$는 실제값이 아닌 추정치와 독립변수 수준에 의한 예측값을 의미하며, 이렇게 표현하는 이유는 실제값과 예측값 사이에 오차가 존재하기 때문이다. 오차를 포함한 형태의 식은 <수식 4-3>과 같이 쓸 수 있다.

---

3 물론 차이가 없는 개인이 있을 수 있다. 오차가 0인 경우이다. 하지만 모든 개인의 오차가 0인 경우는 현실적이지 않다.

🖐 수식 4-3 | X(독립변수)로 Y(종속변수)를 예측하는 회귀모형의 식(e(오차))

$$Y_i = a + bX_i + e_i$$

앞서 최소제곱법은 실제 자료의 종속변수값(Y_i)과 추정된 종속변수($\widehat{Y}_i$)의 오차(e_i)를 최소로 하는 a(절편)와 b(회귀계수)의 값을 추정하는 방법이라 하였다. 이 말의 의미는 실제 개인 i의 종속변수값(Y_i)과 회귀식을 통해 예측되는 종속변수 예측값($\widehat{Y}_i$)의 차이(오차, $Y_i - \widehat{Y}_i = e_i$)를 최소화하는 a와 b의 값을 구하겠다는 것이다. 오차를 가장 작게 만드는 a와 b를 구하기 위해서는 개개인의 오차를 알아야 한다. 개개인의 실제 종속변수값(Y_i)에서 예측된 종속변수($\widehat{Y}_i$)를 빼주면 개개인의 오차를 알 수 있다. 이때, 개개인의 오차(e_i, $Y_i - \widehat{Y}_i$)는 양수가 될 수도 음수가 될 수도 있는데, 모든 개개인의 오차를 다 더하면 항상 0이 된다. 따라서 회귀분석에서는 개개인의 오차를 표현하기 위해 개개인의 오차를 제곱하여 더한 오차제곱합(error sum of squares)[4]을 활용한다. 최소제곱법에서는 이것이 최소가 되는 a와 b의 값을 구해낸다. 오차를 제곱한 오차제곱합을 최소로 하는 추정치를 구하기 때문에, 최소제곱법이라는 명칭으로 불린다.

회귀계수는 '독립변수가 1 증가할 때, 예상되는 종속변수의 변화량은 b이다'와 같이 해석된다.[5] 만약 b가 양수라면, 독립변수의 증가에 따라 종속변수 역시 증가가 예상되므로, 두 변수가 '정적관계'에 있다고 한다. 반대로 b가 음수라면, 독립변수의 증가에 따라 종속변수는 감소가 예상되므로, 두 변수가 '부적관계'에 있다고 한다. 절편 역시 해석할 수 있지만, 회귀분석에서 독립변수와 종속변수의 '관계'에만 관심이 있는 경우, 일반적으로 절편은 해석하지 않는다.

다만, 회귀분석을 통해 독립변수가 특정 수준일 때의 종속변수 수준을 예측하

---

4 분산을 구하는 과정을 생각해보자. 개개인의 값에서 평균을 뺀 후, 바로 더하지 않는다. 개개인의 값에서 평균을 뺀 후 바로 더하면, 0이 되기 때문이다. 따라서 제곱을 한 후 합한다. 이도 그와 유사한 과정이다.

5 회귀계수 b는 독립변수가 1 증가할 때, 예상되는 종속변수의 변화량을 의미하므로 이처럼 해석하는 것이 바람직하다. 하지만 많은 경우 회귀계수 b를 해석할 때, '독립변수가 1 증가할 때, 종속변수는 $|b|$만큼 증가 혹은 감소한다'라고 기술하기도 한다.

고 싶다면, 절편을 포함한 회귀식을 활용하여 종속변수의 값을 예측해야 한다. 또한, 독립변수를 평균 중심화(mean centering)하여 절편 자체가 추가적인 정보를 갖도록 한 후, 활용하기도 한다. 평균 중심화란 모든 개개인의 독립변수값을 독립변수의 평균으로 빼주는 것이다. 평균 중심화를 하는 경우, 변수의 평균은 0이 된다. 예를 들어, 3명 변수값이 기록된 자료의 독립변수값이 4, 5, 6이라 해보자. 변수의 평균은 5이다. 평균 중심화를 위해 각 변수의 값에 평균인 5를 빼주면, -1, 0, 1이 된다. 평균 중심화한 독립변수의 값 -1, 0, 1을 더하면, 0이 된다. 0을 3으로 나누어 평균을 구해보면, 역시 0이라는 값이 도출된다. 따라서 평균 중심화한 변수에서 '0'이라는 값은 변수의 평균을 의미하게 된다. 평균 중심화한 변수를 독립변수로 하여 회귀분석한 후 도출된 회귀식의 X에 0을 대입하면, X가 0일 때(평균일 때)의 종속변수 수준을 예측할 수 있어 절편의 해석이 용이해진다.

2. 다중회귀분석(multiple linear regression)

다음으로 독립변수가 두 개 이상인 다중회귀분석을 살펴보자. 다중회귀분석은 독립변수의 수가 두 개 이상이라는 점과 해석에 유의해야 한다는 점을 제외하고는 기본적으로 단순회귀분석에서 다뤘던 여러 개념이 동일하게 적용된다. 김대리의 case는 독립변수가 두 개 이상인 경우로 다중회귀분석을 실시해야 한다. 성과를 종속변수로 조직적응도, 인센티브, 업무이해도, 직무교육시간, 해당 직무 경력(경력)을 독립변수로 설정하여 다중회귀분석을 했다고 하자. 이때 회귀식은 <수식 4-4>와 같이 쓸 수 있다.

🧠 수식 4-4 | 김대리의 case를 다중회귀분석하여 얻은 회귀식

$$성과 = a + b_1 \times 조직적응도 + b_2 \times 인센티브$$
$$+ b_3 \times 업무이해도 + b_4 \times 직무교육시간 + b_5 \times 경력$$

다중회귀분석에서도 단순회귀분석과 마찬가지로, 절편 a는 모든 독립변수가 0일 때, 예상되는 종속변수의 값이다. 회귀계수 b_j는 '다른 변수를 통제한 상태'에서 j 독립변수가 1 증가할 때, 예상되는 종속변수의 변화량을 의미한다. <수식 4-4>에 적용하여 해석해보자. 절편 a는 조직적응도, 인센티브, 업무이해도, 직무교육, 경력이 모두 0일 때 성과의 예상치이다.[6] 회귀계수 b_1은 다른 변수를 통제한 상태에서 조직적응도(독립변수)가 1(점) 증가할 때, 예상되는 성과(종속변수)의 변화량을 의미한다. 만약 b_1이 양수라면, 조직적응도가 증가할수록 성과 역시 증가할 것으로 예측할 수 있다. 반대로 음수라면, 조직적응도가 증가할수록 성과는 감소할 것으로 예측할 수 있다. 나머지 b_2부터 b_5까지의 회귀계수도 같은 방식으로 해석된다.

위의 해석에서 '통제한다'라는 것의 의미를 잠시 생각해보자. 다른 변수를 '통제한 상태'라는 것은 조직적응도 외에 다른 변수는 변하지 않고, 고정되어 있다는 의미이다. 왜 다른 변수가 고정된 상태를 가정하는 것일까? 조직적응도와 성과의 관계만을 다루기 위함이다. 즉, 다른 변수와는 관계없이 조직적응도가 증가함에 따라 성과가 어떻게 일정하게 변화할 것인지를 살펴보기 위함이다. 만약, 조직적응도와 다른 변수들이 동시에 같이 변화한다면, 조직적응도에 따른 성과의 일정한 변화를 설명할 수 없다. 따라서 다중회귀분석에서 회귀계수를 해석하는 경우, 일반적으로 '다른 변수를 통제한 상태에서 특정 독립변수가 1 증가할 때, 종속변수는 특정 독립변수의 회귀계수만큼 변화할 것이다'라고 한다.

3. 회귀분석의 검정: F검정, t검정

종속변수를 잘 설명하지 못하는 독립변수를 투입한 회귀모형은 변수 간의 관계를 살펴보거나, 종속변수를 예측하는 데 도움이 되지 않는다. 즉, 의미 있는 회귀

---

6 물론 독립변수의 값이 모두 0인 개인은 현실적으로 존재하기 어렵다. 따라서 평균 중심화를 하지 않는 경우, 절편은 일반적으로 관심의 대상이 아니다.

분석이 되기 위해서는 독립변수가 종속변수를 잘(유의하게) 설명해야 한다. 그렇다면 '잘' 설명한다는 판단은 무엇을 기준으로 해야 할까? 회귀모형의 유의성은 두 수준에 걸쳐 진행된다. 첫 번째는 전체수준(overall)에서 모형의 설명력(결정계수 R^2)을 검정하는 것이다. 두 번째는 개별 독립변수 수준에서 독립변수의 효과를 검정하는 것이다.

먼저 R^2에 대해 알아보자. 회귀분석은 종속변수를 독립변수로 설명하는 분석이다. 조금 더 정확히 표현하자면, 종속변수의 개인차를 독립변수를 활용하여 설명하는 것이다. 만약 종속변수의 개인차가 존재하지 않는다면, 종속변수를 설명할 필요가 없다. 김대리의 case에서 종속변수인 성과의 개인차가 존재하지 않는다면, 모든 임직원의 성과는 '같다'는 말이 된다. 독립변수의 수준과 상관없이 종속변수가 같은 값을 가진다면, 종속변수를 따로 설명할 필요가 없다. 언제나 특정한 값으로 종속변수의 값을 예측하면 그만이기 때문이다. 그런데 종속변수의 값에 개인차가 존재한다면, 왜 개인차가 존재하는지 밝혀야 한다. 회귀분석에서는 독립변수를 이용하여 이 개인차를 설명하고자 하는 것이다. R^2은 종속변수의 개인차를 독립변수가 얼마나 설명하고 있는가에 대한 정보다. R^2을 이해하기 위해서는 총편차,

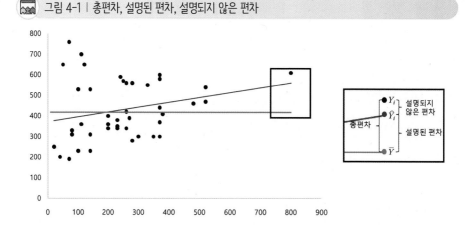

그림 4-1 | 총편차, 설명된 편차, 설명되지 않은 편차

설명된 편차, 설명되지 않은 편차라는 개념을 알아야 한다. 먼저, <그림 4-1>을 보자.

<그림 4-1>의 왼쪽은 김대리가 가지고 있는 자료 중 인센티브와 성과 변수만을 이용하여, X축은 인센티브(독립변수), Y축은 성과(종속변수)인 좌표평면에 개개인의 위치를 나타낸 것이다. 파란선은 종속변수인 성과의 평균을 의미한다. 독립변수와 상관없이 종속변수의 평균은 일정하므로 X축과 평행한 선이 그어졌다. 붉은선은 성과를 종속변수로 인센티브를 독립변수로 하는 단순회귀분석을 통해 얻은 회귀식을 바탕으로 그린 선이며, 이는 회귀선이라 한다. 독립변수의 특정 값에 대해 회귀선의 어느 한 점을 찍어 왼쪽으로 연결하면, 하나의 종속변수 값과 대응된다. 이는 독립변수가 특정 수준(어느 한 점)일 때, 예상되는 종속변수 예측값이다.

오른쪽은 왼쪽 그림의 일부분을 확대한 것이다. i라는 개인의 실제 종속변수값(Y_i)에서부터 종속변수의 평균선($\overline{Y}$)까지의 차이가 총편차($Y_i - \overline{Y}$)라고 되어 있다. 총편차는 실제 개인의 종속변수값이 전체평균으로부터 벗어난 정도를 나타내는 값으로 개인의 종속변수값 중 설명되어야 하는 부분의 총합을 의미한다. 독립변수에 대한 정보 없이 개개인의 종속변수 정보만 알고 있다면, i라는 개인의 종속변수값을 어떻게 예측해야 할까? 종속변수 외에 다른 정보가 없으므로, 종속변수의 평균으로 i의 종속변수값을 예측하는 것이 가장 합리적일 것이다. 즉, 다른 정보 없이 종속변수에 대한 정보만 갖고 있다면, 특정 개인의 종속변수값을 종속변수 평균이라고 예측할 수 있다는 것이다. 따라서 개인의 종속변수값에서 설명되어야 하는 총 부분은 실제 개인의 종속변수값(Y_i)에서 다른 정보 없이 예측할 수 있는 종속변수 평균값($\overline{Y}$)의 차이가 된다.

다음으로 설명된 편차를 살펴보자. 회귀선($\widehat{Y_i}$)에서부터 종속변수의 평균선($\overline{Y}$)까지의 차이가 설명된 편차($\widehat{Y_i} - \overline{Y}$)라 되어 있다. 설명된 편차는 총편차 중 회귀분석(회귀선)을 통해 설명된 부분을 의미한다. 회귀분석을 통해 예측된 개인의 종속변수값($\widehat{Y_i}$)에서 종속변수의 평균($\overline{Y}$)을 빼주면, 회귀분석을 통해 설명된 부분만 남으므로, $\hat{Y}_i - \overline{Y}$로 표현된다. 회귀선을 통해 평균에서 일정 부분을 더 설명했음에도 불구하고, 여전히 총편차 중 회귀선을 통해 설명되지 않은 부분이 있다. 바로 설명되지 않은 편차이다. 이 부분은 실제 종속변수값(Y_i)에서부터 회귀선($\hat{Y}_i$)까지의 차이이며, 총편차 중 회귀분석을 통해 설명되지 못한 나머지를 의미한다.

개개인의 총편차를 모두 제곱하여 더한 것을 총편차제곱합(total sum of squares), 설명된 편차를 모두 제곱하여 더한 것을 회귀제곱합(regression sum of squares), 설명되지 않은 편차를 모두 제곱하여 더한 것을 오차제곱합(error sum of squares)이라 한다. 세 편차 제곱합의 관계를 정리하면 다음과 같이 쓸 수 있다.

🧠 수식 4-5 | 총편차제곱합과 회귀제곱합, 오차제곱합의 관계

$$\sum(Y_i - \overline{Y})^2 = \sum(\hat{Y}_i - \overline{Y})^2 + \sum(Y_i - \hat{Y})^2$$
$$SST(총편차제곱합) = SSR(회귀제곱합) + SSE(오차제곱합)$$

SST는 총편차제곱합, SSR은 회귀제곱합, SSE는 오차제곱합을 의미한다. 종속변수의 개인차를 나타내는 SST가 독립변수에 의해 설명된 편차의 제곱합을 의미하는 SSR과 독립변수에 의해 설명되지 않은 편차의 제곱합을 의미하는 SSE의 합으로 이루어져 있다. 앞에서 설명했듯이 최소제곱법이라는 추정 방법은 오차제곱합을 최소로 하는 절편(a)과 회귀계수(b)를 추정하는 방법이다. 제반 개념을 학습하였으니, 다시 종속변수의 개인차를 독립변수가 얼마나 설명하고 있는지에 대한 정보인 R^2으로 돌아가자. R^2의 수식은 <수식 4-6>과 같다.

🧠 수식 4-6 | R^2

$$R^2 = \frac{SSR}{SST} = \left(1 - \frac{SSE}{SST}\right)$$

R^2의 수식은 SSR(회귀제곱합)을 SST(총편차제곱합)로 나눈 형태이다. 이는 SST (총편차제곱합, 설명되어야 하는 개인차) 중 SSR(회귀제곱합, 회귀분석을 통해, 즉 독립변수를 통해 설명된 부분)의 비율이기 때문에, 종속변수의 개인차를 독립변수가 얼마나 설명하고 있는지에 대한 정보가 된다. R^2은 최소 0에서 최대 1의 값을 갖는다.[7] 만약, 분석결과 R^2이 0.50였다면, '독립변수에 의해 종속변수의 개인차가 50% 설명되었다. 즉, 종속변수의 총 분산중 50%가 독립변수에 의해 설명되었다'라고 이야기할 수 있다.

여기서 이러한 의문이 들 수도 있을 것이다. '종속변수의 개인차가 50%밖에 설명되지 않았는데, 독립변수 설정이 잘못된 것은 아닐까?', '독립변수가 종속변수의 절반이나 설명하지 못했다는 것인데, 50%는 너무 낮은 수치가 아닐까?' 경험적으로 행동과학에서 10개 이하의 독립변수를 활용하는 경우, 종속변수 개인차의 설명량(R^2)이 50%가 넘는 경우는 흔치 않다. 여기서 중요한 것은 '얼마나 설명을 하지 못하였는가'가 아니라, '적은 수의 독립변수로 얼마나 설명해 냈는가'이다. HR과 마케팅의 자료를 활용하여 회귀분석을 한 후, 0.2라는 R^2을 얻었다면, '80%를 설명하지 못했다'가 아닌, '적은 수의 독립변수로 20%를 설명해 냈다'라는 것에 가치를 둘 필요가 있다. 즉, 실제 현장에서 회귀분석을 수행하고 종속변수의 개인차가 절반 이하로 설명되었다는 결과를 얻었다 하더라도, 의미 없는 회귀분석이라 판단하는 것은 적절치 않다는 것이다.

다음으로 F검정을 활용한 회귀모형의 유의성 검정을 살펴보자. 의미 있는 회귀모형이 되기 위해서는 독립변수가 종속변수를 잘(유의하게) 설명해야 한다고 하였다. 따라서 회귀모형 전체의 유의성 검정은 결국 독립변수가 종속변수를 제대로 설명하고 있는지에 대한 검정이다. 앞서 독립변수에 의해 설명된 종속변수의 개인차를 '설명된 편차', 이의 제곱합을 회귀제곱합이라 하였다. 설명된 편차의 제곱합인 회귀제곱합은 종속변수의 개인차가 독립변수에 의해 설명된 양을 나타낸다. 회

---

7 '부분/전체'의 형태이므로, 최소 0에서 최대 1의 값을 갖는다.

귀모형의 유의성은 이 회귀제곱합과 오차제곱합을 활용하여 판단할 수 있다.

🧠 수식 4-7 | 회귀모형의 유의성 검정

$$F_{(k,\,n-k-1)} = \frac{SSR/k}{SSE/(n-k-1)}$$

회귀모형의 유의성을 판단하기 위해 사용되는 <수식 4−7>은 이전 Chapter 에서 다루었던, ANOVA의 F검정통계량의 형태와 유사하다. ANOVA에서 F검정통계량은 집단 평균의 체계적인 차이(효과 크기)를 집단 내 개개인의 무작위적인 차이(불확실성)로 나누어 구했다. 회귀분석의 F검정 역시 효과 크기를 불확실성으로 나누는 형태이다. 독립변수에 의해서 설명되지 않은 나머지 부분을 의미하는 오차제곱합(SSE, 불확실성)과 비교하여 독립변수에 의해 설명된 부분을 의미하는 회귀제곱합(SSR, 효과 크기)이 충분히 크다면, 이를 의미 있는 회귀분석으로 인정[8]하겠다는 것이다. 도출된 F값은 $F_{(k,\,n-k-1)}$의 분포를 따르며, ANOVA와 마찬가지로 F값이 기각역에 위치하느냐, 아니냐에 따라 유의성을 판단한다. F값이 기각역에 위치하여 유의확률이 0.05보다 작다면(유의하다면), 이는 독립변수가 종속변수를 적절하게 설명하고 있음을 의미한다. 지금까지는 이해를 위해 독립변수가 하나인 단순회귀분석의 형태로 설명하였지만, 독립변수가 두 개 이상인 다중회귀분석에서도 독립변수의 수만 차이가 있을 뿐 동일한 방식으로 R^2과 회귀모형 전체의 유의성 검정이 이루어진다.

마지막으로 독립변수 개별수준에서의 독립변수 효과 검정을 살펴보자. 다중회귀분석에서는 전체수준에서 회귀모형의 유의성을 확인한 후, 종속변수에 대한 개별 독립변수의 유의성 역시 확인해야 한다. 이때 t검정이 활용되며, 수식은 다음과 같다.

---

8 독립변수가 종속변수를 충분히(적절히) 설명하고 있기 때문이다.

수식 4-8 | 독립변수의 유의성 검정

$$t = \frac{b_j}{SE_{b_j}}$$

원리는 이전 Chapter에서 다루었던 t검정과 같다. 각 독립변수의 회귀계수(b_j, 효과 크기)를 회귀계수의 표준오차(SE_{b_j}, 불확실성)로 나누어, t값을 구한다. 여기서 t검정의 영가설은 '종속변수에 대한 독립변수의 효과는 0과 같다(회귀계수는 0과 같다. 즉 효과가 없다)'이다. t값이 유의하다면(기각역에 위치한다면), 영가설이 기각되며, 이는 종속변수에 대한 독립변수의 효과가 0이 아님을 의미한다.

이제 다중회귀분석의 결과 예제를 보고 지금까지의 내용을 정리해보자. 김대리의 case에서는 다섯 개의 독립변수가 있었지만, 설명 편의상 작년에 받은 인센티브와 직무교육시간만을 독립변수로 선정하여 투입한 경우의 예를 가지고 왔다. 종속변수는 성과(수주액: 만원)이며, 독립변수가 두 개 이상이기 때문에, 다중회귀분석을 적용하였다. 결과는 <표 4−1>과 같다.

표 4-1 | 다중회귀분석 결과(종속변수: 성과(수주액: 만원))/독립변수: 인센티브, 직무교육시간)

	R^2	adj R^2	F	p-value
모형	0.272	0.237	7.84	0.001

독립변수	Estimate	S.E.	t	p-value
절편	-255.844	131.189	-1.95	0.058
인센티브	0.490	0.159	3.07	0.004
직무교육시간	23.420	6.863	3.41	0.001

먼저, <표 4-1>의 상단부에는 이 회귀모형 전반에 대한 정보가 있다. R^2부터 살펴보자. R^2은 종속변수의 개인차 중 독립변수에 의해 설명된 정도에 대한 정보를 담고 있다고 하였다. 따라서 0.272라는 R^2값은 성과라는 종속변수의 개인차가 인센티브과 직무교육시간이라는 독립변수에 의해 27.2% 설명됨을 의미한다. 다음으로 회귀모형의 통계적 유의성을 확인해보자. 회귀모형의 유의성은 F값을 통해 알 수 있다고 하였다. F값은 7.84이다. 이 7.84라는 값이 이 회귀모형의 자유도에 따른 F분포에서 기각역에 있는지, 아닌지를 확인하여 유의한지를 판단한다. 이러한 복잡한 과정 없이도, 바로 우측에 p-value가 계산되어 있다. p-value가 0.05보다 작다면, 이 회귀모형이 유의하다고 판단할 수 있다. 즉, 설정된 독립변수가 종속변수를 적절히 설명하고 있음을 나타낸다. 회귀모형 전반에 대한 정보를 확인했다면, 다음으로 개별 독립변수 수준에서 각 회귀계수가 유의한지 살펴보아야 한다.

<표 4-1>의 하단을 보자. Estimate은 추정치, S.E.는 각 추정치의 표준오차를 나타낸다. t는 Estimate을 S.E.로 나눈 값으로, <수식 4-8>에서 다루었던, 각 회귀계수의 t값이다. 인센티브라는 독립변수의 회귀계수는 0.490이었으며, 우측의 p-value는 0.05보다 작아 유의함을 알 수 있다. 앞서 설명하였듯, 회귀계수가 통계적으로 의미 있는지에 대한 검증은 t검정이 활용되며, t검정의 영가설은 '종속변수에 대한 독립변수의 효과는 0과 같다(회귀계수는 0과 같다. 즉 효과가 없다)'이므로, t값이 유의하다는 것은 이 영가설이 기각됨을 의미한다. 즉, 성과에 대한 인센티브의 효과가 0이 아님을 나타낸다.

인센티브의 회귀계수를 해석해보자. 인센티브의 회귀계수는 0.490이었으며, 유의했다. 따라서 '다른 변수를 통제한 상태에서 인센티브가 1 증가할 때, 성과는 0.490 증가할 것이다'라고 해석할 수 있다. 만약 인센티브와 성과의 단위가 모두 만원이라면, 인센티브가 1만원 증가할 때, 성과는 0.490만원(4,900원) 증가한다는 의미가 된다. 직무교육시간의 회귀계수도 해석해보자. 직무교육시간의 회귀계수

는 23.420이었으며, 유의했다. 따라서 '다른 변수를 통제한 상태에서 직무교육시간이 1단위 증가할 때, 성과는 23.420단위 증가할 것이다'라고 해석할 수 있다. 위의 결과표를 바탕으로 도출된 회귀식은 다음과 같이 쓸 수 있다.

🧠 **수식 4-9 | 예제의 회귀식**

$$\widehat{성과} = -255.844 + 0.490 \times 인센티브 + 23.420 \times 직무교육시간$$

본 Chapter에서는 회귀분석의 이해를 위한 여러 개념을 살펴보았다. 회귀분석의 가정인 선형성, 정규성, 독립성, 등분산성 등과 모형 비교를 위한 차이 검정 방법은 다루지 않았다. 만약, 논문을 학술지에 게재하고자 하는 독자가 본 Chapter를 읽고 있다면, 회귀분석의 기본개념 이해를 위해 활용하되 위의 언급된 내용을 충분히 학습한 후 연구하기를 권장한다.

04 ▶ | **Application(with jamovi)**

본 실습은 Chapter의 서두에 설명하였던 김대리의 case를 해결하기 위한 실습이다. 종속변수는 성과(수주액: 만원)이며, 독립변수는 작년 인센티브 금액(만원), 직무 교육 참여 시간(h)이다.

본 Chapter의 실습 파일명은 'Chapter4_Data.csv'이며, 모든 자료는 실제 존재하는 것이 아닌 임의로 생성된 가상의 자료다. 따라서 실습분석의 결과는 실습 이해용으로만 활용해야 하며, 각 변수의 관계에 실제 의미를 부여해서는 안됨을 명확히 하고자 한다.

Step 0 jamovi 실행 > 좌측상단 ' ≡ ' 클릭 > 'Open' 클릭 > 'Browse' 클릭 > 'Chapter4_Data.csv' 선택 > '열기' 클릭

- 실습 파일 'Chapter4_Data.csv'를 jamovi에서 불러온다. 각 열에 다음의 변수가 위치하고 있는지 확인한다.
  ① ID: ID
  ② **성과**: 수주액(만원)
  ③ **인센티브**: 작년 인센티브 금액(만원)
  ④ **직무교육시간**: 직무교육 참여 시간(h)
- 본 도서에서 제공하는 실습 파일 내 대부분 변수명은 한글로 설정해두었다. jamovi는 한글 변수명도 인식하지만, 종종 한글 변수명으로 인한 분석 오류가 발생하기도 한다. 혹시 이후 분석 단계에서 오류가 발생한다면, 변수명을 모두 영어로 변경하여 실습하기 바란다.

Step 1 Data > Setup > 변수 클릭 > Continuous/Ordinal/Nominal/ID 설정

- 첫 번째 단계는 각 변수의 속성을 정의하는 단계이다. <그림 4-2>와 같이 각 변수의 속성을 지정해주면 된다. jamovi의 경우 SPSS와 같은 프로그램과 달리 '완료' 버튼이 없으니, 클릭하여 설정만 해주면 된다.
- ID는 ID로, 성과, 인센티브, 직무교육시간은 연속변수이므로 Continuous로 설정해준다.

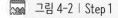 그림 4-2 | Step 1

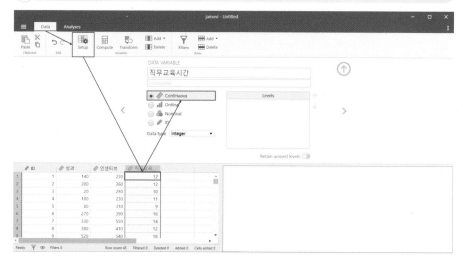

Step 2 Analyses > Regression > Linear Regression

▪ 두 번째 단계는 각 변수의 역할을 설정하는 단계이다. 이 단계에서 종속변수
와 독립변수를 설정할 수 있다.

▪ 종속변수인 성과를 Dependent Variable의 자리에 옮기고, Covariates의 자리
에 독립변수인 인센티브와 직무교육시간을 옮긴다.

그림 4-3 | Step 2

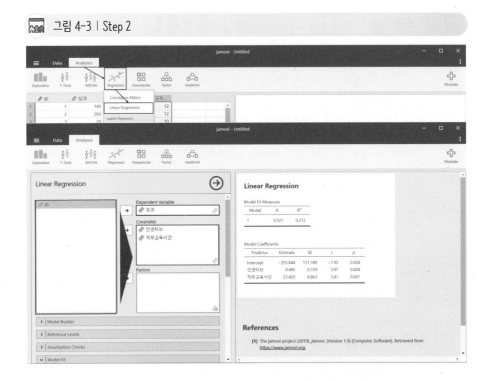

▪ 다음으로 분석 옵션을 선택한다. 회귀모형이 유의한지 판단하기 위해 변수설
정 박스 하단의 Model Fit 탭을 클릭하여 몇 가지 옵션을 설정해야 한다. Fit
Measures와 Overall Model Test의 옵션을 <그림 4-4>와 같이 선택한다.

📷 그림 4-4 | Step2 Model Fit

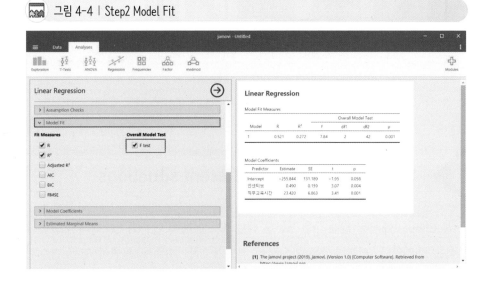

Linear Regression

Model Fit Measures

Model	R	R^2	Overall Model Test			
			F	df1	df2	p
1	0.521	0.272	7.84	2	42	0.001

Model Coefficients

Predictor	Estimate	SE	t	p
Intercept	-255.844	131.189	-1.95	0.058
인센티브	0.490	0.159	3.07	0.004
직무교육시간	23.420	6.863	3.41	0.001

References

[1] The jamovi project (2019). *jamovi*. (Version 1.0) [Computer Software]. Retrieved from

Step ③ Interpretation

▪ jamovi의 경우 각 변수 및 옵션을 설정하면, 실시간으로 우측의 화면에 분석 결과가 Update 된다.

▪ <그림 4-4>의 Model Fit Measures를 먼저 살펴보면, R^2값은 0.272, F값은 7.84, p는 0.001로 유의함을 알 수 있다. 이는 <표 4-1>의 값과 동일하다. 성과라는 종속변수의 개인차가 인센티브와 직무교육시간이라는 독립변수에 의해 27.2% 설명되고 있음을 알 수 있다. 또한 F값이 유의하였으므로, 이 회귀모형이 유의하다고 판단할 수 있다.

▪ Model Coefficients에서 절편과 각 독립변수의 회귀계수를 확인할 수 있다. 이는 <표 4-1>의 값과 동일하다. 각 Estimate의 p가 0.05보다 작은 경우 추정치가 유의함을 나타낸다. 각 회귀계수를 다시 해석해보면, 다음과 같다.

'다른 변수를 통제한 상태에서 인센티브가 1 증가할 때,
성과는 0.490 증가할 것이다.'
'다른 변수를 통제한 상태에서 직무교육시간이 1 증가할 때,
성과는 23.420 증가할 것이다.'

05 | Same application in different situations

　본 Chapter에서는 김대리의 case를 해결하기 위하여 단순회귀분석과 다중회귀 분석을 다루었다. 회귀분석을 활용하여 결과가 되는 변수에 원인이 되는 변수가 어떠한 영향(효과)을 미치는지 확인할 수 있다. 이를 기업의 경영 현장 전반으로 확대해 본다면, 다음과 같은 상황에서도 적용해 볼 수 있을 것이다.

- 임직원의 회복탄력성을 측정하는 전사 Survey를 실시한 뒤, 이를 설명하는 여러 변수의 영향(방향(정적/부적)과 크기)을 확인하고 싶은 경우
- 선발된 체험단을 대상으로 자사 신제품에 대한 구매의사, 기능만족도, 디자인만족도, 가격만족도 등을 조사한 뒤, 구매의사에 대한 기능만족도, 디자인만족도, 가격만족도의 영향을 확인하고 싶은 경우

Reference

본 Chapter는 홍세희 교수의 W/S 교재 중 「구조방정식 모형의 기초이론과 적용」의 내용을 중심으로 재구성되었습니다.

Chapter 5

업무만족도에 어떤 요인들이 영향을
미치는지 알고 싶습니다.
사용 가능한 모든 변수를 독립변수로
설정하여 회귀분석을 하면 될까요?

- 이론적 배경(theoretical background) -

01 ▶ | Situation

회귀분석을 공부한 김대리는 자신감이 생겼다. R^2은 종속변수에서 개인차가
설명된 정도, 회귀계수는 독립변수가 1단위 증가할 때 예측되는 종속변수의 변화
량 등과 같은 회귀분석 제반의 내용을 거의 이해한 것 같다. 이제 다중회귀분석만
큼은 분석도, 해석도 어렵지 않게 해낼 자신이 있다고 생각했다. 이러한 김대리에
게 박팀장이 새로운 미션을 부여한다. 직원의 업무만족도를 높이기 위한 여러 방
안을 제안해보라는 것이다. 김대리는 여러 방안을 고안하기 전, 어떠한 요인들이
업무만족도에 정적효과를 갖는지 확인하기 위하여 다중회귀분석을 활용해야겠다
고 생각했다.

과연 어떠한 독립변수들이 업무만족도라는 종속변수에 정적영향을 줄까? 김대
리는 수많은 변수를 독립변수 후보로 선정했다. 먼저 정기적으로 수집되는 회사
내부의 자료를 활용할 수 있을 것이다. 업무이해도, 조직적응도, 대인관계 역량,
경력, 인센티브, 연봉 등이 그것이다. 더하여 성별, 학력, 결혼 여부, 부양가족 수
등 여러 인구통계학적 변수도 생각해 볼 수 있다. 그리고 하루 커피 소비량이나,
출퇴근소요시간, 출퇴근거리 등을 투입해도 재미있는 분석이 될 것 같다.

다양한 독립변수를 하나씩 추가적으로 투입해보며 회귀분석을 수행하던 김대
리는 문득 궁금증이 생겼다. 김대리가 독립변수를 추가하면 추가할수록, 설명량을
의미하는 R^2은 계속 높아졌기 때문이다. 동시에, 독립변수가 많이 추가되어도 회
귀모형이 유의했으며, 회귀계수 역시 모두 유의했다. 즉, 다양한 독립변수가 모두
종속변수에 유의한 영향을 주고 있음을 밝혀낸 것이다. 김대리는 '이렇게 많은 독
립변수를 하나씩 추가하면 결국 업무만족도를 완벽히 설명하는 빈틈없는 회귀모
형을 만들 수 있지 않을까?'라는 생각을 하게 되었다. 과연 김대리의 생각과 같이
사용 가능한 모든 변수를 독립변수로 투입하여 회귀모형을 만들려는 시도는 바람

직한 시도일까? 이러한 시도가 업무만족도를 완벽하게 설명하는 모형을 만드는 길일까?

02 ▶ | Solution

결론부터 이야기하자면, 김대리처럼 사용 가능한 변수 모두를 독립변수로 설정하여 다중회귀분석을 실시하는 것은 바람직하지 않다. 회귀분석에서 독립변수가 종속변수를 '의미' 있게 설명하는 설명변수가 되려면 두 가지를 만족해야 하기 때문이다. 첫째, 통계적으로 의미가 있어야 하며, 둘째, 이론적으로 의미가 있어야 한다. 통계적으로 의미가 있어야 한다는 것은 회귀모형이 유의하고, 독립변수의 회귀계수가 유의해야 한다는 것이다. 그런데 종종 분석하는 이들은 김대리와 같이 통계적으로만 의미가 있으면(회귀모형과 독립변수의 회귀계수가 유의하면), 분석결과를 맹신하는 우를 범하기도 한다.

이전 Chapter에서 설명한 바와 같이, 통계분석은 언제나 오류(제1종, 제2종)가 존재할 수 있다. 효과가 없음에도 불구하고 효과가 있다고 하거나, 효과가 있음에도 불구하고 효과가 없다고 결론을 내릴 가능성이 존재한다는 것이다. 통계는 기본적으로 표본을 바탕으로 모집단의 특성을 추론한다. 따라서 오류의 가능성을 피할 수 없다. 표본이 모집단을 대표할 수 있도록 철저히 설계한다고 하더라도, 표본이 모집단을 완벽히 대표하는 것은 불가능하므로, 내가 분석하는 자료에서만 우연히 변수 간 관계가 유의하게 추정될 수도 있기 때문이다.

이 오류의 가능성을 낮추기 위해서 이론적으로 근거가 있는 변수들을 독립변수와 종속변수로 설정해야 한다. 이론적으로 근거가 있는, 즉, '이론적 배경(theoretical background)'이 있는 변수의 설정은 일반적으로 이전 연구자들에 의해 변수 간 인과관계가 밝혀진 연구를 참고하거나 논리적 근거에 의해 설정된다. 이론적 배경이 있는 변수들이 독립변수와 종속변수로 설정되었고, 통계분석 결과 모형과 계수가 모두 유의한 경우에는 내가 가진 표본에서만 변수 간 관계가 유의할 수도 있다는 의심을 낮출 수 있다. 기존의 연구결과나 논리적 근거에 의해 내가 설정한 변수 간에 특별한 관계가 존재한다는 근거가 있고, 나의 분석에서도 역시 변수 간 관계가 있음이 밝혀졌기 때문이다.

이론적 배경은 통계분석의 결과를 해석할 수 있게 한다는 점에서 또한 중요하다. 예를 들어, 김대리가 사용 가능한 변수 중 임직원이 근무하고 있는 사무실 층수가 있다고 해보자. 이를 독립변수로 투입하여 분석하였더니, 회귀모형과 회귀계수가 유의했다. 결과를 어떻게 해석하겠는가? 회귀계수가 양수로 추정되었다면, 높은 층에 근무할수록 업무만족도가 높아질 것이라는 결론을 내릴 것인가? 회귀계수가 음수로 추정되었다면, 낮은 층에 근무할수록 업무만족도가 높아질 것이라는 결론을 내릴 것인가? 이 결론들로 사람들을 설득할 수 있을까?

혹시 모른다. 높은 층에 근무할수록 창문 밖의 풍경이 좋고, 이로 인해 업무 중 재환기가 용이하여 업무만족도가 높아질지도. 반대로 낮은 층수에 근무할수록 덜 붐비는 엘리베이터를 이용할 수 있어 업무만족도가 높아질지도. 하지만, 분명한 것은 업무만족도와 관련하여 수행된 많은 선행 연구 중 이러한 변수 관계를 논리적, 합리적으로 설명하여 인과관계를 밝힌 선행 연구는 없다는 것이다. 즉, 이는 김대리가 가진 표본에서만 유의한 결과일 수 있으며, 이론이 뒷받침하지 않는 한 '우연한 결과'일 가능성이 큰 동시에 해석이 어려운 결과이다.

정리해보자. 김대리는 여러 변수가 종속변수와 이론적으로 관계가 있는지 이전의 연구를 검토하지 않고, '사용할 수 있으므로' 독립변수로 설정하였다. 따라서 분석결과 모형과 회귀계수가 유의하였다고 하더라도, 이것이 김대리가 가진 표본의 특성에 의한 우연의 결과인지, 다른 표본에서도 동일한 결과가 도출될 것인지 확언하기 어렵다. 통계는 마법이 아니다. 항상 오류의 가능성이 존재하기 때문에, 이를 최소화하기 위해 기존의 이론과 논리에 근거해야 하며, 이론적 배경이 존재하는 경우에 이 오류의 가능성을 최소화할 수 있다.

실제 분석하는 이의 입장에서는 회귀분석의 R^2에 대한 오해로 인하여 김대리와 같은 잘못된 생각을 할 수도 있겠다. 김대리가 회귀분석을 하며 발견한 것과 같이, R^2은 독립변수를 추가하면 추가할수록 높아진다. R^2의 의미가 종속변수 개인차에 대한 독립변수의 설명량, 즉 회귀모형에서 종속변수가 설명된 정도를 의미하기 때문에, 무조건 높으면 높을수록 좋다고 생각하기 쉽다. 하지만, 어떠한 변수를 독립변수로 설정하여 추가하더라도 R^2은 높아질 수 있다. 심지어, 종속변수와 전혀 상관이 없는 변수를 추가해도 R^2은 증가할 수 있다. 때문에, 설정한 독립변수가 종속변수와 인과관계에 있다는 합리적, 논리적 근거를 확보하는 것이 중요하다.

03 ▶ | Statistics

김대리의 case를 바탕으로 설명을 이어가고자 한다. 앞서 설명하였듯, 종속변수는 업무만족도이다. 먼저, 김대리가 사용 가능한 여러 변수 중 C1이라는 독립변수를 하나 투입하여, 단순회귀분석을 실시하였다. 이를 [모형 1]이라고 하자. [모형 1]의 분석결과는 다음과 같다.

◎ 표 5-1 | [모형 1(독립변수: C1)]의 회귀분석 결과

	R^2	adj R^2	F	p-value
모형	0.466	0.447	24.4	〈.001

독립변수	Estimate	S.E.	t	p-value
절편	1.033	0.455	2.270	0.031
C1	0.630	0.127	4.940	〈.001

R^2이 0.466으로 독립변수가 업무만족도의 개인차를 46.6%만큼 설명하고 있으며, 회귀모형은 0.001 수준에서 유의했다. C1의 회귀계수는 0.630으로 유의했다. 이는 독립변수인 C1이 1 증가할 때 업무만족도가 0.630만큼 증가함을 의미한다.

다음으로 김대리가 사용 가능한 여러 변수 중 C2라는 독립변수를 추가로 투입하여 다중회귀분석을 실시하였다. 이를 [모형 2]라고 하자. [모형 2]의 분석결과는 다음과 같다.

◎ 표 5-2 | [모형 2(독립변수: C1, C2)]의 회귀분석 결과

	R^2	adj R^2	F	p-value
모형	0.642	0.615	24.2	〈.001

독립변수	Estimate	S.E.	t	p-value
절편	0.336	0.425	0.792	0.435
C1	0.467	0.115	4.054	〈.001
C2	0.128	0.035	3.643	0.001

다음으로 김대리가 사용 가능한 여러 변수 중 C3과 C4라는 변수를 차례대로 독립변수로 각각 추가 투입하여 다중회귀분석을 하였다. C3을 추가한 모형을 [모형 3], 여기에 C4까지 추가한 모형을 [모형 4]라고 하자. 분석결과는 다음과 같다.

표 5-3 | [모형 3(독립변수: C1, C2, C3)]의 회귀분석 결과

	R^2	adj R^2	F	p-value
모형	0.705	0.671	20.7	<.001

독립변수	Estimate	S.E.	t	p-value
절편	0.178	0.399	0.445	0.660
C1	0.349	0.118	2.958	0.007
C2	0.120	0.033	3.682	0.001
C3	0.121	0.052	2.348	0.027

표 5-4 | [모형 4(독립변수: C1, C2, C3, C4)]의 회귀분석 결과

	R^2	adj R^2	F	p-value
모형	0.759	0.720	19.7	<.001

독립변수	Estimate	S.E.	t	p-value
절편	0.327	0.373	0.876	0.389
C1	0.238	0.118	2.013	0.055
C2	0.090	0.033	2.742	0.011
C3	0.107	0.048	2.222	0.036
C4	0.135	0.057	2.369	0.026

각 모형의 회귀식은 다음과 같다.

🧠 수식 5-1 │ 독립변수를 순차적으로 투입하여 구한 회귀식

[모형 1] 업무만족도 $= 1.033 + 0.630\,C_1$

[모형 2] 업무만족도 $= 0.336 + 0.467\,C_1 + 0.128\,C_2$

[모형 3] 업무만족도 $= 0.178 + 0.349\,C_1 + 0.120\,C_2 + 0.121\,C_3$

[모형 4] 업무만족도 $= 0.327 + 0.238\,C_1 + 0.090\,C_2 + 0.107\,C_3 + 0.135\,C_4$

[모형 1]부터 [모형 4]까지의 R^2을 보자. [모형 1]은 0.466, [모형 2]는 0.642, [모형 3]은 0.705, [모형 4]는 0.759로, R^2이 독립변수가 추가될수록 증가하는 것을 알 수 있다. 김대리가 situation에서 독립변수를 추가하면 추가할수록 R^2이 증가함을 확인했다는 것은 이처럼 독립변수를 하나씩 추가할수록 증가하는 R^2을 확인했다는 것이다. 김대리는 R^2이 회귀모형에서 종속변수가 설명된 정도를 의미한다는 것을 학습했고, 이에 따라 R^2이 높으면 높을수록 좋다고 판단했다.

그럼 지금부터 C1, C2, C3, C4로 나타냈던 각 독립변수가 실제 어떠한 변수였는지 알아보자. C1은 업무이해도, C2는 인센티브 수령액, C3는 개인이 근무하고 있는 사무실의 층수, C4는 탕비실 방문 횟수(1일)이다. 변수명을 살펴보니, C1(업무이해도)과 C2(인센티브 수령액)는 이론적 배경을 찾아 업무만족도에 영향을 주는 독립변수임을 설명할 수 있을 것 같다. 반면, C3(근무하고 있는 사무실의 층수)와 C4(탕비실 방문 횟수(1일))는 이론적 배경을 찾아보지 않더라도, 업무만족도와 인과관계에 있는 변수로 설명하기에는 무리가 있는 변수들임을 알 수 있다. 아무리 통계적 결과가 유의하다고 하더라도, 사무실 층수와 탕비실 방문 횟수가 업무만족도에 영향을 미친다고 주장하기는 어렵다. 업무만족도를 높이기 위해 사무실 층수 이동과 탕비실 방문 유인책을 마련해야 한다고 주장할 수는 없지 않겠는가? 심지어 [모형 4]에서는 이전까지는 유의했던 C1(업무이해도)이 0.05 수준에서 유의하지 않게 바뀌었다.

세상에 완벽하게 상관이 없는 변수는 존재하기 어렵다. 바꾸어 말하면, 종속변수와 독립변수로 설정된 변수는 그것이 무엇이든 어느 정도 상관이 있기 마련이다. 종속변수의 개인차가 독립변수에 의해 설명된 정도를 나타내는 R^2은 종속변수와 독립변수의 상관을 기반으로 계산된다. 따라서 종속변수와 상관이 아주 조금이라도 존재하는 '이상한 독립변수'가 회귀모형에 추가된다면, '이상한 독립변수'와 종속변수의 상관으로 인해, R^2이 높아진다. 즉, 종속변수의 개인차를 설명하는데 도움이 되는 것처럼 보인다. 하지만 실제로는 이론 없이 추가된 '이상한 독립변수'와 종속변수 사이의 아주 조그마한 우연적 상관으로 인해 종속변수가 조금 더 설명된 것처럼 보이는 것 뿐이다. 따라서 변수의 이론적 배경에 대한 검토 없이 R^2의 증가를 위해 독립변수를 무분별하게 추가하거나, R^2이 높으므로 좋은 모형이라는 판단은 적절하지 않다.

지금까지의 내용을 정리해보자. 통계분석에서는 이론적 배경을 통해 각 변수설정의 논리성과 합리성, 타당성을 확보하는 것이 필요하다. 만약 현장에서 전에 없는 새로운 변수를 활용하는 분석을 하고자 한다면, 사용되는 변수들의 관계를 논리적이고 합리적으로 설명할 수 있는지 끊임없이 자문하고, 대답해보고, 스스로와 주변을 설득할 수 있는 경우에만 사용하기를 권장한다.

본 Chapter는 이론적 배경의 중요성에 대해서 다루어보았다. 이를 설명하기 위해 예시를 보여주기는 했지만, 간단한 형태의 회귀분석이었으므로 추가적인 실습은 필요치 않아 보인다. 다만, 실제 통계 프로그램을 통해 위와 같이 분석되는지 확인하고자 하는 독자를 위해 실습 파일 'Chapter5_Data.csv'를 제공하니, 참고하기 바란다.

Chapter 6

성과를 예측하는 회귀모형에 이론적 배경에
근거하여 5개 독립변수를 투입하였습니다.
분석결과 출퇴근소요시간이라는 독립변수가
성과에 정적효과를 갖는 것으로 나타났습니다.
출퇴근소요시간이 늘어날수록 성과가
높아진다는 해석이 납득하기 어렵습니다.
무엇이 잘못되었을까요?

- 다중공선성(multicollinearity) -

01 | Situation

장대리는 영업팀 사원들의 성과(수주액: 만원)를 종속변수로 설정하고, 이론적 배경에 근거해 5개 변수를 독립변수로 투입하여 회귀분석을 실시하였다. 설정된 독립변수는 업무능력(1-100, 단위: 점), 업무만족도(1-5, 단위: 점), 업무집중시간(1일 평균, 단위: 1h), 출퇴근소요시간(편도, 단위: 1h), 출퇴근거리(편도, 단위: 1km)였다. 결과를 살펴보니, 독립변수 각각의 회귀계수는 업무능력 39.785, 업무만족도 240.366, 업무집중시간(1일 평균) 247.600, 출퇴근소요시간(편도) 1188.853, 출퇴근거리(편도) -162.216이었으며, 모두 유의하였다. 이를 팀장에게 보고한 장대리. 그런데 팀장은 장대리가 예상치 못한 질문을 던진다.

> 팀　장: "이거 해석해보면, 출퇴근시간이 늘어나면 성과가 늘어난다는 거잖아? 이게 말이 되는 거야? 상식적으로 출퇴근시간이 짧아야, 업무집중시간도 늘어나고 성과가 높아지는 것 아냐? 장대리가 '- 부호'를 '+ 부호'로 잘못 쓴 것 같네?"
>
> 장대리: "예? … 맞습니다. 제가 출퇴근소요시간 회귀계수의 부호를 잘못 썼나 봅니다."

자리에 돌아와 다시 분석결과와 보고서를 살펴보는 장대리. 출퇴근소요시간의 회귀계수는 분명 1188.853이 맞다. -1188.853이 아니다. 어떻게 된 것일까? 과연 장대리는 어떠한 오류를 범했고, 이를 해결하기 위해서는 어떠한 조치를 해야 할까?

02 ▶ | Solution

　　장대리는 출퇴근소요시간의 회귀계수로 추정된 1188.853이 제대로 추정된 값인지 밝혀야 한다. 팀장의 피드백과 같이, 출퇴근소요시간이 길수록 성과가 올라간다는 것은 타당해 보이지 않기 때문이다. 이를 해결하기 위해서는 다중공선성(multicollinearity)에 대한 이해가 필요하다. 다중공선성의 문제는 독립변수 간의 높은 상관관계로 인해 발생하는 것으로, 보통 회귀계수의 분산(표준오차의 제곱)이 크게 추정되어 회귀계수를 믿을 수 없게 만든다. 또한, 출퇴근소요시간의 회귀계수와 같이 논리적으로 납득하기 어려운 회귀계수의 원인이 되기도 한다. 본 Chapter에서는 다중공선성의 개념과 해결방법을 살펴보도록 하자.

03 ▶ | Statistics

　　다중공선성은 독립변수로 설정된 한 변수가 다른 독립변수 또는 여러 독립변수와의 선형결합 관계가 매우 높을 때 나타나는 현상으로 개별 변수의 독립적인 효과 추정에 문제를 일으킨다. 간단히 말하면, 독립변수로 설정된 변수 간의 높은 상관관계로 인하여 발생하는 문제를 다중공선성의 문제라 한다. 장대리가 투입한 독립변수를 살펴보자. 업무능력, 업무만족도, 업무집중시간, 출퇴근소요시간, 출퇴근거리의 총 5개 독립변수를 투입하였다. 이 중 비슷해 보이는 것이 있는가? 출퇴근소요시간과 출퇴근거리는 상관분석을 하지 않더라도, 매우 관련이 높을 것임을 예측할 수 있다. 물론 출퇴근수단이 무엇이냐에 따라 다소 차이가 있기는 하겠지만, 출퇴근거리가 멀다면, 당연히 출퇴근소요시간도 길 것이 아닌가? 실제로 두 독립변수의 상관을 분석해보면, 0.934라는 아주 높은 수치가 계산된다.

이렇게 두 독립변수의 상관이 높아 다중공선성이 존재하는 경우 어떠한 현상이 발생할까? 첫 번째, 장대리의 경우와 같이, 논리적으로 납득하기 어려운 회귀계수가 추정되기도 한다. 두 번째로, 이후에 다룰 표준화 회귀계수(β)가 아주 큰 값으로 추정되기도 한다. 다중공선성의 문제가 발생하더라도 회귀모형의 설명량을 의미하는 R^2은 정상적으로 도출되기도 하므로, 회귀모형의 결과를 해석하기 전에 반드시 다중공선성의 문제를 점검해야 한다.

1. tolerance, VIF

다중공선성의 문제가 존재하는지는 장대리의 case와 같이 비정상적인 회귀계수가 추정된 회귀분석 결과를 통해서 유추할 수도 있지만, 각 독립변수의 tolerance나 VIF(variance inflation factor)와 같은 지수를 활용하여 판단할 수 있다. tolerance는 공차한계라고 하며, 독립변수 분산 중 다른 독립변수들로부터 설명되지 않는 분산의 비율을 의미한다. 즉, 하나의 독립변수가 다른 독립변수로 인해 설명되지 않은 나머지에 대한 정보이다. 만약 특정 독립변수의 tolerance가 높다면, 이는 다른 변수로 인해 설명되지 않는 부분이 많음을 의미하므로, 다른 독립변수와 상관이 낮다고도 볼 수 있다. 반대로 tolerance가 낮다면, 다른 변수로 인해 설명되지 않는 부분이 적음을 의미하므로, 다른 독립변수와 상관이 높다고 볼 수 있다. 따라서 tolerance로 하나의 독립변수와 다른 독립변수 간 관계의 강도를 가늠해 볼 수 있다.

VIF는 추정된 회귀계수의 분산(표준오차의 제곱)이 공선성으로 인해 증가되는 배수를 나타내는 지수로, 분산팽창지수라고 한다. 회귀계수의 분산은 회귀계수의 표준오차를 제곱한 값이다. 표준오차는 앞선 Chapter에서 설명하였듯 불확실성에 대한 정보로, 표준오차가 크다면 추정의 정확도가 낮음을 의미한다고 했다. 정리해보자. VIF가 크다는 것은 다중공선성으로 인해 분산이 커지는 정도가 큼을 나타 내고, 이는 표준오차가 커지는 정도 역시 크며, 동시에 추정이 부정확하고 불안정 해짐을 의미한다. 따라서 높은 VIF는 높은 표준오차를 유발하며, 추정의 정확성을 낮춘다. 수학적으로 VIF는 tolerance의 역수다.

예시를 통해 지금까지의 내용을 정리해보자. 특정 독립변수의 tolerance가 0.1 이었다. 이는 특정 독립변수가 다른 독립변수에 의해 10%를 제외하고는 모두 설 명된다는 의미이다. VIF는 tolerance의 역수이므로, 10이다. 여러 학자에 의해 제 시된 기준을 살펴보면, VIF가 10 이하인 경우, 다중공선성의 문제가 심각하지 않 다고 판단하기도 한다. 이 예시의 경우 VIF가 기준에 걸쳐있으므로, 변수 간 관계 를 다시 살펴보고 이를 해결해야 할 것이다.

2. 다중공선성의 해결

다중공선성의 문제는 어떻게 해결해야 할까? 여러 가지 해결법이 있지만, 가장 간단하게는 상관이 높은 독립변수들을 통합하거나 삭제하는 등의 방안을 생각해 볼 수 있다.

장대리의 case는 삭제를 권장한다. 출퇴근소요시간과 출퇴근거리라는 변수의 성격을 생각해보자. 출퇴근소요시간은 조절할 수 있는 부분인가? 팀장의 말대로 회사의 자원과 제도를 활용하여 어느 정도 조절이 가능한 부분이다. 출퇴근거리는 어떠한가? 사택을 지원하면 출퇴근거리를 조절할 수 있겠지만, 이는 출퇴근소요시 간에 비하여 한계가 많다.[1] 따라서 이 경우에는, 출퇴근소요시간은 그대로 독립변 수로 유지하고, 출퇴근거리는 삭제하는 것이 바람직해 보인다.

예시를 통해 지금까지의 내용을 정리해보자. <표 6-1>의 상단은 기존 5개 독

---

[1] 서울 본사 근처에 사택을 가지고 있는 기업들이 얼마나 있겠는가? 또한, 사택을 마련하기 위한 비용은 쉽게 조달 가능한 액 수가 아니다. 사택지원을 위해 들어가는 비용과 출퇴근거리를 가깝게 하여 예측되는 회사의 영업성과 이익을 비교해보자. 출퇴근거리는 현실적으로 조절 가능한 영역이 아니다.

립변수를 투입한 모형에서의 각 독립변수의 VIF와 tolerance, 하단은 출퇴근거리를 제외한 4개의 독립변수를 투입한 모형에서의 각 독립변수의 VIF와 tolerance다.

표 6-1 ㅣ 5개 독립변수 투입 모형과 4개 독립변수 투입 모형의 VIF와 tolerance

독립변수	VIF	tolerance
업무능력	1.25	0.801
업무만족도	1.26	0.795
업무집중시간(1일 평균)	1.11	0.898
출퇴근소요시간(편도)	7.91	0.126
출퇴근거리(편도)	7.92	0.126

독립변수	VIF	tolerance
업무능력	1.24	0.806
업무만족도	1.25	0.797
업무집중시간(1일 평균)	1.11	0.899
출퇴근소요시간(편도)	1.18	0.850

<표 6-1> 상단을 보면, 출퇴근소요시간의 tolerance가 0.126임을 확인할 수 있다. 이것의 의미를 해석해보자. 출퇴근소요시간의 tolerance 0.126은 출퇴근소요시간의 분산이 다른 독립변수에 의해 0.874만큼 설명됨을 의미한다. 즉, 출퇴근소요시간은 다른 독립변수에 의해 대부분 설명된다는 것이다. 출퇴근소요시간과 출퇴근거리의 상관이 0.934라 하였으므로, 출퇴근소요시간의 분산 대부분을 설명하는 것은 출퇴근거리라는 독립변수일 것이다. VIF는 tolerance는 역수이므로, 1을 0.126으로 나누면 7.91이라는 값이 계산된다. 7.91은 VIF의 허용수준인 10보다는 작으나, 앞서 설명하였듯 두 독립변수의 상관이 매우 높고 출퇴근거리는 조절이 어려운 영역이므로, 출퇴근거리라는 독립변수를 삭제하여 회귀분석을 실시하는 것이 바람직해 보인다. 하단을 보면, 출퇴근거리를 제외한 후의 VIF와 tolerance를 확인

할 수 있다. 새롭게 계산된 모든 독립변수의 tolerance와 VIF가 다중공선성의 문제
가 심각하지 않음을 나타내고 있다.

　마지막으로 기존 5개 독립변수를 투입하여 수행한 회귀분석 결과와 출퇴근거
리를 제외한 4개의 독립변수를 투입하여 얻은 결과를 살펴보자.

표 6-2 ｜ 5개 독립변수 투입 모형과 4개 독립변수 투입 모형의 회귀분석 결과

독립변수	비표준화 회귀계수		표준화 회귀계수	t	p-value
	b	S.E.	β		
절편	2278.505	1007.267		2.262	0.026
업무능력	39.785	11.612	0.288	3.426	0.001
업무만족도	240.366	114.192	0.178	2.105	0.038
업무집중시간(1일 평균)	247.600	62.336	0.315	3.972	0.000
출퇴근소요시간(편도)	1188.853	579.342	0.434	2.052	0.043
출퇴근거리(편도)	-162.216	50.123	-0.685	-3.236	0.002

독립변수	비표준화 회귀계수		표준화 회귀계수	t	p-value
	b	S.E.	β		
절편	1953.451	1051.033		1.859	0.066
업무능력	42.728	12.140	0.309	3.520	0.001
업무만족도	256.579	119.636	0.190	2.145	0.035
업무집중시간(1일 평균)	240.360	65.328	0.306	3.679	0.000
출퇴근소요시간(편도)	-541.002	234.340	-0.198	-2.309	0.023

<표 6-2> 상단은 Situation에서 명시한 결과와 같다. 하단의 출퇴근거리를 제외하고 4개의 독립변수를 투입한 결과를 살펴보면, 출퇴근소요시간의 회귀계수가 −541.002로 추정되었고, 유의했다. 이는 다른 변수를 통제한 상태에서, 출퇴근소요시간이 1시간 늘어나면 성과가 약 541만원 낮아짐을 의미한다. 최초의 납득하기 어려운 회귀계수에서 부호가 바뀜으로써, 타당해 보이는 해석이 가능해졌다.

04 | Application(with jamovi)

jamovi에서 VIF와 tolerance의 확인은 회귀분석 과정 중 간단한 옵션 설정만으로도 가능하므로, 다음 Chapter의 실습과 통합하여 진행하도록 한다.

Chapter 7

성과의 영향요인 중 어떠한 요인이
가장 큰 영향력을 갖고 있는지 알고 싶은 경우
어떻게 해야 하나요?

- 표준화 회귀계수(standardized coefficient) -

01 ▶ | Situation

독립변수에서 출퇴근거리를 삭제한 후 회귀분석하여 결과를 다시 팀장에게 가져간 장대리. 출퇴근거리라는 독립변수의 삭제 이유를 설명하고, 출퇴근소요시간의 회귀계수가 '-부호'로 타당하게 추정되었음을 보고하였다. 팀장은 또 다시 예상치 못한 질문을 던진다.

> 팀　장: "그래서 뭐가 중요하다는 거야? 이 결과를 보면, 회귀계수의 절대값이
> 　　　　가장 큰 출퇴근소요시간(편도)이 성과에 영향을 가장 크게 미치는 것
> 　　　　같은데… 맞아? 버스전용차로를 이용하는 통근버스를 지원하거나, 혼
> 　　　　잡한 출퇴근시간을 피할 수 있도록 유연근무제를 실시해서 출퇴근소요
> 　　　　시간을 우선적으로 개선한다면 우리 영업사원들 성과가 확실히 올라가
> 　　　　는 거겠지?"
> 장대리: "예? … 맞습니다. 출퇴근소요시간을 줄이는 방안부터 생각해봐야겠습니다!"

여러 독립변수 중 회귀계수의 절대값이 가장 큰 독립변수가 성과에 가장 큰 영향을 미치는 독립변수라는 장대리의 추측은 옳은 것일까?

02 ▶ | Solution

다음으로 장대리가 해결해야 하는 것은 종속변수인 성과가 높아지고 낮아짐에 영향을 주는 독립변수 중 어떠한 독립변수의 영향력이 가장 높은지를 밝히는 것이

다. 즉, 독립변수 간 영향력의 크기를 비교해야 한다. 회귀분석에서는 각 독립변수
의 효과 크기를 비교하기 위해 표준화 회귀계수(standardized coefficient) β의 절댓값
을 활용한다. 특정 독립변수의 표준화 회귀계수 절댓값이 다른 독립변수의 표준화
회귀계수 절댓값보다 더 크다면, 영향력이 더 큰 독립변수라고 판단하는 식이다.

　본 Chapter에서는 표준화 회귀계수의 원리와 표준화 회귀계수에 대한 오해를
중점적으로 다루고자 한다.

03 ▶ | Statistics

　먼저, 비표준화 회귀계수(unstandardized coefficient)를 활용하여 영향력을 비교
할 수 없는 이유를 생각해보자(이후에는 '비표준화'를 생략하고 '회귀계수'라 칭하도록 한
다). 설명을 위해 앞의 Chapter에서 출퇴근거리를 제외하고 4개의 독립변수를 투
입하여 얻은 회귀분석 결과를 다시 가져왔다.

표 7-1 | 4개 독립변수 투입 모형의 회귀분석 결과

독립변수	비표준화 회귀계수		표준화 회귀계수	t	p-value
	b	S.E.	β		
절편	1953.451	1051.033		1.859	0.066
업무능력	42.728	12.140	0.309	3.520	0.001
업무만족도	256.579	119.636	0.190	2.145	0.035
업무집중시간(1일 평균)	240.360	65.328	0.306	3.679	0.000
출퇴근소요시간(편도)	-541.002	234.340	-0.198	-2.309	0.023

여기서 업무집중시간의 회귀계수 240.360이 유의하다는 것은 다른 변수들을 통제한 상태에서, 업무집중시간이 1시간 늘어나면, 약 240만원의 성과 증가가 예상됨을 의미한다. 업무능력의 회귀계수, 42.728도 해석해보자. 다른 변수들을 통제한 상태에서, 업무능력이 1점 상승하면, 약 43만원의 성과 증가가 예상된다. 이 해석만을 보면, 업무집중시간 1시간의 변화가, 업무능력의 1점 변화보다 성과를 더 많이 변하게 하는 것으로 보인다.

하지만, 업무집중시간 1시간과 업무능력의 1점은 서로 그 척도(단위)가 다르다. 업무집중시간의 척도는 '시간'이지만, 업무능력의 척도는 여러 평가 tool을 활용하여 도출된 '점수'이다. 1시간과 1점의 변화를 어떻게 직접 비교할 수 있는가? 두 독립변수의 척도가 달라 비교할 수 없다.

독립변수 영향력의 크기를 비교하기 위해서는 각 독립변수의 척도를 표준화한 후 회귀분석에 투입하거나, 회귀계수를 표준화해야 한다. <수식 7-1>은 회귀계수를 표준화 회귀계수로 변환하는 공식이다.

🧠 **수식 7-1 | 표준화 회귀계수**

$$\beta = b\left(\frac{S_x}{S_y}\right)$$

β는 표준화 회귀계수, b는 비표준화 회귀계수, S_x는 독립변수의 표준편차, S_y는 종속변수의 표준편차이다. 표준화된 회귀계수 β는 다른 변수들을 통제한 상태에서, 특정 독립변수가 1 표준편차 증가할 때의 종속변수 표준편차 변화량을 의미하게 된다. <표 7-1>의 표준화 회귀계수 결과에 이 해석을 적용해보자. 업무집중시간의 β는 0.306이다. 해석하면, 다른 변수들을 통제한 상태에서 업무집중시간이 1 표준편차 증가하면, 성과는 0.306 표준편차만큼 증가함을 의미한다. 업무능력의 β는 0.309이다. 해석하면, 다른 변수들을 통제한 상태에서 업무능력이

1 표준편차 증가하면, 성과는 0.309 표준편차만큼 증가함을 의미한다.

각 독립변수의 표준화 회귀계수는 독립변수를 1 표준편차 증가시켰을 때의 종속변수 표준편차의 변화량이 된다. 각 독립변수가 1 표준편차 증가했다는 것은 각 독립변수가 해당변수의 척도에 따라 동일한 정도로 증가했다는 의미가 된다.[1] 따라서, 표준화 회귀계수는 독립변수가 동일하게 1 표준편차 증가했을 때, 종속변수의 표준편차가 얼마나 변화하는지에 대한 정보가 된다. 정리해보면 다음과 같다. 종속변수에 영향을 주는 독립변수의 영향력 크기는 각 독립변수의 표준화 회귀계수의 절댓값으로 비교할 수 있으며, 부호와 상관없이 표준화 회귀계수의 절댓값이 가장 큰 독립변수의 영향력이 가장 크다고 볼 수 있다. 사실 학계에서는 표준화 회귀계수가 과연 독립변수의 효과를 서열화하는 적절한 도구인지에 대한 논란이 존재한다. 하지만 현재로서는 표준화 회귀계수를 활용한 독립변수의 효과 서열화가 가장 간단하며, 통일된 대안이 존재하지 않으므로 널리 쓰이고 있다.

표준화 회귀계수는 대부분의 통계 프로그램에서 옵션을 설정하지 않아도 기본적으로 비표준화 회귀계수와 함께 보여주기 때문에, 확인을 위한 복잡한 절차가 필요하지 않다. 따라서 어렵고 낯선 개념은 아니지만, 잘못 이해하고 있는 부분도 있다. 첫 번째는 표준화 회귀계수가 −1에서 1 사이의 범위를 가진다는 오해이다. 두 번째는 이 범위 밖의 표준화 회귀계수가 도출된다면, 회귀모형 자체가 문제가 있다는 오해이다.

많은 이들이 표준화 회귀계수는 −1과 1 사이의 범위를 가진다고 이해하고 있다. 하지만, 표준화 회귀계수가 이 범위 안의 값을 갖기 위해서는 조건이 필요하다. 먼저, 단순회귀분석인 경우 독립변수의 표준화 회귀계수는 독립변수와 종속변

---

1 우리가 고등학교 때 학습했던, '표준화'라는 개념을 기억해보자. 개별 변수의 값에서 평균을 빼고 표준편차로 나누어 주는 것이 표준화였다. 이것의 의미는 서로 다른 단위를 가지고, 정규분포를 따르는 변수들을 표준정규분포를 따르도록 변화시킨다는 개념이었다. 이렇게 표준화된 개별 변수값은 다른 변수의 표준화값과 비교가 가능하다. 예를 들어, 대한민국과 미국, 중국의 특정 개개인의 임금을 비교하기 위해서는 각각 대한민국과 미국, 중국의 평균임금을 개인의 임금에서 빼고, 표준편차로 나누어주면 된다. 그렇게 되면, 동일한 표준정규분포에서의 각 개인의 위치를 알 수 있어, 서로 비교가 가능해진다.

수의 상관과 같다. 상관은 −1과 1 사이의 값을 가지므로, 표준화 회귀계수 역시 상관과 같이 −1과 1 사이의 값을 가진다. 하지만, 단순회귀분석이라면 표준화 회귀계수를 사용할 이유가 없다. 일반적으로 표준화 회귀계수는 독립변수 간 영향력의 대소를 비교하는 경우에 활용하는데, 단순회귀분석은 독립변수가 하나이기 때문이다. 다음으로 독립변수가 여러 개인 다중회귀분석에서 독립변수 간 상관이 없을 때(0일 때), 각 독립변수의 표준화 회귀계수는 상관과 같아진다. 즉, −1과 1 사이의 값이 된다. 하지만 이는 현실적으로 불가능한 가정이다. 같은 종속변수를 설명하는 독립변수들이기 때문에, 이것 간의 상관이 0이 되는 것은 현실적으로 어렵다.

장대리의 case에서도 마찬가지이다. 성과를 설명하는 독립변수들인 업무능력, 업무만족도, 업무집중시간, 출퇴근소요시간이 어떻게 상호 간에 상관이 없을 수 있겠는가? 본인의 업무능력에 적합한 정도의 업무가 주어지면 업무만족도가 높을 수 있고, 업무능력 대비 업무가 어렵거나 쉽다면 업무만족도가 낮아질 수 있다. 업무만족도가 높으면 업무를 집중해서 오래 할 수 있을 것이고, 반대로 낮으면 업무집중시간이 적어질 수 있다. 출퇴근에 힘을 너무 많이 쏟는 경우 역시, 업무집중시간이 낮아질 수 있고, 반대의 경우 업무집중시간이 높아질 수 있다. 모두 가설이기는 하지만, '성과'라는 하나의 종속변수를 설명하는 독립변수이기 때문에, 이처럼 서로의 관계를 추정해 볼 수 있는 여지가 있다. 즉, 독립변수 간 어느 정도 상관이 있기 마련이다.[2] '성과'라는 하나의 종속변수를 설명하기 위해 설정된 변수들이기 때문이다. 따라서, 독립변수 간 상관이 0이라는 가정은 현실적으로 불가능한 가정이며, 이 가정을 위배하는 경우 표준화 회귀계수는 그 범위가 −1과 1 밖일 수도 있다.

<수식 7−2>를 통해 이를 수학적으로 이해해보자.

---

2 단, 상관이 너무 높은 경우에는 다중공선성의 문제가 발생할 수 있다.

🧠 **수식 7-2 | 독립변수가 두 개인 경우의 표준화 회귀계수**

$$\beta_1 = \frac{r_{y1} - (r_{y2})(r_{12})}{1 - r_{12}^2}, \quad \beta_2 = \frac{r_{y2} - (r_{y1})(r_{12})}{1 - r_{12}^2}$$

　<수식 7−2>는 종속변수 Y에 대한 독립변수가 두 개(X_1, X_2)인 경우, 각 독립변수 X_1과 X_2의 표준화 회귀계수를 구하는 공식이다. r은 상관을 의미한다. r_{y1}은 종속변수 Y와 독립변수 X_1의 상관을 의미하며, r_{y2}는 종속변수 Y와 독립변수 X_2의 상관, r_{12}는 독립변수 X_1과 X_2의 상관을 의미한다. 수식 내에서 오직 X_1과 X_2의 상관인 r_{12}가 0인 경우에만, 표준화된 회귀계수가 종속변수와 독립변수의 상관이 된다. 간단히 첫 번째 식의 r_{12}에 0을 대입해보자. r_{12}가 0이므로, 분자의 $(r_{y2})(r_{12})$는 사라지고, r_{y1}만 남게 된다. 분모의 r_{12}에도 0을 대입하면, r_{12}^2이 사라지고, 1만 남게 된다. 최종적으로 분자에는 r_{y1}, 분모에는 1만 남게 되어, X_1의 표준화 회귀계수 β_1은 r_{y1}과 같아지게 된다. r_{y1}은 앞서 언급한 것과 같이, 종속변수 Y와 독립변수 X_1의 상관이다. 즉, 표준화 회귀계수와 상관이 같아진 것이다. β_2도 마찬가지로, r_{12}가 0일 때, r_{y2}와 같아진다. 정리하자면, 독립변수 간 상관이 있다면, 표준화 회귀계수는 종속변수와 독립변수의 상관과 달라지며, −1과 1 사이의 범위를 벗어날 수 있다.

　따라서 회귀분석 결과 표준화 회귀계수가 1이 넘는 독립변수가 존재한다고 하더라도, 회귀모형 자체가 잘못되었다고 판단하는 것은 옳지 않다. 이 경우 분석에 사용된 자료를 검토하고 특별한 이상이 없다면 회귀분석의 결과를 그대로 사용해도 좋다. 다만, 경험적으로 표준화 회귀계수가 2와 같이 극단적으로 높은 경우는 다중공선성을 의심해 볼 수 있다. 이 경우는 변수의 VIF, tolerance 등을 살펴보고, 이론적 배경에 근거하여 변수의 통합이나 삭제 등을 고려해봐야 할 것이다.

| Application(with jamovi)

본 실습은 Chapter 6과 7의 서두에 설명하였던, 장대리의 case를 해결하기 위한 실습이다. 비표준화 회귀계수를 확인하는 방법은 앞선 Chapter에서 다루었던, 회귀분석의 step과 동일하다. 본 실습에서는 출퇴근소요시간(편도)의 회귀계수가 비정상적임을 확인한 장대리가 각 독립변수의 VIF와 tolerance를 확인하고, 출퇴근거리(편도)를 삭제하여 다시 회귀분석하는 과정을 담았다.

본 Chapter의 실습 파일명은 'Chapter7_Data.csv'이며, 모든 자료는 실제 존재하는 것이 아닌 임의로 생성된 가상의 자료다. 따라서 실습분석의 결과는 실습 이해용으로만 활용해야 하며, 각 변수의 관계에 실제 의미를 부여해서는 안됨을 명확히 하고자 한다.

표준화 회귀계수는 독립변수와 종속변수를 모두 표준화한 후에 회귀분석하여 도출할 수도 있다. 이 경우에는, 추정된 회귀계수 자체가 표준화 회귀계수이며, 독립변수와 종속변수 모두 표준화하였기 때문에 수학적으로 절편은 0이 된다. 'Chapter7_Data.csv'의 우측에는 각 변수의 표준화된 값을 계산해 두었으므로, 이를 이용한 회귀분석 결과를 본 실습의 결과와 비교해보는 것도 좋을 것이다.

Step 0 jamovi 실행 > 좌측상단 ' ≡ ' 클릭 > 'Open' 클릭 > 'Browse' 클릭 > 'Chapter7_Data.csv' 선택 > '열기' 클릭

▪ 실습 파일 'Chapter7_Data.csv'를 jamovi에서 불러온다. 각 열에 다음의 변수가 위치하고 있는지 확인한다.

① ID: ID

② 성과: 수주액(만원)

③ 업무능력: 업무 능력 점수(1-100점)

④ 업무만족도: 업무만족 정도(1-5점)

⑤ 업무집중시간(1일 평균): 1일 평균 업무 집중 시간(h)

⑥ 출퇴근소요시간(편도): 편도 출퇴근 소요 시간(h)

⑦ 출퇴근거리(편도): 편도 출퇴근 거리(km)

* 이후 우측에 기록된 s_성과부터, s_출퇴근거리(편도)까지는 각 변수를 표준화($\frac{(X_j - \overline{X})}{\sigma}$) 한 값이다.

▪ 본 도서에서 제공하는 실습 파일 내 대부분 변수명은 한글로 설정해두었다. jamovi는 한글 변수명도 인식하지만, 종종 한글 변수명으로 인한 분석 오류가 발생하기도 한다. 혹시 이후 분석 단계에서 오류가 발생한다면, 변수명을 모두 영어로 변경하여 실습하기 바란다.

Step① Data > Setup > 변수 클릭 > Continuous/Ordinal/Nominal/ID 설정

▪ 첫 번째 단계는 각 변수의 속성을 정의하는 단계이다. <그림 7-1>과 같이 각 변수의 속성을 지정해주면 된다. jamovi의 경우 SPSS와 같은 프로그램과 달리 '완료' 버튼이 없으니, 클릭하여 설정만 해주면 된다.

▪ ID는 ID로, 그 외 변수는 모두 연속변수이므로 Continuous로 설정해준다.

그림 7-1 | Step1

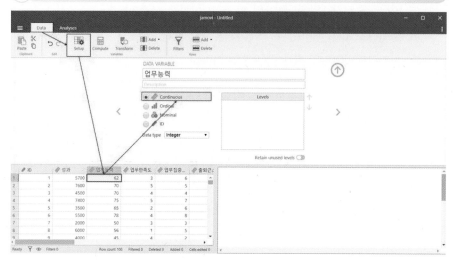

Step 2 Analyses > Regression > Linear Regression

- 두 번째 단계는 각 변수의 역할을 설정하는 단계이다. 이 단계에서 종속변수와 독립변수를 설정할 수 있다.
- 종속변수인 성과를 Dependent Variable의 자리에 옮기고, Covariates의 자리에 독립변수인 업무능력, 업무만족도, 업무집중시간(1일 평균), 출퇴근소요시간(편도), 출퇴근거리(편도)를 옮긴다.

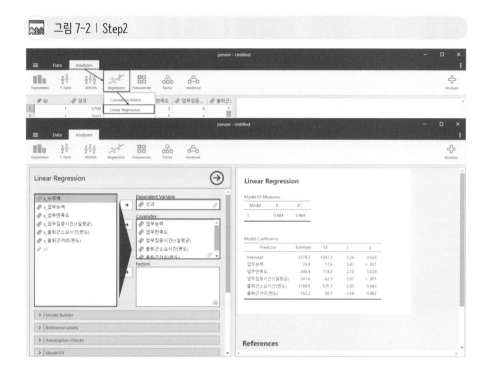

그림 7-2 | Step2

- 다음으로 분석 옵션을 선택한다. VIF와 tolerance를 확인하여 다중공선성을 점검하기 위해 변수설정 박스 하단의 Assumption Checks를 클릭하여, Collinearity statistics를 체크한다.
- 이어서 표준화 회귀계수를 출력하기 위해 Model Coefficients를 클릭하여, Standardized estimate를 체크한다.

그림 7-3 | Step2

- <그림 7-3>을 보면, Collinearity statistics에 각 독립변수의 VIF와 tolerance 가 출력되어 있음을 알 수 있다. 출퇴근소요시간(편도)과 출퇴근거리(편도)의 VIF는 다른 독립변수들에 비해 현저히 높고, tolerance는 낮음을 알 수 있다. 따라서 두 독립변수의 통합이나 삭제를 고려해봐야 한다.

- 다음으로 Model Coefficients에 비표준화 회귀계수(Estimate)와 표준화 회귀계 수(Stand. Estimate)가 함께 출력되어 있음을 알 수 있다. 출퇴근소요시간(편도) 의 회귀계수는 1188.9로 유의했다. 즉, 출퇴근소요시간(편도)의 증가가 성과 에 정적효과가 있다는 상식적으로 이해하기 어려운 회귀계수가 추정되었다.

Step 3 Analyses > Regression > Correlation Matrix

- Step2의 결과를 통해 출퇴근소요시간(편도)과 출퇴근거리(편도)의 VIF와 tolerance가 정상적이지 않으며, 출퇴근소요시간(편도)의 회귀계수가 납득하 기 어려운 회귀계수임을 확인하였다. 실제로 두 독립변수의 상관이 높은지

확인해보기 위해 <그림 7-4>와 같이 Correlation Matrix를 선택한 뒤, 상
관분석 할 5개의 독립변수를 우측으로 이동시킨다. 모두 연속변수이므로,
따로 설정해야 하는 옵션은 없다.

그림 7-4 | Step3

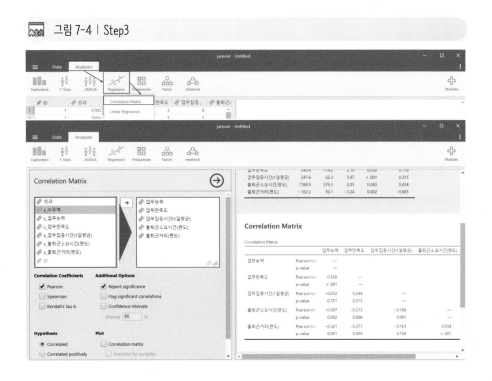

※ Correlation Matrix에 독립변수 간 상관이 출력된다. 출퇴근소요시간(편도)과
출퇴근거리(편도)의 상관이 0.934로 매우 높고, 다른 변수들 간의 상관은 모
두 0.350 이하임을 알 수 있다. 앞서 설명했듯이, 이 경우는 거의 유사한 두
변수 중 출퇴근거리(편도)를 삭제하는 것이 바람직해 보인다.

Step④ Analyses > Regression > Linear Regression & Interpretation

▪ Step3에서 출퇴근거리(편도)를 독립변수에서 제외하겠다는 의사결정을 하였
으므로, 해당 변수를 Covariates에서 제외하고 동일한 옵션을 설정한 후, 다
시 회귀분석을 진행한다.

📊 그림 7-5 | Step4

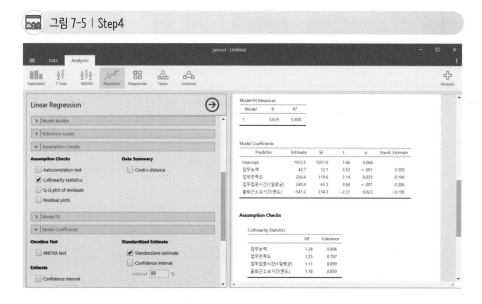

▪ <그림 7-5>를 보면, Collinearity statistics에 각 독립변수의 VIF와 tolerance
가 출력되어 있다. 출퇴근소요시간(편도)의 VIF와 tolerance가 정상 범위 내의
값들로 바뀌었음을 확인할 수 있다.

▪ 다음으로 Model Coefficients에 비표준화 회귀계수(Estimate)와 표준화 회귀계
수(Stand. Estimate)가 함께 출력되어 있음을 알 수 있다. 이는 <표 7-1>의
값과 동일하다. 다시 해석해보면, 업무능력의 표준화 회귀계수는 0.309이므
로 다른 변수들을 통제한 상태에서 업무능력이 1 표준편차 증가하면, 성과는
0.309 표준편차 증가할 것으로 예측할 수 있다. 다른 독립변수들의 표준화 회

귀계수 해석도 동일하다.

▪ 표준화 회귀계수의 절댓값으로 영향력의 크기를 비교해보자. 업무능력의 표준화 회귀계수는 0.309, 업무집중시간(1일 평균)은 0.306, 출퇴근소요시간(편도)은 −0.198, 업무만족도는 0.190이므로, 이 순서대로 종속변수에 대한 영향력이 크다.

05 ▶ | Same application in different situations

본 Chapter에서는 장대리의 case를 해결하기 위하여 표준화 회귀계수에 대해 살펴보았다. 독립변수 간 표준화 회귀계수를 비교하여 독립변수의 영향력을 비교하였다. 이를 기업의 경영 현장 전반으로 확대해 본다면, 다음과 같은 상황에서도 적용해 볼 수 있을 것이다.

▪ 업무만족도에 영향을 미치는 요인으로 업무환경, 업무능력, 업무난도, 업무관계를 설정하였을 때, 어떠한 요인이 가장 큰 영향을 미치는지 알고 싶은 경우

▪ 인터넷 홈쇼핑의 1회 구매액에 영향을 미치는 요인으로 쿠폰할인율, 평균 배송기간, 무이자 할부 지원 기간, 적립금 소지액을 설정하였을 때, 어떠한 요인이 가장 큰 영향을 미치는지 알고 싶은 경우

Reference

본 Chapter는 홍세희 교수의 W/S 교재 중 「구조방정식 모형의 기초이론과 적용」의 내용을 중심으로 재구성되었습니다.

Chapter 8

팀장의 leadership 스타일을 네 가지
유형으로 구분했습니다. 팀장의 leadership
스타일이 부하의 성과에 어떠한 영향을
미치는지 알아볼 수 있을까요?

- 범주형 변수의 코딩 -

01 ▷ | **Situation**

영업본부의 HR부서에서 평가 업무를 담당하고 있는 신대리는 회귀분석을 활용하여 영업팀 사원들의 성과와 영향요인의 관계를 다각도로 분석해보고 있다. 분석 중 문득 얼마 전 실시했던 팀장 leadership 평가가 떠올랐다. 팀장 leadership 평가는 매년 1회 팀장급 leader를 대상으로 하는 다면평가 Survey이다. 다면평가가 완료되면, 해당 팀장의 leadership에 대한 여러 지수와 함께 leadership 스타일 분류 결과가 팀장 개개인에게 리포팅된다. 팀장의 leadership 스타일은 설득형, 참여형, 지시형, 위임형으로 구분되며, 팀장급 leader가 본인의 leadership 스타일을 인지하고 약점, 개선점 등에 대한 계획을 수립하도록 하는 목적으로 각 스타일의 특징 등에 대한 정보가 제공된다.

신대리는 이전에 수행되었던 팀장 leadership 스타일과 팀원 성과의 관계에 대한 연구들을 찾아보았다. 비슷한 능력을 갖춘 팀원이라도 팀장의 피드백, 독려, 위임, 압박 등을 통해서 더욱 탁월한 성과를 달성했다는 사례를 쉽게 찾을 수 있었다. 신대리는 이론적 배경을 검토하였으므로, 팀장의 leadership 스타일을 독립변수로, 팀원의 성과를 종속변수로 설정하여 회귀분석을 하기로 하였다. 팀장의 leadership 스타일 중 설득형을 1로, 참여형을 2로, 지시형을 3으로, 위임형을 4로 코딩하여, 독립변수로 투입했다. 결과를 살펴보니, leadership 스타일의 회귀계수가 −615.267이었으며, 유의했다. 이 결과는 설득형 리더일 때, 성과가 가장 높음을 의미하고, 참여형, 지시형, 위임형의 순으로 팀원의 성과가 높다고 예측됨을 나타낸다. 그런데 신대리가 우연히 Excel에서 leadership 스타일별로 팀원의 성과를 필터링하여 살펴보니, 팀원의 성과 평균은 설득형, 지시형, 참여형, 위임형 순으로 높았고, 회귀식을 통해 예측된 값과의 차이도 컸다. 분명히 이론적 배경을 바탕으로 독립변수를 설정하였고, 회귀분석을 하였는데, 왜 분석결과와 자료의 기술통계는 다른 것일까? 이 결과를 바탕으로 보고를 준비해도 되는 걸까?

02 ▶ | Solution

　신대리와 같이 범주를 가지는 질적변수를 독립변수로 회귀분석에 포함하고 싶은 경우는 범주형 변수를 적절히 코딩해야 한다. 범주형 변수 코딩에는 다양한 방법이 존재하지만, 대표적으로 더미코딩(dummy coding)과 효과코딩(effect coding)이 많이 사용된다.

　더미코딩은 '더미변수(dummy variable)'를 생성하여 투입하는 방법이다. 더미변수는 범주형 변수를 회귀분석의 독립변수로 사용할 수 있도록 적합한 형태로 변화시킨 변수로, 일반적으로 변수의 값을 0과 1로 코딩하여 사용한다. 우리는 성별이나, 사건의 발생 여부와 같이 범주가 두 개인 질적변수를 자연스럽게 0과 1로 코딩하여 독립변수로 투입해왔다. 이와 같은 변수는 범주가 두 개이기 때문에 특별한 코딩이 필요하지 않지만, 세 개 이상의 범주를 가지는 질적변수의 경우는 다르다.

　세 개 이상의 범주를 가지는 범주형 변수의 경우 더미변수를 생성해야 한다. 예를 들어, 네 개의 범주가 존재한다면 세 개의 더미변수(0과 1로 코딩된)를, 세 개의 범주가 있다면 두 개의 더미변수(0과 1로 코딩된)를 생성하는 방식이다. 즉, 범주보다 한 개 적은 수의 더미변수를 생성해야 하며, 그렇지 않고 임의로 질적변수를 1, 2, 3, 4로 코딩하여 독립변수로 투입하면, 신대리와 같이 분석결과와 기술통계 결과가 일치하지 않거나, 추정된 회귀식을 바탕으로 한 기댓값과 실제 각 집단의 평균 차이가 발생한다.

　효과코딩은 각 집단의 평균이 특정 평균에서 얼마나 떨어져 있는지를 살펴볼 수 있도록 코딩하는 방법이다. 만약 각 집단의 평균과 집단 평균의 평균 차이를 확인하고자 한다면, 각 집단의 표본수를 고려하지 않는 비가중 코딩(unweighted coding)을 활용한다. 반대로 각 집단의 평균과 전체 평균의 차이를 쉽게 확인하고자 한다면, 각 집단의 표본수를 고려하는 가중 코딩(weighted coding)을 적용한다. 각 집단은 표본크기가 달라도 해당 집단을 대표하고 있다고 볼 수 있으므로, 각 집단의 표본 수를 고려하지 않는 비가중 코딩이 주로 사용된다.

본 Chapter에서는 범주형 변수를 더미코딩을 하지 않을 때 발생하는 문제와 더미코딩의 방법, 효과코딩 중 비가중 코딩을 집중적으로 살펴보도록 하자.

Statistics

1. 더미코딩(dummy coding)

앞서 언급하였듯 더미변수는 독립변수가 범주를 가지는 질적변수일 때, 회귀분석이 가능한 형태로 변환시킨 변수를 의미하며, 일반적으로 0과 1의 두 개 값으로 코딩된다. 여성을 0, 남성을 1로 코딩하거나, 불합격을 0, 합격을 1로 코딩하거나, 경험 없음을 0, 경험 있음을 1로 코딩하는 것 모두 더미코딩을 한 예이다. 이때 남성을 0, 여성을 1로 코딩하는 것과 같이 반대로 코딩해주어도 상관없으며, 앞의 경우와 반대로 해석됨을 주의하면 된다. 위의 경우는 모두 변수의 범주가 두 개인 이분변수(dichotomous variable)이므로 회귀분석을 할 때, 따로 변환과정 없이 0과 1로 코딩된 값을 그대로 사용해도 좋다.

간단한 예를 통하여 0과 1로 코딩한 더미변수를 독립변수로 투입한 회귀분석을 살펴보고, 어떠한 효과가 있는지 알아보자. 실습 파일 'Chapter8_Data(1).csv'을 활용하여, 직접 분석해보기 바란다. '전문성'을 종속변수로, 사원을 0, 대리를 1

로 코딩한 '직급'이라는 변수를 독립변수로 투입하여 회귀분석을 하였다. 전문성은 100점을 만점으로 하는 내부 도구(시험)로 측정되었음을 가정한다. 회귀분석 결과 절편은 76.6, 직급의 회귀계수는 10.8로 유의했다. 이를 바탕으로 회귀식을 작성해본다면, 다음과 같다.

> 🧠 **수식 8-1 | 직급을 0(사원)과 1(대리)로 코딩하여 얻은 회귀식**

$$\widehat{전문성} = 76.6 + 10.8 \times 직급$$

회귀식에 따라 사원의 전문성은 76.6(76.6+10.8×0)점으로 예측되며, 대리의 전문성은 87.4(76.6+10.8×1)점으로 예측된다. Excel 파일을 직급으로 필터링하여, 사원, 대리 각각의 전문성 평균을 계산해보자. 회귀식을 바탕으로 추정된 76.6점은 사원(0으로 코딩된 집단)의 전문성 평균과 같으며, 87.4점은 대리(1로 코딩된 집단)의 전문성 평균과 같다. 즉, 회귀식을 통해 예측된 사원, 대리의 전문성은 실제 사원, 대리 집단의 전문성 평균과 같으며, 10.8이라는 회귀계수는 사원과 대리의 평균 차이와 같다.

사원을 1로, 대리를 2로 코딩값을 변경하여 회귀분석을 하는 경우는 어떻게 될까? 실습 파일 'Chapter8_Data(2).csv'를 활용하여, 직접 분석해보기 바란다. 회귀분석 결과, 절편은 65.8, 직급의 회귀계수는 10.8로 유의했다. 이를 바탕으로 회귀식을 작성해본다면, 다음과 같다.

> 🧠 **수식 8-2 | 직급을 1(사원)과 2(대리)로 코딩하여 얻은 회귀식**

$$\widehat{전문성} = 65.8 + 10.8 \times 직급$$

회귀식에 따라 사원의 전문성은 76.6(65.8+10.8×1)점으로 예측되며, 대리의 전문성은 87.4(65.8+10.8×2)점으로 예측된다. 0과 1로 코딩한 경우와 비교해보자.

절편은 다르지만, 회귀계수는 같다. 각 집단의 예측된 전문성 역시 0과 1로 코딩한 경우와 같은 값으로 예측되며, 이 값은 실제 각 집단의 평균과 같다. 즉, 절편 외에는 모든 정보가 동일하다.

그렇다면 0, 1 코딩이 1, 2 코딩과 비교했을 때 갖는 장점은 무엇일까? 0과 1로 코딩하여 도출된 회귀식 <수식 8-1>을 보면, 절편이 76.6이며, 이는 사원 집단의 전문성 평균과 같다. 회귀계수는 0과 1로 코딩된 각 집단의 전문성 평균의 차이가 된다. 0과 1로 코딩한 경우, 회귀계수뿐만 아니라 절편 자체도 0으로 코딩된 집단의 평균이라는 유의미한 정보를 갖게 되는 것이다. 1과 2로 코딩하여 도출된 회귀식 <수식 8-2>는 어떠한가? 절편 65.8은 회귀계수와 직급의 코딩값을 곱하여 더해주지 않으면, 그 자체로는 아무런 의미도 없다. 정리해보면, 0과 1로 코딩하는 경우 절편이 그 자체로도 의미(0으로 코딩된 집단의 종속변수 평균)를 가지며, 회귀계수는 두 집단의 평균 차이를 나타내기 때문에 더욱 직관적이다. 따라서 일반적으로 0과 1의 값으로 코딩한 더미변수를 활용한다. 이때 0으로 코딩된 집단을 기준집단(reference group)이라 하며, 1로 코딩된 집단을 비교집단(comparison group)이라고 한다.

정리해보자. 두 개의 범주를 가지는 변수를 0과 1로 코딩하여 단순회귀분석의 독립변수로 투입하는 경우, 절편은 기준집단의 종속변수 평균이 되며, 회귀계수는 기준집단과 비교집단의 종속변수 평균 차이가 된다. 따라서 절편에 회귀계수를 더한 값은 비교집단의 평균이 된다. 이때, 회귀계수가 유의하다면, 기준집단과 비교집단의 평균은 통계적으로 유의한 차이가 있음을 의미한다. 반대로 유의하지 않다면, 평균의 차이가 없다고 해석할 수 있다.

위의 해석은 앞의 Chapter에서 다룬 t검정과 같은 해석이다. t검정에서도 두 표본의 평균 차이가 유의한지 유의하지 않은지 검정하여 위와 같이 선언했었다. 그렇다면, 두 개의 범주를 가지는 변수를 독립변수로 회귀분석에 투입하여 얻은 분석결과는 결국 두 표본의 평균 차이를 검정하는 t검정의 결과와 같은데, 왜 회귀분

석을 사용할까? 다중회귀분석을 떠올려보자. 예를 들어, <수식 8-1>의 단순회
귀분석에 '직무 전문성 교육 참가 횟수'라는 독립변수를 추가하여 다중회귀분석했
다고 해보자. 이 경우는 직급을 통제한 상태에서 직무 전문성 교육 참가 횟수와 전
문성의 관계를 살펴볼 수 있다. 즉, 회귀분석은 다양한 독립변수를 추가하여 다른
독립변수가 통제된 상태에서 종속변수와 특정 독립변수의 관계를 살펴볼 수 있으
므로, 단순히 두 표본의 평균 차이를 검정하는 t검정과 비교하여 활용도가 높다.

지금까지 두 개의 범주를 가지는 이분변수를 0과 1로 코딩해야 하는 이유와 도
출된 회귀식에서 절편의 의미와 회귀계수의 의미를 살펴보았다. 다음으로는 범주
가 세 개 이상인 다분변수(polytomous variable)를 더미변수로 변환하지 않았을 경
우 발생하는 문제와 다분변수의 더미변수 생성 방법을 차례대로 알아보자.

더미변수를 사용하지 않고, 질적변수의 범주를 임의의 숫자로 코딩하여 발생하
는 문제를 살펴보기 위하여 신대리의 case로 돌아가 보자. 여기서는 편의상 다른
독립변수는 투입하지 않고, 팀장의 leadership 스타일만 독립변수로 투입했다고
가정한다. 실습 파일 'Chapter8_Data(3).csv'을 활용하여, 직접 분석해보기 바란
다. 신대리는 팀장의 leadership 스타일을 설득형을 1로, 참여형을 2로, 지시형을
3으로, 위임형을 4로 코딩하여 독립변수로 투입하였다. 회귀분석 결과, 절편은
7,671.795, 팀장 leadership 스타일의 회귀계수는 -615.267로 유의했다. 이를 바
탕으로 회귀식을 작성해본다면, 다음과 같다.

수식 8-3 | 팀장 leadership 스타일을 1(설득형), 2(참여형), 3(지시형), 4(위임형)로 코딩하여 얻은 회귀식

$$성과(수주액:만원) = 7,671.795 - 615.267 \times 팀장의 스타일$$

회귀식에 따라 팀장이 설득형인 경우의 성과는 약 7,057(7,671.795-615.267×1)만
원으로 예측되며, 팀장이 참여형인 경우의 성과는 약 6,441(7,671.795-615.267×2)만
원, 팀장이 지시형인 경우의 성과는 약 5,826(7,671.795-615.267×3)만원, 팀장이

위임형인 경우의 성과는 약 5,211(7,671.795−615.267×4)만원으로 예측된다. 설득형 팀장과 업무를 하는 팀원의 성과가 가장 높게(성과 평균이 가장 높으며) 예측되며, 다음으로 참여형, 지시형 팀장의 팀원 성과가 높다. 위임형 팀장의 팀원은 가장 낮은(성과 평균이 가장 낮을 것으로) 성과가 예측된다.

위의 실습 파일을 바탕으로 산점도를 그려보면 <그림 8−1>과 같다. 1로 코딩된 설득형 팀장의 팀원 성과가 가장 높은 것(평균이 가장 높은 것)은 눈으로도 확인할 수 있다. 하지만, 2의 참여형과 3의 지시형, 4의 위임형은 퍼져있는 정도가 서로 달라 어느 것이 확실히 높고 낮은지(어느 집단의 평균이 더 높고, 낮은지) 확인이 어렵다.

그림 8-1 | 팀장 leadership 스타일 별 팀원 성과

주: leadership 스타일 코딩값: 설득형(1), 참여형(2), 지시형(3), 위임형(4)

그렇다면 정확한 확인을 위해 실습 파일을 활용하여, 각 집단의 평균을 구해보자. 설득형은 약 7,112만원, 참여형은 6,184만원, 지시형은 6,440만원, 위임형은 4,974만원의 평균값을 갖는다. 회귀식에서 예측한 결과와 다르다. 오히려 지시형

팀장의 팀원은 참여형 팀장의 팀원보다 높은 성과 평균값을 갖는다. 이는 설득형, 참여형, 지시형, 위임형과 같이 세 개 이상의 범주를 가지는 질적변수를 임의의 숫자로 코딩하여, 독립변수로 투입함으로써 발생하는 오류이다. 설득형, 참여형, 지시형, 위임형 팀장과 일하는 팀원에게 부여된 1, 2, 3, 4라는 숫자는 각 팀장의 leadership 스타일을 구분하기 위한 숫자일 뿐, 숫자 자체로서 의미는 없다.[1] 이와 같이 질적변수의 범주에 임의로 1, 2, 3, 4와 같은 숫자를 부여하여 분석하는 경우 문제가 발생한다.

또한 각 범주를 어떠한 숫자로 코딩하느냐에 따라 회귀식이 달라지는 문제도 발생한다. 예를 들어, 참여형을 1, 지시형을 2, 위임형을 3, 설득형을 4로 코딩하여 분석하면, 절편은 5,340.103, 팀장의 leadership 스타일의 회귀계수는 340.923으로 유의하다는 결과가 도출된다. 실습 파일 'Chapter8_Data(4).csv'을 활용하여, 직접 분석해 보기 바란다. 결과를 해석해보면, 설득형 팀장과 업무를 수행하는 팀원의 성과가 가장 높게 예측되며(4로 코딩되었기 때문에), 그 다음으로 위임형, 지시형 팀장의 팀원 성과가 높고, 참여형 팀장의 팀원 성과가 가장 낮게 예측된다. <수식 8-3>과 다른 결과가 도출된다. 이처럼 이전과 코딩이 달라지는 경우 전혀 다른 회귀분석 결과가 도출되어 어떻게 코딩을 하는 것이 바람직한지 결정할 수 없으며, 결과 또한 신뢰할 수 없다. 즉, 팀장의 leadership 스타일에 따라 팀원의 성과가 어떻게 달라지는지 전혀 예측할 수가 없다.

이상의 내용을 정리해보자. 질적변수의 범주를 임의의 숫자로 코딩하여 독립변수로 투입하는 경우, 회귀분석 결과를 통해 도출한 각 범주(집단)의 예측값과 실제 각 범주(집단) 평균값은 차이가 있다. 또한, 코딩을 어떻게 하느냐에 따라 결과가 바뀌기도 한다. 이는 숫자로서의 의미가 없는 '범주'를 임의대로 숫자 취급을 하여 생긴 결과이다. 따라서 세 개 이상의 범주를 가지는 질적변수를 독립변수로 투입

---

1 1, 2, 3, 4는 설득형, 참여형, 지시형, 위임형이라는 팀장 leadership을 구분하기 위한 숫자일 뿐이다. 하지만 만족도의 경우는 어떠할까? 만족도에서 1, 2, 3, 4, 5라는 값은 만족의 정도라는 의미가 있다.

하여 회귀분석을 하고자 하는 경우, 더미코딩 등의 변수변환이 필요하다.

다분변수의 더미코딩은 기준집단을 설정한 후, 다분변수의 범주수−1개의 더미변수를 생성해야 한다. 신대리의 case를 바탕으로 각 단계를 살펴보자. 신대리가 회귀분석 모형에 포함하고자 하는 독립변수인 팀장의 leadership 스타일은 설득형, 참여형, 지시형, 위임형 총 네 개의 범주를 가지고 있다. 이 경우는 먼저 네 개의 범주 중 기준집단으로 설정하고자 하는 범주를 결정해야 한다. 여기서는 위임형을 기준집단으로 설정했다고 가정하자. 다음으로 각 범주의 더미변수를 생성한 후, 해당 범주는 1, 나머지 범주는 모두 0으로 재코딩한다.

<표 8−1>을 통해 구체적으로 살펴보자. 만약 팀원의 팀장이 설득형이라면, 설득형 더미변수 X_1의 값을 1로 코딩한다. 팀원의 팀장이 설득형이 아니라면, 설득형 더미변수 X_1의 값을 0으로 코딩한다. 마찬가지 방식으로 팀원의 팀장이 참여형이라면, 참여형 더미변수 X_2의 값을 1로, 참여형이 아니라면 X_2의 값을 0으로 코딩한다. 동일한 작업을 지시형 더미변수 X_3에도 적용한다. 이때 기준집단인 위임형 leadership 스타일에 대한 더미변수는 생성하지 않는다. 절편이 기준집단에 대한 정보를 갖기 때문이다.

표 8-1 | 네 범주 질적변수에 대한 더미코딩

leadership 스타일	최초 코딩값	X_1 (설득형더미)	X_2 (참여형더미)	X_3 (지시형더미)
설득형	1	1	0	0
참여형	2	0	1	0
지시형	3	0	0	1
위임형(기준집단)	4	0	0	0

위와 같이 위임형을 기준집단으로 하여 더미코딩을 하면, 최초의 자료는 <표 8-2>의 형태로 변환된다.

표 8-2 | 더미변수 생성의 예

No.	최초 자료	더미코딩 자료			종속변수
	leadership 스타일	X_1 (설득형더미)	X_2 (참여형더미)	X_3 (지시형더미)	성과 (수주액: 만원)
1	3	0	0	1	5700
2	3	0	0	1	7600
3	4	0	0	0	8900
…	…	…	…	…	…
98	1	1	0	0	6800
99	2	0	1	0	7600
100	4	0	0	0	8000

주: 최초코딩 값: 설득형(1), 참여형(2), 지시형(3), 위임형(4)

성과를 종속변수로 하는 회귀모형에 생성한 더미변수를 독립변수로 투입하여 회귀분석한 결과, 절편은 4,973.913, X_1(설득형더미)의 회귀계수는 2,138.087, X_2 (참여형더미)의 회귀계수는 1,210.462, X_3(지시형더미)의 회귀계수는 1,466.087로 모두 유의했다. 이를 바탕으로 회귀식을 작성해본다면, 다음과 같다.

수식 8-4 | 더미변수를 생성-투입하여 얻은 회귀식

$$성과(수주액 : 만원) = 4,974 + 2,138 \times X_1 + 1,210 \times X_2 + 1,466 \times X_3$$

주: 표기 편의상, 소수점 이하는 반올림하였음.

해석의 방식은 0과 1 두 개의 범주를 가지는 이분변수를 독립변수로 투입하여 회귀분석한 경우와 같다. 절편은 기준집단의 평균이며, 각 더미변수의 회귀계수는 기준집단과 비교집단의 평균 차이다. 따라서 각 집단의 평균은 절편(기준집단의 평균)과 각 집단 더미변수 회귀계수(기준집단과 비교집단의 평균 차이)의 합이다.

구체적으로 살펴보자. 회귀식에서 X_1의 자리에만 1을 대입하고, 나머지 X_2, X_3에는 0을 대입하면, 팀장이 설득형인 팀원 집단의 예측된 성과를 계산할 수 있다. 이때 예측된 성과는 X_1이 1인 집단(팀장이 설득형인 팀원의 집단)의 평균과 같다.[2] 팀장이 참여형($X_2=1$), 지시형($X_3=1$)인 팀원 집단의 평균도 마찬가지의 방법으로 확인할 수 있다. 팀장이 위임형인 팀원 집단의 평균은 어떻게 확인할 수 있을까? 팀장이 위임형인 경우는 X_1, X_2, X_3의 값이 모두 0의 값을 갖도록 코딩했다. 따라서 X_1, X_2, X_3에 모두 0을 대입하여 평균을 확인할 수 있다. 이때 X_1, X_2, X_3에 모두 0을 대입하면 회귀식에서 절편만 남으므로, 결국 절편이 기준집단의 평균임을 알 수 있다.

앞서 더미변수의 회귀계수가 유의하다면, 기준집단과 비교집단의 차이가 유의함을 의미한다고 하였다. 여기서도 마찬가지다. 주의해야 할 것은 특정 회귀계수가 유의할 경우, 이는 기준집단과의 특정 비교집단의 차이가 유의함만을 의미한다는 것이다. 예를 들어, X_1의 계수가 2,138이고 유의했다면, 이는 오직 '팀장이 설득형인 팀원 집단(비교집단)'과 '팀장이 위임형인 팀원 집단(기준집단)'의 차이만이 유의함을 의미한다.

팀장이 참여형인 팀원 집단과 지시형인 팀원 집단의 차이가 유의한지 확인하기 위해서는 기준집단을 참여형이나 지시형으로 설정하여 새롭게 더미변수를 생성하고 분석해야 한다. 이 경우 각 더미변수의 회귀계수도 바뀌며, 회귀계수의 유의확률 역시 바뀔 수 있다. 기준집단을 변경하여 새롭게 회귀분석을 한 후, 특정 더미

---

2 앞에서 직급으로 전문성을 예측한 예를 다시 살펴보자. 회귀식을 통해 예측한 사원과 대리의 전문성은, 실제 사원과 대리의 전문성 평균과 각각 같았다.

변수의 회귀계수가 유의하지 않다면, 이는 기준집단과 특정 집단의 차이가 유의하지 않다(차이가 없다)는 의미가 된다. 기준집단은 평균이 가장 높은 집단이나 가장 낮은 집단으로 설정하는 것이 일반적이며, 해석 시 가장 의미 있는 정보를 많이 줄 수 있는 집단으로 설정하는 것이 바람직하다.

2. 효과코딩(effect coding)

효과코딩은 각 집단의 평균이 특정 평균에서 얼마나 떨어져 있는지를 살펴볼 수 있도록 코딩하는 방법이다. 앞에서의 더미코딩은 어떠했는가? 기준집단은 모든 더미변수에서 0으로 코딩되었다. 따라서 도출된 회귀식의 절편은 기준집단의 평균이라는 정보를 갖게 되며, 각 더미변수의 회귀계수는 각 집단과 기준집단의 평균 차이를 의미했다. 즉, 더미코딩은 기준집단 평균과 비교하여 각 집단의 평균이 얼마나 떨어져 있는지를 살펴보는 방식이었다. 반면, 효과코딩은 코딩방법을 달리하여, 절편이 각 집단 평균의 평균이나, 전체 평균이라는 정보를 갖게 한다. 구체적으로 효과코딩 중 주로 사용되는 비가중코딩의 방법과 원리를 살펴보도록 하자.

◎ 표 8-3 | 네 범주 질적변수에 대한 비가중 코딩

leadership 스타일	최초 코딩값	X_1 (설득형더미)	X_2 (참여형더미)	X_3 (지시형더미)
설득형	1	1	0	0
참여형	2	0	1	0
지시형	3	0	0	1
위임형(기준집단)	4	-1	-1	-1

<표 8-3>은 팀장의 leadership 스타일이라는 독립변수가 설득형, 참여형, 지시형, 위임형이라는 네 개의 범주를 가지고 있을 때, 위임형을 기준집단으로 하

여 비가중 코딩을 하는 방법이다.

만약 팀원의 팀장이 설득형이라면, 설득형 더미변수 X_1의 값을 1로 코딩한다. 팀원의 팀장이 설득형이 아니며 기준집단에 해당한다면 X_1의 값을 -1로, 그 외의 경우라면 X_1의 값을 0으로 코딩한다. 마찬가지 방식으로 팀원의 팀장이 참여형이라면, 참여형 더미변수 X_2의 값을 1로, 기준집단에 해당한다면 X_2의 값을 -1로, 그 외의 경우라면 X_2의 값을 0으로 코딩한다. 동일한 작업을 지시형 더미변수 X_3에도 적용한다. 이전의 더미코딩 방법과 차이는, 기준집단을 0이 아닌 -1로 코딩한다는 점이다.

이때 회귀식은 <수식 8-5>, 각 집단의 평균은 <수식 8-6>과 같이 나타낼 수 있다.

수식 8-5 | 비가중 코딩을 하여 얻은 회귀식

$$성과(수주액:만원)= a + b_1 \times X_1 + b_2 \times X_2 + b_3 \times X_3$$

수식 8-6 | 각 집단의 평균

$$E(\widehat{Y_1}) = \overline{Y_1} = a + b_1 \times (1) + b_2 \times (0) + b_3 \times (0)$$
$$E(\widehat{Y_2}) = \overline{Y_2} = a + b_1 \times (0) + b_2 \times (1) + b_3 \times (0)$$
$$E(\widehat{Y_3}) = \overline{Y_3} = a + b_1 \times (0) + b_2 \times (0) + b_3 \times (1)$$
$$E(\widehat{Y_4}) = \overline{Y_4} = a + b_1 \times (-1) + b_2 \times (-1) + b_3 \times (-1)$$

$E(\widehat{Y_1})$은 팀장이 설득형인 팀원 집단의 성과 기댓값을 의미하며, 이는 해당 집단의 평균($\overline{Y_1}$)과 같다. 팀장이 설득형인 팀원 집단의 경우, X_1을 1이라는 값으로 코딩을 하였기 때문에, X_1의 자리에는 1을 대입하고, 나머지 더미변수에는 0을 대입하여 평균을 구한다. $E(\widehat{Y_2})$는 팀장이 참여형인 팀원 집단의 성과 기댓값을 의

미하며, 이는 해당 집단의 평균($\overline{Y_2}$)과 같다. 팀장이 참여형인 팀원 집단은 X_2를 1 이라는 값으로 코딩을 하였기 때문에, X_2의 자리에는 1을 대입하고, 나머지 더미 변수에는 0을 대입하여 평균을 구할 수 있다. 팀장이 지시형인 팀원 집단 역시 마 찬가지 방식으로 평균($\overline{Y_3}$)을 구할 수 있다. 팀장이 위임형인 팀원 집단의 경우, 모 든 더미변수에 -1로 코딩을 하였다. 따라서 X_1, X_2, X_3의 자리에 모두 -1을 대 입하여 평균을 구할 수 있다.

이제 각 집단 평균을 모두 더해보자. <수식 8−6>의 좌변을 모두 더하고, 우 변을 모두 더하면 <수식 8−7>과 같이 식을 간단히 할 수 있다.

🧠 수식 8-7 | 각 집단 평균의 합

$$\overline{Y_1} + \overline{Y_2} + \overline{Y_3} + \overline{Y_4} = 4a$$

<수식 8−7>의 좌변과 우변을 각각 4로 나누면 좌변은 각 집단 평균의 평균 $((\overline{Y_1} + \overline{Y_2} + \overline{Y_3} + \overline{Y_4})/4)$이 되며, 우변은 a가 된다. 즉, 각 집단 평균의 평균은 절편 a와 같다. 다시 <수식 8−6>의 각 집단 평균식을 간단히 표현한 <수식 8−8> 을 보자.

🧠 수식 8-8 | 각 집단의 평균

$$\overline{Y_1} = a + b_1 \times (1)$$
$$\overline{Y_2} = a + b_2 \times (1)$$
$$\overline{Y_3} = a + b_3 \times (1)$$
$$\overline{Y_4} = a + b_1 \times (-1) + b_2 \times (-1) + b_3 \times (-1)$$

각 집단의 평균은 평균의 평균인 절편(a)에 각 집단 더미변수의 회귀계수를 더 하거나(b_1, b_2, b_3 각각), 모두 빼는(b_1, b_2, b_3 모두) 형태이다. 첫 번째 식만 살펴보자. 절편 a를 좌변으로 넘기면, $\overline{Y_1} - a = b_1$이 된다. <수식 8−7>에서 살펴보았듯,

절편 a는 각 집단 평균의 평균이다. 따라서 $\overline{Y_1} - a = b_1$의 좌변은 1로 코딩된 집단의 평균($\overline{Y_1}$)과 '각 집단 평균의 평균(a)'의 차이를 의미하며, 이는 회귀계수 b_1과 같다. 이상을 통해 알 수 있는 것은 비가중 코딩을 한 더미변수의 회귀계수는 '각 집단 평균의 평균'과 기준집단을 제외한 '각 집단 평균'의 차이라는 것이다. 즉, 여기서 회귀계수는 각 집단 평균의 평균에서 각 집단의 평균이 얼마나 떨어져 있는지에 대한 정보를 담고 있다.

다음으로 가중 코딩에 대해 간단히 알아보자. 비가중 코딩의 경우, 각 집단의 표본수에 대한 고려는 하지 않는다. 예를 들어, 팀장의 leadership 스타일이 설득형인 경우가 25명, 참여형 32명, 지시형 20명, 위임형 23명이라고 해보자. 이때, 각 집단의 표본 크기가 다르기 때문에, 전체의 평균(($Y_1 + Y_2 + \cdots + Y_{100}$)/100)과 각 집단 평균의 평균(($\overline{Y_1} + \overline{Y_2} + \overline{Y_3} + \overline{Y_4}$)/4)이 달라지게 된다. 전체 평균과의 차이를 살펴보기 위하여 각 집단의 표본 크기를 고려하는 코딩을 가중 코딩이라 한다. 일반적으로 범주형 변수의 코딩을 활용한 분석의 목적은 집단 대 집단의 비교이므로, 본 Chapter에서는 비가중 코딩을 중심으로 효과코딩을 살펴보았다.

마지막으로 지금까지의 내용을 그림으로 정리해보자.

그림 8-2 | 더미코딩과 비가중 코딩

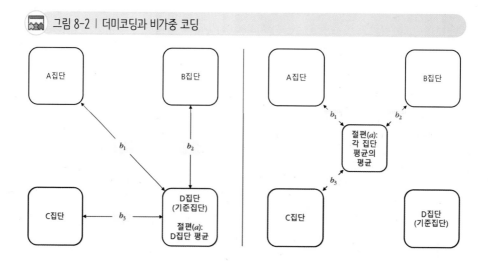

<그림 8-2>의 좌측은 더미코딩, 우측은 비가중 코딩을 시각적으로 표현한 것이다. 더미코딩의 경우 절편이 기준집단의 평균이다. 각 회귀계수는 각 집단과 기준집단의 평균 차이를 의미한다. 한편 비가중 코딩의 경우 절편은 각 집단 평균의 평균이다. 각 회귀계수는 각 집단 평균의 평균과 기준집단을 제외한 각 집단의 평균 차이를 의미한다. 마지막으로 더미코딩과 효과코딩은 어느 것이 옳고 그른 것이 아님을 명확히 밝힌다. 어떤 코딩방법을 선택해도 동일한 자료를 사용한 회귀모형의 R^2은 변하지 않는다. 두 코딩법은 범주형 변수를 분석에 투입하고자 할 때, 분석자가 원하는 비교에 따라 선택될 뿐이다.

04 ▶ | **Application(with jamovi)**

본 실습은 Chapter의 서두에 설명하였던, 신대리의 case를 해결하기 위한 실습이다. 종속변수는 성과(수주액: 만원)이며, 독립변수는 편의상 팀장의 leadership 스타일만을 투입하는 것으로 하였다.

본 Chapter의 실습 파일명은 'Chapter8_Data(3).csv'이며, 모든 자료는 실제 존재하는 것이 아닌 임의로 생성된 가상의 자료다. 따라서 실습분석의 결과는 실습 이해용으로만 활용해야 하며, 각 변수의 관계에 실제 의미를 부여해서는 안됨을 명확히 하고자 한다.

Step⓪ jamovi 실행 > 좌측상단 ' ≡ ' 클릭 > 'Open' 클릭 > 'Browse' 클릭 > 'Chapter8_Data(3).csv' 선택 > '열기' 클릭

- 실습 파일 'Chapter8_Data(3).csv'를 jamovi에서 불러온다. 각 열에 다음의 변수가 위치하고 있는지 확인한다.

① ID: ID

② leadership 스타일: 팀장 leadership 스타일(1=설득형, 2=참여형, 3=지시형, 4=위임형)

③ 성과: 수주액(만원)

▪ 본 도서에서 제공하는 실습 파일 내 대부분 변수명은 한글로 설정해두었다. jamovi는 한글 변수명도 인식하지만, 종종 한글 변수명으로 인한 분석 오류가 발생하기도 한다. 혹시 이후 분석 단계에서 오류가 발생한다면, 변수명을 모두 영어로 변경하여 실습하기 바란다.

Step① Data > Setup > 변수 클릭 > Continuous/Ordinal/Nominal/ID 설정

▪ 첫 번째 단계는 각 변수의 속성을 정의하는 단계이다. <그림 8-3>과 같이 각 변수의 속성을 지정해주면 된다. jamovi의 경우 SPSS와 같은 프로그램과 달리 '완료' 버튼이 없으니, 클릭하여 설정만 해주면 된다.

▪ ID는 ID로, leadrship 스타일은 질적변수이므로 Nominal로, 성과는 연속변수이므로 Continuous로 설정해준다. 여기서 중요한 것은 leadership 스타일을 꼭 Nominal로 지정해주어야 한다는 점이다. 더미변수로 변경할 독립변수를 Nominal로 지정해주지 않으면, 이후의 분석 단계에서 더미변수를 생성할 수 없기 때문이다.

그림 8-3 | Step1

Step 2 Analyses > Regression > Linear Regression

- 두 번째 단계는 각 변수의 역할을 설정하는 단계이다. 이 단계에서 종속변수
  와 독립변수, 질적 독립변수의 더미변수 생성 및 기준집단을 설정할 수 있다.

- 종속변수인 성과를 Dependent Variable의 자리에 옮기고, Factors의 자리에
  더미변수로 변환할 독립변수를 옮긴다. 본 실습에서는 팀장의 leadership 스
  타일이라는 4개의 범주를 가지고 있는 질적 독립변수를 사용하고자 하므로,
  Factors의 자리에 leadership 스타일을 옮겨주면 된다.

- 다음으로 더미변수 생성 시, 기준집단을 지정해야 한다. 변수설정 박스 하단
  의 Reference Levels를 클릭한다. Variables 리스트에 leadership 스타일이
  생성되었음을 확인할 수 있고, 기준집단을 우측의 Reference Level 드롭박스
  를 통해 설정할 수 있다. 드롭박스에서 1을 선택하면 1로 코딩된 설득형이 기
  준집단이 되며, 2를 선택하면 참여형, 3을 선택하면 지시형, 4를 선택하면 위

임형이 기준집단으로 설정된다. 4를 선택하여 앞의 결과와 비교해보자.

📊 그림 8-4 | Step2

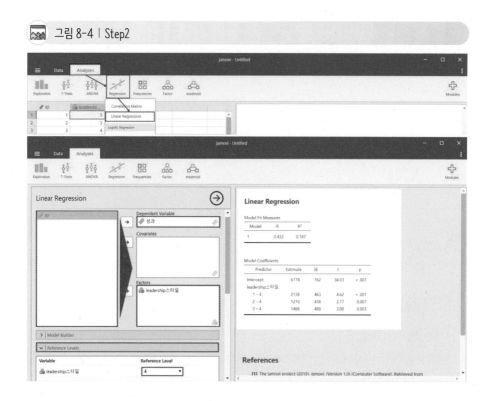

Step③ Interpretation

- jamovi의 경우 각 변수 및 옵션을 설정하면, 실시간으로 우측의 화면에 분석 결과가 Update 된다.

- <그림 8-4>의 Model Coefficients에서 절편과 각 더미변수의 회귀계수를 확인할 수 있다. intercept의 값을 제외하고, 각 더미변수의 회귀계수는 <수식 8-4>의 값과 동일하다. 실습 파일을 열어 4(기준집단)를 필터링 한 후, 평균을 계산해보면 4,973이 나온다. 기준집단의 평균(4,973)이 절편의 값으로

추정되어야 하나, jamovi에서는 각 집단 평균의 평균인 6,178이 절편으로 표기된다. 기준집단의 평균을 확인하기 위해서는 위와 같이 Excel 파일을 이용하여 직접 계산하거나, jamovi에서 <그림 8-5>와 같이 옵션을 선택해야 한다(jamovi 버전에 따라 기준집단의 평균이 절편의 값으로 바로 출력될 수 있다. 이 경우, 추가적인 계산과정은 필요하지 않으며, <수식 8-4>와 값을 비교하면 된다).

* Estimated Marginal Means > Marginal Means에 변수 추가 > Marginal means tables 클릭

🏞 **그림 8-5 | Step3(기준집단 평균 확인을 위한 추가 단계)**

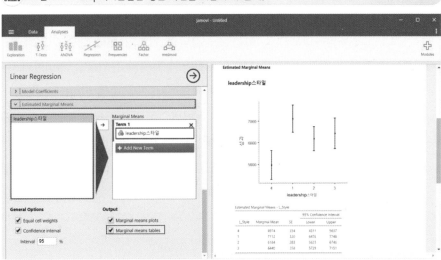

- 정리해보면, <그림 8-4>에서 추정된 절편은 기준집단의 평균이 아닌, 각 집단 평균의 평균이다. 회귀식 작성을 위해서는 기준집단의 평균을 계산하여 절편으로 하고, <그림 8-4>에서 추정된 더미변수의 회귀계수를 이용하여 작성해야 한다.
- 이러한 번거로움을 겪고 싶지 않다면, 'Chapter8_Data(5).csv' 실습 파일의

우측에 미리 더미코딩하여 생성해둔 더미변수를 활용하면 된다. Factors의 자리에 leadership 스타일을 옮기는 대신, X_1(설득형 더미), X_2(참여형 더미), X_3(지시형 더미)를 Covariates에 옮겨 독립변수로 설정한 뒤 분석하면, <수식 8-4>의 결과와 동일한 결과가 바로 산출된다.

▪ 그 외 더미변수 회귀계수의 해석은 기존과 동일하다. 각 Estimate의 p가 0.05 보다 작은 경우 추정치가 유의함을 의미함을 나타낸다.

▪ <그림 8-4>의 Model Coefficients에서 각 더미변수의 회귀계수를 보자. leadership 스타일 아래의 '1-4'는 <수식 8-4>에서 X_1로 표기했었던 설득형 더미변수를 의미한다. 마찬가지로 '2-4', '3-4'는 각각 X_2(참여형 더미변수), X_3(지시형 더미변수)를 의미한다. '1-4(X_1, 설득형 더미변수)'의 회귀계수는 2,138로 유의하였으므로, 이는 기준집단인 위임형 집단 대비 비교집단인 설득형 집단의 평균이 2,138 높고, 두 집단의 차이가 유의함을 의미한다. 다른 더미변수의 회귀계수 해석도 마찬가지의 방식으로 하면 된다.

▪ 본 실습에서는 leadership 스타일만을 독립변수로 투입하여 회귀분석을 실시하였지만, 실제 분석 상황에서는 성과에 영향이 있다고 판단되는 합리적인 독립변수들을 함께 투입하여 회귀분석을 실시할 것이다. 여러 독립변수가 투입된 경우, 각 더미변수 회귀계수의 해석은 다중회귀분석의 해석방식과 같다.

05 ▶ | Same application in different situations

본 Chapter에서 다룬 신대리의 case는 네 개의 범주로 이루어진 팀장의 leadership 스타일(설득형, 참여형, 지시형, 위임형)을 독립변수로 투입하고자 하였기 때문에, 범주-1개의 더미변수를 생성하여 활용하였다. 이처럼 독립변수가 두 개 이상의 범주를 갖는 질적변수인 경우, 더미변수를 활용하여 기준집단과 비교집단의 평균 차이를 확인할 수 있다. 이를 기업의 경영 현장 전반으로 확대해 본다면, 다음과 같은 상황에서 대표적으로 적용해 볼 수 있을 것이다.

- 채용 시, 지원자격을 특정 전공 몇 가지로 제한하는 직군(예: '해외 기술영업 직군' 채용 시, 지원 가능한 전공을 '해당 기술 전공', '경영학', '어문학' 등으로 제한한 경우)에 대하여, 개개인의 전공에 따른 입사 후 성과를 분석하고자 하는 경우

Reference

본 Chapter는 홍세희 교수의 W/S 교재 중 「구조방정식 모형의 기초이론과 적용」의 내용을 중심으로 재구성되었습니다.

Chapter 9

직급별로 업무만족도에 대한 복지제도
만족도의 효과가 다른지 확인할 수 있나요?

- 집단 간 계수 비교 -

01 ▷ | **Situation**

조직문화팀에서 조직문화 활성화와 관련된 여러 제도의 기획 및 개선을 담당하고 있는 장대리는 팀장에게 하나의 미션을 받는다.

팀　장: "주 52시간 근무, 유연근무제, 육아휴직의 확대 등 최근에 Work & Life balance가 사회 전반적으로 화두가 되면서, 여러 회사가 전에 없던 새로운 제도들을 시범적으로 도입하고 있다는 것을 장대리도 잘 알고 있을 거야. 우리 회사도 이에 발맞춰 기존의 복지제도를 대대적으로 개선하고자 하네. 마침 우리가 임직원의 업무만족도, 복지제도 만족도 등을 조사하는 survey를 매년 실시하고 있지 않은가? 이 자료를 활용해서 복지제도에 대한 만족도를 높이면, 업무만족도 역시 높아질 것이라는 분석결과를 도출해 줬으면 하네. 이 결과를 바탕으로 상무님께 보고를 드리고, 새로운 제도의 도입 및 기존 제도의 개선이 필요함을 건의 드릴 예정이야. 장대리가 자료 분석과 보고서 작성을 한 후에 내게 전달해주기 바라네."

장대리는 업무만족도를 종속변수, 복지제도 만족도를 독립변수로 설정하여 단순회귀분석을 실시하였다. 분석결과, 회귀계수는 0.718로 유의했으며, 이는 임직원의 복지제도 만족도를 1점 높이면, 업무만족도가 0.718점 높아짐을 의미한다. 분석결과를 보고 있던 장대리에게 김과장이 지나가듯이 한마디 한다.

김과장: "장대리, 그런데 말이야. 임직원을 좀 구분해서 회귀분석해야 하는 것 아냐? 요즘 젊은 사원들은 회사 복지제도에 대한 만족도를 중요하게 여

기지만, 과장 이상 임직원들은 이미 오랫동안 지금의 복지제도에 익숙해져 있으니까, 별로 중요하게 생각하지 않을지도 모르잖아."

김과장의 말도 일리가 있는 것 같다. 이에 장대리는 김과장의 조언을 바탕으로 직급에 따라 업무만족도에 대한 복지제도 만족도의 회귀계수가 다른지 확인했다. 먼저, 자료를 ① 사원/대리와 ② 과장 이상으로 나눈 후, 각각 회귀분석을 해보았다. 분석결과, 사원/대리 자료에서는 복지제도 만족도의 회귀계수가 0.934로 유의했고, 과장 이상 자료에서는 0.377로 유의했다. 김과장의 말대로 사원/대리의 자료에서 도출된 회귀계수가 과장 이상 자료의 회귀계수보다 더 컸다. 이 결과를 바탕으로 보고서를 작성하려는 장대리. 근데 또 한 가지 의문이 든다. 두 집단의 회귀계수는 통계적으로 유의미하게 다른 것일까? 이전에 참가했던 통계 교육과정 첫 시간에 들었던 대로라면, 통계치의 '같다', '같지 않다'에 대한 주장은 항상 검정이 필요하다고 했었던 것 같다. 장대리는 지금 그대로 보고서를 작성해도 되는 것일까?

02 | Solution

Situation의 내용을 정리해보자. 팀장은 업무만족도에 대한 복지제도 만족도(이하 복지만족도)의 정적효과를 통계적으로 확인하고자 한다. 이 정적효과를 밝혀낸다면, 복지만족도 향상을 위한 새로운 제도 신설과 기존 제도의 개선 필요성을 주장할 수 있기 때문이다. 장대리는 팀장의 의도대로 두 변수를 활용하여 회귀분석을 했다. 김과장은 분석결과를 보고 있는 장대리에게 집단을 나누어서 분석해야 하지 않겠냐고 조언했다. 김과장의 조언을 들은 장대리는 실제로 집단을 나누어서 회귀분석을 했고, 두 개의 회귀계수를 얻었다. 하지만 장대리는 서로 다른 각 집단의 회귀계수가 통계적으로 유의하게 다른 것인지 알 수 없는 상황이다.

 김과장의 말대로 서로 다른 특성을 가진 두 집단이 표본 내에 섞여 있다면, 도출된 회귀계수가 유의미하지 않거나, 기대와 다르게 추정될 수도 있다. 이 경우 자료를 집단별로 나누어 각각 회귀분석해야 한다. 장대리의 case에서라면, 자료를 사원/대리, 과장 이상 두 개의 자료로 나누어 각각 회귀분석하는 것이다. 두 자료(집단)에 대한 회귀분석을 시행하였으므로, 두 개의 회귀계수가 도출될 것이다. 이후에는 도출된 두 회귀계수가 통계적으로 같은지, 같지 않은지 확인해야 한다. 이는 수식에 각 회귀분석 결과에서 도출된 추정치들을 대입하여 검증할 수 있다.

 이처럼 각 집단의 회귀계수가 같은지, 다른지 확인할 수 있다면, 특정 집단을 대상으로 자원을 집중할 수 있다. 예를 들어, 복지만족도에 의한 업무만족도 증가 정도가 사원/대리 집단에서 과장 이상 집단보다 훨씬 크다면, 사원/대리만을 대상으로 하는 복지제도 신설의 필요성을 주장할 수도 있을 것이다.[1] 언제나 우리의 자원은 무한하지 않으므로, 자원투입이 시급한 대상을 논리적으로 한정할 수 있다는 것은 자원의 효과적인 사용 가능성을 높인다는 점에서 의미 있다.

 본 Chapter에서는 집단을 나누어 분석해야 하는 경우와 그 이유, 집단 간 계수 비교의 공식을 살펴보도록 한다.

| Statistics

1. 집단 구분을 하지 않는 경우 발생하는 오류

 먼저 집단을 나누어 분석해야 하는 경우와 그 이유를 생각해보자. 기본적으로 집단을 나누지 않은 상태에서 표본 전체를 회귀분석하는 것은 표본 내 하위집단

---

 1 물론 이해를 위한 가정이다. 사원/대리만을 위한 복지제도를 신설하면, 과장 이상 집단의 복지만족도가 더욱 떨어질 수도 있는 일이다. 결과의 활용, 제도의 개선과 같이 분석결과 해석 이후의 부분은 본 도서에서 다루는 영역은 아니다.

(subgroup)의 특성이 크게 다르지 않음을 가정하는 것이다. 예를 들어, 장대리의 case에서 집단을 나누지 않고 회귀분석한다는 것은 사원/대리나 과장 이상 집단의 특성이 크게 차이가 없음을 가정한다는 것이다. 그런데 실제 표본 내 사원/대리, 과장 집단과 같이 서로 그 특징이 유사하지 않은 이질적인 하위집단이 존재한다면, 독립변수의 효과가 반대로 추정되거나 모호해지는 경우가 발생한다.

다음의 그림을 통해 이해해보자.

그림 9-1 | 집단을 나누지 않고 분석하는 경우의 오류

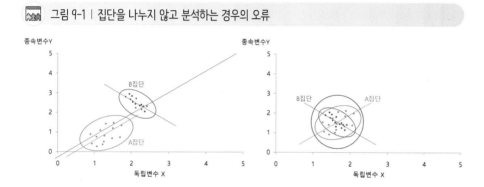

<그림 9-1>은 X축을 독립변수, Y축을 종속변수로 하여 A집단과 B집단의 산점도와 회귀선을 그린 것이다. 먼저 왼쪽의 그림을 보자. 녹색의 A집단만 보면, 독립변수 증가에 따라 종속변수 역시 증가하는 경향을 보인다. 즉, A집단의 경우 독립변수가 종속변수에 대해 정적효과를 갖고 있다. 다음으로 파란색의 B집단을 보면, 독립변수 증가에 따라 종속변수가 감소하는 경향을 보인다. 즉, B집단의 경우 독립변수가 종속변수에 대해 부적효과를 갖고 있다. 마지막으로 붉은색의 선을 보자. 이는 두 집단을 구분하지 않고 표본 전체를 회귀분석하여 얻은 회귀선이다. 표본 전체의 입장에서 보면, 독립변수 증가에 따라 종속변수가 증가하는 경향이 있다. 즉, 표본 전체의 경우 독립변수가 종속변수에 대해 정적효과를 갖고 있다. 이상을 살펴보면, B집단은 분명 종속변수에 대한 독립변수의 효과가 부적임에도

불구하고, 표본 전체를 회귀분석하면 효과가 정적으로 도출됨을 알 수 있다.

오른쪽의 그림을 보자. 녹색의 A집단은 독립변수가 종속변수에 대해 정적효과를 갖고 있고, 파란색의 B집단은 부적효과를 갖고 있다. 그런데 표본 전체를 회귀분석하면 특별한 경향성을 밝혀낼 수 없다. 즉, 종속변수에 대한 독립변수의 효과가 없다는 결과가 도출된다. 따라서 표본 내 하위집단의 특성이 다를 것이 기대되면, 집단을 구분하여 각각 회귀분석해야 변수와 변수의 관계를 보다 정확히 추정할 수 있다.

2. 집단 간 계수 비교

표본 내 집단의 특성이 유사하지 않을 것이 기대되면, 각 집단을 대상으로 각각 동일한 모형의 회귀분석을 실시해야 한다. 나아가 회귀분석 결과를 바탕으로 두 집단의 회귀계수가 통계적으로 차이가 있는지 확인해야 한다. 지금부터는 이를 위한 집단 간 계수 비교의 절차와 공식을 살펴보자.

장대리의 case에서 사원/대리 집단과 과장 이상 집단의 업무만족도에 대한 복지만족도의 효과가 서로 다를 것으로 기대된다면, 동일한 회귀모형에 대한 분석을 각 집단에 시행해야 한다. 즉, 업무만족도에 대한 복지만족도의 영향을 보는 회귀모형을 사원/대리 집단과 과장 이상 집단에 각각 적용하여 두 번의 회귀분석을 시행해야 한다. 이후에는 각 분석에서 도출된 회귀계수와 표준오차를 <수식 9-1>에 대입하여, Z값을 구한다. Z분포를 따르는 이 값의 절댓값이 기각역에 위치한다면 두 집단의 회귀계수는 같지 않다고 판단하며, 그렇지 않다면 두 집단의 회귀계수는 같다고 판단한다.

🧠 수식 9-1 | 두 집단의 계수 차이 비교 검증

$$Z = \frac{b_1 - b_2}{\sqrt{(SE(b_1)^2) + (SE(b_2)^2)}}$$

장대리의 case로 <수식 9−1>을 설명하면, b_1은 사원/대리 집단의 독립변수 회귀계수, b_2는 과장 이상 집단의 독립변수 회귀계수를 의미한다. $SE(b_1)$은 b_1의 표준오차, $SE(b_2)$는 b_2의 표준오차를 의미한다. 각 집단을 회귀분석한 후, 결과에 추정된 값들을 위의 식에 대입하면, Z값을 계산할 수 있다. 이 값은 Z분포를 따르는데, 유의수준이 0.05라면 1.96보다 크거나, −1.96보다 작을 때, 기각역에 위치하게 된다. 검정통계량이 기각역에 위치한다면, 첫 번째 Chapter에서 학습한 것과 같이 영가설을 기각하고, 대립가설을 채택한다. 즉, '두 집단의 회귀계수는 같다$(H_0 : b_1 = b_2)$'는 영가설을 기각하고, '두 집단의 회귀계수는 같지 않다$(H_1 : b_1 \neq b_2)$'는 대립가설을 채택하는 것이다.

실제 분석결과를 바탕으로 지금까지의 내용을 적용해보자. 아래 결과는 장대리의 자료에서 복지만족도를 독립변수로 업무만족도를 종속변수로 설정한 후, 사원/대리와 과장 이상 집단을 각각 회귀분석한 결과다.

◎ 표 9-1 | 사원/대리 회귀분석 결과

독립변수	Estimate	S.E.	t	p-value
절편	0.576	0.461	1.249	0.231
복지만족도	0.934	0.127	7.338	<.001

표 9-2 | 과장 이상 회귀분석 결과

독립변수	Estimate	S.E.	t	p-value
절편	2.377	0.642	3.704	0.003
복지만족도	0.377	0.165	2.281	0.043

상단은 사원/대리, 하단은 과장 이상 집단의 결과이다. 사원/대리 집단의 복지만족도 회귀계수는 0.934로 유의했고, 과장 이상 집단의 복지만족도 회귀계수는 0.377로 유의했다. 두 집단 모두 복지만족도가 업무만족도에 정적효과를 갖고 있음을 알 수 있다. 하지만 회귀계수의 값에는 차이가 있다. 따라서 두 집단의 복지만족도 회귀계수가 통계적으로 유의한 차이가 있는지 검증해보아야 한다. 검증을 위해 <수식 9-1>에 위의 결과에서 얻은 값들을 대입해야 한다. b_1과 b_2에는 각 집단의 회귀계수, $SE(b_1)$과 $SE(b_2)$에는 각 집단 회귀계수의 표준오차인 S.E.를 대입하면 된다. 각 값을 대입하면, 다음과 같이 식을 쓸 수 있다.

수식 9-2 | 사원/대리, 과장 이상 집단의 계수 차이 비교 검증

$$Z = \frac{0.934 - 0.377}{\sqrt{0.127^2 + 0.165^2}}$$

<수식 9-2>를 계산하면, 약 2.675다. 2.675는 1.96보다 크므로, 기각역에 위치한다. 이 경우는 두 집단의 회귀계수는 같다는 영가설을 기각하게 되므로, 두 집단의 회귀계수가 같지 않음을 알 수 있다. 즉, 집단 간 업무만족도에 대한 복지만족도의 효과는 차이가 존재한다. 만약 회귀계수의 차이 비교를 검증하고자 하는 집단이 세 집단 이상인 경우도 <수식 9-1>을 활용하여 두 집단씩 짝지어 그 차이를 비교할 수 있다.

04 | **Application(with jamovi)**

본 실습은 Chapter의 서두에 설명하였던, 장대리의 case를 해결하기 위한 실습이다. 종속변수는 업무만족도이며, 독립변수는 복지만족도다.

본 Chapter의 실습 파일명은 'Chapter9_Data.csv'이며, 모든 자료는 실제 존재하는 것이 아닌 임의로 생성된 가상의 자료다. 따라서 실습분석의 결과는 실습 이해용으로만 활용해야 하며, 각 변수의 관계에 실제 의미를 부여해서는 안됨을 명확히 하고자 한다.

Step⓪ jamovi 실행 > 좌측상단 ' ≡ ' 클릭 > 'Open' 클릭 > 'Browse' 클릭 > 'Chapter9_Data.csv' 선택 > '열기' 클릭

▪ 실습 파일 'Chapter9_Data.csv'를 jamovi에서 불러온다. 각 열에 다음의 변수가 위치하고 있는지 확인한다.

① ID: ID

② **업무만족도**: 업무만족도(1−5점)

③ **복지만족도**: 복지만족도(1−5점)

④ **집단**: 집단(0＝사원/대리, 1＝과장 이상)

▪ 본 도서에서 제공하는 실습 파일 내 대부분 변수명은 한글로 설정해두었다. jamovi는 한글 변수명도 인식하지만, 종종 한글 변수명으로 인한 분석 오류가 발생하기도 한다. 혹시 이후 분석 단계에서 오류가 발생한다면, 변수명을 모두 영어로 변경하여 실습하기 바란다.

Step① Data > Setup > 변수 클릭 > Continuous/Ordinal/Nominal/ID 설정

▪ 첫 번째 단계는 각 변수의 속성을 정의하는 단계이다. <그림 9−2>와 같이

각 변수의 속성을 지정해주면 된다. jamovi의 경우 SPSS와 같은 프로그램과
달리 '완료' 버튼이 없으니, 클릭하여 설정만 해주면 된다.

▪ ID는 ID로, 업무만족도, 복지만족도는 연속변수이므로 Continuous로, 집단
은 질적변수이므로 Nominal로 설정해준다.

📷 그림 9-2 | Step1

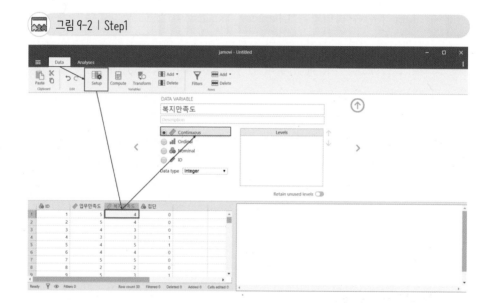

Step2 Data > Filters > f_x 클릭 > 집단==0 입력

▪ 집단 간 계수 비교를 위해서는 각 집단에 동일한 회귀모형을 적용하여 결과
를 얻어야 한다. 각 집단을 동일한 회귀모형으로 분석하기 위해 특정 조건으
로 자료를 구분하는 Filter를 적용해 볼 수 있다. <그림 9-3>과 같이 Data
> Filters를 클릭하면, 첫 열에 Filter 1이라는 열이 생성된다. 화면 중간 f_x의
우측칸에 '집단==0'을 입력해보자. 집단이 0으로 코딩된 자료들만 체크 표
시가 되며 선택된다. 이후의 분석은 필터링된 자료만을 활용하여 분석된다.

그림 9-3 | Step2

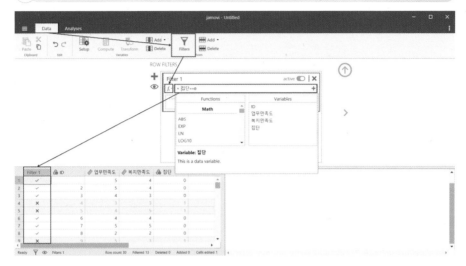

Step ③ Analyses > Regression > Linear Regression

▪ 두 번째 단계는 각 변수의 역할을 설정하는 단계이다. 이 단계에서 종속변수
와 독립변수를 설정할 수 있다.

▪ 종속변수인 업무만족도를 Dependent variable의 자리에 옮기고, Covariates
의 자리에 독립변수인 복지만족도를 옮긴다.

그림 9-4 | Step3

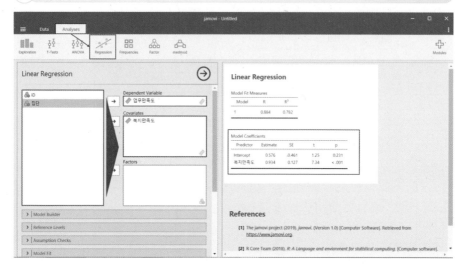

Step④ Interpretation

- jamovi의 경우 각 변수 및 옵션을 설정하면, 실시간으로 우측의 화면에 분석 결과가 Update 된다.

- <그림 9-4>의 Model Coefficients에서 절편과 각 독립변수의 회귀계수, 표준오차를 확인할 수 있다. 이는 <표 9-1>의 사원/대리 집단의 결과와 동일하다.

- 사원/대리 집단의 독립변수 효과를 확인한 후에는 과장 이상 집단의 분석을 위해 다시 Step2로 돌아가야 한다. 과장 이상 집단을 선택하여 회귀분석하기 위해 Filter 1열을 선택한 후, f_x의 우측칸에 '집단= =1'을 입력하자. 이후에는 다시 Step3의 과정을 반복하여 과장 이상 집단의 절편과 각 독립변수의 회귀계수, 표준오차를 확인할 수 있다.

- 이 값들을 <수식 9-1>에 대입하여 최종적으로 두 집단 간 계수를 비교한다.

Same application in different situations

본 Chapter에서는 장대리의 문제를 해결하기 위하여 각 집단에 동일한 회귀모형을 적용한 후, 결과값을 공식에 대입하여 회귀계수의 통계적 차이를 밝혔다. 이를 기업의 경영 현장 전반으로 확대해 본다면, 다음과 같은 상황에서도 적용해 볼 수 있을 것이다.

- 신규, 재구매 고객 집단에 따라 구매의사에 대한 가격의 효과가 다른지 검증하고 싶은 경우
- 신입, 경력 사원 집단에 따라 업무몰입도에 대한 조직적응도의 효과가 다른지 검증하고 싶은 경우

Reference

본 Chapter는 홍세희 교수의 W/S 교재 중 「구조방정식 모형의 다양한 확장」의 내용을 중심으로 재구성되었습니다.

Chapter 10

조직적응도의 수준에 따라 업무만족도에
대한 복지제도 만족도의 효과가 달라지는지
확인할 수 있나요?

- 조절효과(moderation effect) -

01 ▶ | **Situation**

직급별로 업무만족도에 대한 복지만족도의 효과가 다름을 확인한 장대리는 연속변수인 조직적응도의 수준에 따라 복지만족도의 효과가 또 달라지지 않을까 하는 의문을 가졌다. 직급별로 나누어 살펴보는 것도 의미가 있지만, 같은 직급 내에서도 조직적응도의 수준에 따라 복지만족도에 민감한 인원과 그렇지 않은 인원이 있을 수 있기 때문이다.

계수 비교를 위해서는 집단이 나뉘어 있어야 한다. 그런데 장대리가 새롭게 활용하고자 하는 변수인 조직적응도는 연속변수다. 분석을 시작하려는 장대리는 조직적응도라는 변수를 어떠한 기준으로 나누어 집단을 만들어야 할지 막막하다. 조직적응도를 바탕으로 어떻게 집단을 나누어야 할까? 그리고 이러한 접근은 적절한 것일까?

02 ▶ | **Solution**

이전 Chapter에서는 직급별로 업무만족도에 대한 복지만족도의 효과를 각각 확인하고, 두 효과의 차이를 통계적으로 확인하는 방법을 살펴보았다. 이러한 접근도 의미가 있지만, 경우에 따라서는 연속변수의 수준에 따라 독립변수의 효과를 살펴보는 접근도 필요하다. 장대리의 생각과 같이 직급을 나누어 독립변수의 효과를 살펴본 이유는 직급에 따라 조직에 대한 적응 정도가 달라 효과가 같지 않음을 가정했기 때문이다. 그런데 구분된 직급 내의 모든 인원이 같은 특성을 갖고 있지는 않을 수도 있다.

　　사원/대리 직급이라 하더라도, 조직적응도가 높아서 업무만족도와 복지만족도의 관계에 별로 민감하지 않은 개인이 있을 수 있다. 이 경우에는 조직적응도의 수준에 따라 업무만족도에 대한 복지만족도의 효과가 어떻게 달라지는지 살펴보는 것이 더 의미 있는 분석이 될 수도 있다. 하지만 조직적응도는 연속변수이기 때문에 자료를 집단으로 구분할 수 없다. 따라서 이전 Chapter와 같이 집단을 나누고 계수 차이를 비교하는 접근은 적용이 어렵다.

　　장대리의 case를 해결하기 위해서 조절변수의 수준에 따라 종속변수에 대한 독립변수의 효과가 달라지는지 확인할 수 있는 조절효과(moderation effect) 모형을 적용해 볼 수 있다. 조절변수는 종속변수에 대한 독립변수의 효과를 조절하는 제3의 변수를 의미한다. 장대리의 case에서라면 조직적응도가 조절변수가 된다. 조직적응도가 높은지 낮은지에 따라(조절변수의 수준에 의해) 업무만족도(종속변수)에 대한 복지만족도(독립변수)의 효과가 달라짐을 확인하고자 하기 때문이다.

　　본 Chapter에서는 조절변수의 수준에 따라 독립변수의 회귀계수가 변화하는 수학적 원리와 시각적 표현법 등을 중심으로 조절효과 모형을 살펴보도록 한다.

 | Statistics

1. 조절효과 모형의 수학적 원리: 상호작용항(interaction term)

　　조절효과 모형의 분석 첫 단계는 독립변수와 조절변수의 상호작용항(interaction term)을 생성하는 것이다. 상호작용항은 독립변수와 조절변수를 곱한 변수를 의미한다. 상호작용항을 생성한 후에는, 기존의 독립변수와 조절변수, 상호작용항 모두를 독립변수로 설정하여 다중회귀분석을 한다.

　　<수식 10-1>을 통해 상호작용항과 조절효과 모형의 수학적 원리를 이해해보자.

🧠 **수식 10-1 | 조절효과 모형의 회귀식(독립변수와 조절변수가 각각 한 개인 경우)**

$$\hat{Y} = b_0 + b_1 X + b_2 Z + b_3 XZ$$

<수식 10-1>은 독립변수와 조절변수가 각각 한 개인 경우의 조절효과 모형 회귀식이다. $\hat{Y}$은 예측된 종속변수의 값, X는 독립변수, Z는 조절변수, XZ는 독립변수와 조절변수의 상호작용항을 의미한다. b_0은 절편, b_1부터 b_3은 각 독립변수의 회귀계수를 의미한다.[1] 식을 해석해보자. 다른 변수들을 통제한 상태에서 독립변수 X가 1 증가할 때, 예측되는 종속변수 $\hat{Y}$의 증가량은 몇인가? 일반적인 다중회귀분석이라면, X의 회귀계수가 앞의 질문에 대한 답이 된다. 그런데 <수식 10-1>에는 X가 포함된 항이 두 개 존재한다. 바로 $b_1 X$와 $b_3 XZ$이다. 따라서, X가 1 증가할 때, 예측되는 종속변수 $\hat{Y}$의 증가량이 독립변수 X의 회귀계수인 b_1과 같다고 대답할 수 없다. 이 질문에 대답하기 위해 <수식 10-1>을 X를 중심으로 정리해보자. 정리한 식은 다음과 같다.

🧠 **수식 10-2 | X를 중심으로 정리한 조절효과 모형의 회귀식**

$$\hat{Y} = b_0 + (b_1 + b_3 Z)X + b_2 Z$$

$b_1 X$와 $b_3 XZ$에 공통적으로 X가 존재하기 때문에, X로 묶어 $(b_1 + b_3 Z)X$의 형태로 변환한 것이다. 이때, X의 회귀계수는 $(b_1 + b_3 Z)$가 된다. 기존의 다중회귀분석과 다른 점은 X의 회귀계수 $(b_1 + b_3 Z)$이 Z의 값에 따라 달라진다는 것이다.

Z는 무엇이었는가? 조절변수이며, 장대리의 case에서는 조직적응도였다. Z에 조직적응도 수준을 대입하여 X의 효과를 확인할 수 있다. 예를 들어, 조직적응도의 수준이 1일 때, X의 효과(회귀계수)는 $b_1 + b_3$가 된다. 조직적응도의 수준이 3일 때, X

---

1 앞서 조절효과 모형에서는 독립변수, 조절변수, 상호작용항 모두를 독립변수로 투입하여 다중회귀분석을 한다고 하였다. 각각을 독립변수로 보면, b_1부터 b_3은 회귀계수가 된다.

의 효과(회귀계수)는 $b_1 + 3b_3$가 된다. 이는 조직적응도의 수준이 $1(Z=1)$인 경우 복지만족도가 1점 높아질 때, 업무만족도가 $b_1 + b_3$만큼 변화함을 의미하며, $3(Z=3)$인 경우 복지만족도가 1점 높아질 때, 업무만족도가 $b_1 + 3b_3$만큼 변화함을 의미한다. 이상을 살펴보았을 때, 조절변수 Z가 1 증가할 때마다 독립변수 X의 효과가 b_3씩 증가함을 알 수 있다. 만약 b_3이 양수라면 조절변수가 증가할수록 독립변수의 효과가 정적으로 증가하며(즉, 강해지며), 음수라면 조절변수가 증가할수록 독립변수의 효과가 부적으로 감소하게(즉, 약해지게) 된다. 따라서 조절효과 모형을 통해 조직적응도 수준(조절변수 수준)에 따른 업무만족도(조절변수)에 대한 복지만족도(독립변수)의 효과를 알 수 있다.

2. 조절효과 모형의 시각적 표현

실제 장대리의 case를 분석한 결과를 살펴보고, 지금까지의 내용을 정리해보자. 종속변수는 업무만족도, 독립변수는 복지만족도, 조절변수는 조직적응도다. 조절효과를 확인하기 위해 복지만족도와 조직적응도의 상호작용항을 생성 후, 독립변수로 투입하여 다중회귀분석하였다. 결과는 다음과 같다.

표 10-1 | 장대리의 조절효과 모형 회귀분석 결과

독립변수	Estimate	S.E.	t	p-value
절편	−0.661	0.747	−0.885	0.384
복지만족도	1.039	0.238	4.374	<.001
조직적응도	1.303	0.409	3.191	0.004
복지만족도 ×조직적응도	−0.264	0.099	−2.664	0.013

독립변수로 투입된 복지만족도, 조직적응도, 상호작용항(복지만족도×조직적응도)
의 회귀계수는 모두 유의했다. 이를 바탕으로 회귀식을 작성하면 다음과 같다.

🧠 수식 10-3 | 장대리 조절효과 모형의 회귀식

$$업무만족도 = -0.661 + 1.039 \times 복지만족도 + 1.303 \times 조직적응도$$
$$- 0.264 \times 복지만족도 \times 조직적응도$$

다음으로 조절변수 수준에 따른 독립변수의 효과를 살펴보기 위해 <수식
10-3>을 복지만족도를 중심으로 정리해보자. 복지만족도가 포함된 항들을 묶으
면 다음과 같다.

🧠 수식 10-4 | 복지만족도를 중심으로 정리한 장대리 조절효과 모형의 회귀식

$$업무만족도 = -0.661 + (1.039 - 0.264 \times 조직적응도)복지만족도$$
$$+ 1.303 \times 조직적응도$$

조직적응도의 수준이 0일 때 업무만족도에 대한 복지만족도의 효과는 1.039다.
조직적응도의 자리에 0을 대입하여, 복지만족도의 회귀계수를 구하는 것이다. 마
찬가지 방법으로 조직적응도 수준이 1, 2, 3과 같이 1씩 늘어날 때 업무만족도에
대한 복지만족도의 효과를 구해보면, 0.775, 0.511, 0.247과 같이 0.264씩 감소한
다. 즉, 조직적응도의 수준이 1씩 높아질수록 업무만족도에 대한 복지만족도의 효
과가 0.264씩 감소하고 있음을 알 수 있다. 결론적으로 조직적응도 수준이 높을수
록 업무만족도에 대한 복지만족도의 정적효과가 약해지며, 조직적응도 수준이 낮
을수록 정적효과가 강해진다.

이러한 관계는 Excel을 활용하여 그래프로 그려보면, 더욱 직관적으로 이해할
수 있다. 다음의 <그림 10-1>을 보자.

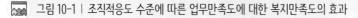 그림 10-1 ｜ 조직적응도 수준에 따른 업무만족도에 대한 복지만족도의 효과

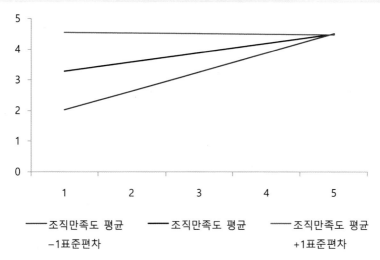

<그림 10-1>은 독립변수인 복지만족도를 X축, 종속변수인 업무만족도를 Y축으로 하는 좌표평면에 조직적응도 수준에 따른 업무만족도에 대한 복지만족도의 효과를 그래프로 그린 것이다. 붉은색 선은 조직적응도 수준이 높을 때의 업무만족도와 복지만족도의 관계, 파란색 선은 낮을 때의 업무만족도와 복지만족도의 관계를 나타낸다. 검은색의 선은 조직적응도가 평균수준일 때의 업무만족도와 복지만족도의 관계를 나타낸다. 하단의 범례를 보면, 조직적응도 수준이 높은 붉은색은 평균＋1표준편차, 낮은 파란색은 평균－1표준편차라고 표시되어 있다. 조직적응도는 연속변수이므로, 어떠한 값이 조직적응도가 높은 수준인지, 어떠한 값이 조직적응도가 낮은 수준인지에 대한 기준을 정해야 한다. 그렇지 않으면 조직적응도 수준에 따라 수많은 선을 그릴 수 있어, 오히려 직관적 이해에 방해가 된다.

일반적으로는 연속형 조절변수가 높은 수준임을 나타내기 위해 조절변수의 '평균＋1표준편차' 값을, 낮은 수준을 나타내기 위해 '평균－1표준편차' 값을 조절효과 모형을 통해 얻은 회귀식에 대입하여 그래프를 그린다. 장대리의 case에서라

면, <수식 10-4>의 조직적응도에 조직적응도의 평균±1표준편차 값을 대입하여,[2] 복지만족도 변화에 따른 업무만족도 변화를 그래프로 그리면 된다. <그림 10-1>을 해석해보자. 조직적응도의 수준이 낮은 경우(파란색 선)는 복지만족도가 높아질수록 업무만족도가 급격히 상승함을 알 수 있다. 이는 조직적응도가 낮은 인원은 업무만족도에 대한 복지만족도의 정적효과가 큼을 나타낸다. 반대로 조직적응도의 수준이 높은 경우(붉은색 선)는 복지만족도가 높아져도 업무만족도가 크게 변화하지 않는다. 이는 조직적응도가 높은 인원의 경우 업무만족도에 대한 복지만족도의 특별한 효과가 존재하지 않음을 나타낸다.

마지막으로 조절효과 모형에서의 평균 중심화(mean centering) 이슈를 설명하고 마무리하도록 한다. 평균 중심화란 특정 변수의 값에 해당 변수의 평균을 빼는 것을 말한다. 예를 들어, 3명의 변수값이 3, 4, 5인 자료를 평균 중심화하면 -1, 0, 1이 된다. 조절효과 분석에서 평균 중심화의 절차는 다음과 같다. ① 독립변수와 조절변수를 평균 중심화한 후, ② 평균 중심화한 두 변수를 곱하여 상호작용항을 생성하여, ③ 모두 조절효과 모형의 독립변수로 투입한다. 이때 종속변수는 평균 중심화를 할 필요가 없다. 평균 중심화를 권장하는 이유는 회귀계수 b_1과 b_2에 대한 해석을 명확하게 할 수 있기 때문이다.

회귀분석에 상호작용항 XZ를 포함시키면, 앞서 살펴보았듯, $\hat{Y} = b_0 + b_1 X + b_2 Z + b_3 XZ$에서 b_1은 Z가 0일 때, Y에 대한 X의 효과를 나타내며, b_2는 X가 0일 때 Y에 대한 Z의 효과를 의미하게 된다. 따라서 상호작용항이 없을 때의 b_1과 b_2는 각각 X와 Z의 효과이지만, 상호작용항이 추가되면 특정 조건(Z=0 혹은 X=0)에서의 X와 Z의 효과가 됨을 알 수 있다. 즉 상호작용항이 있는 경우에 b_1과 b_2는 조건계수(conditional coefficient)가 된다.

즉, b_1은 Z가 0일 때 Y에 대한 X의 효과를 나타내며, b_2는 X가 0일 때 Y에 대한 Z의 효과를 의미하게 되므로, X와 Z의 0이 의미하는 바가 정의되지 않는다면

---

2 평균과 표준편차는 회귀분석 시 기술통계 옵션을 선택하여 확인할 수 있다.

추정된 계수의 해석 또한 무의미하게 된다. 예를 들어, X가 동기, Z가 지능을 측정한 변수인 경우, 어떤 개인의 동기 또는 지능이 0인 경우는 실제로 존재하지 않으므로 이때 추정된 계수 b_1과 b_2의 해석은 논리적으로 의미가 없게 된다. 하지만 X, Z를 평균 중심화하면 각 변수에서 0은 평균을 의미하게 되므로, 이때 b_1은 Z가 평균일 때의 Y에 대한 X의 효과, b_2는 X가 평균일 때의 Y에 대한 Z의 효과로 항상 의미 있는 해석을 할 수 있게 된다.

다음으로 평균 중심화가 회귀계수에 어떠한 영향을 미치는지 살펴보자. 먼저 상호작용항을 포함하지 않은 일반적인 회귀모형 $\hat{Y} = b_0 + b_1 X + b_2 Z$에서 평균 중심화를 위해 X와 Z에 각 변수의 평균을 빼주면 $X' = X - \overline{X}$, $Z' = Z - \overline{Z}$가 된다. 이를 위의 상호작용항이 포함되지 않은 회귀모형에 대입하면 $\hat{Y} = b_0 + b_1(X' + \overline{X}) + b_2(Z' + \overline{Z})$가 되며, 정리하면 $\hat{Y} = (b_0 + b_1\overline{X} + b_2\overline{Z}) + b_1 X' + b_2 Z'$와 같다. 식에서 볼 수 있듯이 평균 중심화를 실시하면, 모형에서 절편만 변화하며, 회귀계수 b_1, b_2에는 영향을 미치지 않는다.

하지만 상호작용항을 포함한 모형 $\hat{Y} = b_0 + b_1 X + b_2 Z + b_3 XZ$은 다르다. 위의 예와 마찬가지로 평균 중심화를 위해 X와 Z에 각 변수의 평균을 빼준 뒤(즉, $X' = X - \overline{X}$, $Z' = Z - \overline{Z}$) 이를 앞의 식에 대입하면, $\hat{Y} = (b_0 + b_1\overline{X} + b_2\overline{Z} + b_3\overline{X}\,\overline{Z}) + (b_1 + b_3\overline{Z})X' + (b_2 + b_3\overline{X})Z' + b_3 X'Z'$과 같다. 상호작용항이 포함된 모형에서 평균 중심화를 하는 경우, 상호작용항의 회귀계수인 b_3은 변화하지 않지만, X와 Z의 회귀계수와 절편은 모두 변화한다. 여기서 중요한 두 가지 사실은 다음과 같다.

첫째, 평균 중심화를 적용한 후 상호작용항을 포함한 회귀분석을 하면 독립변수와 조절변수의 회귀계수는 변한다. 상호작용항을 포함한 모형에서 X와 Z의 회귀계수는 조건계수이므로 서로의 조건에 따라 그 값이 달라진다. 평균 중심화가 적용되지 않은 분석에서 독립변수의 회귀계수는 조절변수 값이 0일 때의 조건계수이지만 평균 중심화가 적용된 분석에서 독립변수의 회귀계수는 조절변수 값이 평균일 때의 조건계수가 된다(평균 중심화에 의해 0이라는 값은 평균을 의미하게 되므로).

둘째, 평균 중심화 여부와 관계없이 상호작용 효과인 b_3는 변하지 않는다. 상호 작용이 평균 중심화와 같은 자료의 변환에 따라 달라진다면 이것이 오히려 문제가 될 것이다. 평균 중심화 여부와 관계없이 상호작용 효과는 동일하게 추정되므로 조건계수 b_1과 b_2가 제대로 정의되는 상황이라면 평균 중심화는 꼭 해야 하는 것 이 아니다. 다만, 해석을 위한 권장사항이다.

04 ▶ | **Application(with jamovi)**

본 실습은 Chapter의 서두에 설명하였던, 장대리의 case를 해결하기 위한 실습 이다. 종속변수는 업무만족도이며, 독립변수는 복지만족도, 조절변수는 조직적응 도이다. 조절효과는 자료 내에 상호작용항을 추가하고, 이를 독립변수, 조절변수 와 함께 다중회귀분석의 독립변수로 투입하여 확인할 수 있다. 따라서 앞의 세 변 수를 모두 독립변수로 투입하여 조직적응도의 수준에 따라 업무만족도에 대한 복 지만족도의 효과가 어떻게 달라지는지 확인하고자 한다.

본 Chapter의 실습 파일명은 'Chapter10_Data.csv'이며, 모든 자료는 실제 존재 하는 것이 아닌 임의로 생성된 가상의 자료다. 따라서 실습분석의 결과는 실습 이 해용으로만 활용해야 하며, 각 변수의 관계에 실제 의미를 부여해서는 안됨을 명 확히 하고자 한다.

Step 0 jamovi 실행 > 좌측상단 ' ≡ ' 클릭 > 'Open' 클릭 > 'Browse' 클릭 > 'Chapter10_Data.csv' 선택 > '열기' 클릭

- 실습 파일 'Chapter10_Data.csv'를 jamovi에서 불러온다. 각 열에 다음의 변수가 위치하고 있는지 확인한다.

① ID: ID

② 업무만족도: 업무만족도(1-5점)

③ 복지만족도: 복지만족도(1-5점)

④ 조직적응도: 조직적응도(1-5점)

⑤ 복지만족도×조직적응도: 복지만족도와 조직적응도의 값을 곱하여 만든 상호작용항

- 본 도서에서 제공하는 실습 파일 내 대부분 변수명은 한글로 설정해두었다. jamovi는 한글 변수명도 인식하지만, 종종 한글 변수명으로 인한 분석 오류가 발생하기도 한다. 혹시 이후 분석 단계에서 오류가 발생한다면, 변수명을 모두 영어로 변경하여 실습하기 바란다.

Step 1 Data > Setup > 변수 클릭 > Continuous/Ordinal/Nominal/ID 설정

- 첫 번째 단계는 각 변수의 속성을 정의하는 단계이다. <그림 10-2>와 같이 각 변수의 속성을 지정해주면 된다. jamovi의 경우 SPSS와 같은 프로그램과 달리 '완료' 버튼이 없으니, 클릭하여 설정만 해주면 된다.

- ID는 ID로, 업무만족도, 복지만족도, 조직적응도, 복지만족도×조직적응도는 모두 연속변수이므로 Continuous로 설정해준다.

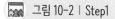
그림 10-2 | Step1

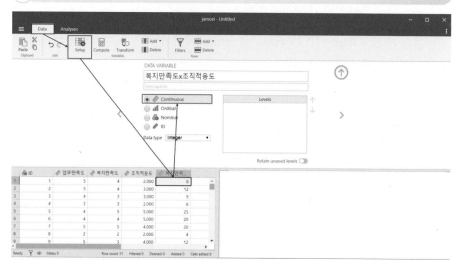

Step② Analyses > Regression > Linear Regression

▪ 두 번째 단계는 각 변수의 역할을 설정하는 단계이다. 이 단계에서 종속변수
와 독립변수를 설정할 수 있다.

▪ 종속변수인 업무만족도를 Dependent variable의 자리에 옮기고, Covariates
의 자리에 독립변수인 복지만족도, 조절변수인 조직적응도, 상호작용항인 복
지만족도×조직적응도를 옮긴다.

 그림 10-3 | Step2

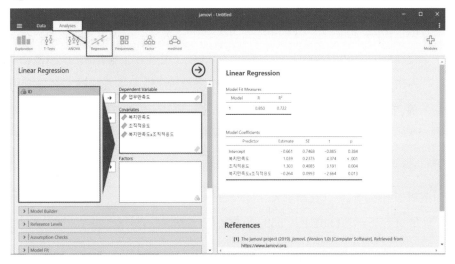

Step 3 Interpretation

- jamovi의 경우 각 변수 및 옵션을 설정하면, 실시간으로 우측의 화면에 분석 결과가 Update 된다.

- <그림 10-3>의 Model Coefficients에서 절편과 각 독립변수의 회귀계수를 확인할 수 있다. 이는 <표 10-1>의 값과 동일하다. 각 Estimate의 p가 0.05보다 작은 경우 추정치가 유의함을 의미함을 나타낸다.

- 분석결과를 바탕으로 회귀식을 작성하면, <수식 10-3>과 같아지며, 이 회귀식을 독립변수인 복지만족도로 묶어 변환하면, <수식 10-5>와 같아진다.

수식 10-5 | 복지만족도를 중심으로 정리한 장대리 조절효과 모형의 회귀식

$$업무만족도 = -0.661 + (1.039 - 0.264 \times 조직적응도)복지만족도$$
$$+ 1.303 \times 조직적응도$$

- 식의 형태를 보면, 조직적응도 수준이 1씩 늘어날 때마다 업무만족도에 대한 복지만족도의 효과가 0.264씩 감소함을 알 수 있다.
- Excel이나 jamovi를 이용하여 조절변수인 조직적응도의 평균과 표준편차를 구해보면, 각각 2.800과 1.125로 계산된다. 조절변수의 평균, 평균±1표준편차의 값을 <수식 10-5>에 대입하면, 조절변수의 수준에 따라 다음과 같이 세 개의 식을 작성할 수 있다.

> 수식 10-6 | 조직적응도의 수준에 따른 업무만족도에 대한 복지만족도의 효과

* 조직적응도평균−1표준편차:

$$업무만족도 = -0.661 + (1.039 - 0.264 \times 1.585)복지만족도 + 1.303 \times 1.585$$

* 조직적응도평균:

$$업무만족도 = -0.661 + (1.039 - 0.264 \times 2.800)복지만족도 + 1.303 \times 2.800$$

* 조직적응도평균+1표준편차:

$$업무만족도 = -0.661 + (1.039 - 0.264 \times 4.015)복지만족도 + 1.303 \times 4.015$$

- 이 식을 바탕으로 <그림 10-1>과 같은 그래프를 그릴 수 있다(Chapter10_ Picture.xlsx 참고).

05 | Same application in different situations

본 Chapter에서는 장대리의 문제를 해결하기 위하여 조절효과 모형을 살펴보았다. 조절효과모형에서는 조절변수의 수준에 따른 종속변수에 대한 독립변수의

효과를 확인할 수 있다. 이를 기업의 경영 현장 전반으로 확대해 본다면, 다음과 같은 상황에서도 적용해 볼 수 있을 것이다.

- 전화 상담원 친절도에 따라 고객 상담만족도에 대한 전화상담 대기시간의 효과가 다른지 확인하고 싶은 경우

Reference

본 Chapter는 홍세희 교수의 W/S 교재 중 「구조방정식 모형의 다양한 확장」의 내용을 중심으로 재구성되었습니다.

Chapter 11

핵심인재를 대상으로 자격증 취득
교육과정을 운영하고 있습니다.
핵심인재 개개인들이 자격증을 취득할 수
있을지 없을지 확률로 예측할 수 있나요?

- 이항 로지스틱 회귀분석(binomial logistic regression) -

01 ▶ | **Situation**

A社 인재개발팀의 김대리는 A社 노무 담당자 중 핵심 인재로 선정된 인원들을 대상으로 올해 연초부터 노무사 자격취득 과정을 운영하고 있다. 이 과정에 참가한 총 20명의 인원 중, 5월에 있었던 1차 시험에 총 17명이 합격하였다. 9월에 있을 2차 시험 대비 교육은 합숙 과정으로 진행 중이다. 참가자들과 동고동락하며 2차 시험 합격을 위해 정진하던 7월 어느 날에 교육팀장인 박팀장은 김대리에게 올해 2차 시험에 합격할 만한 인원이 누가 있는지 묻는다. 김대리는 평소에 정해진 교육보다 일찍 도착해 공부하고, 교육 후에도 가장 늦게까지 공부하던 인원 6명을 추려 간단히 보고한다.

9월 2차 시험이 종료된 후, 합격자 발표가 있던 날. 합격자 명단을 박팀장에게 보고해야 하는 김대리는 보고를 준비하는 과정에서 얼굴이 붉어진다. 김대리가 합격할 것으로 예측한 6명 중 4명이 불합격하였다. 아니나 다를까, 김대리의 보고를 들은 박팀장은 과정담당자가 예측한 인원 중 2/3나 불합격했음을 지적하고, '과정담당자가 그렇게 과정과 참가자를 파악 못 하면 어떡하나?'라는 부정적인 피드백을 한다. 분명 공부한 시간은 김대리가 예측한 6명이 가장 많았는데, 왜 예측은 이렇게나 크게 빗나가는 것일까? 공부하는 시간이 많은 사람 순으로 합격하는 것이 당연한 것 아닌가? 내년에도 진행될 노무사 자격취득 과정에 또 똑같은 실수를 반복하지 않기 위해서는 어찌해야 할까? 김대리는 벌써 내년의 과정이 걱정되기 시작했다.

02 ▷ | **Solution**

김대리와 같은 상황에서 통계적으로 합격자를 예측하기 위해서 '로지스틱 회귀분석(logistic regression)', 그중에서도 '이항 로지스틱 회귀분석(binomial logistic regression)'을 적용해 볼 수 있다. 로지스틱 회귀분석은 이전 Chapter에서 다루었던 단순회귀분석이나 다중회귀분석과 같은 선형회귀분석과는 그 성격이 약간 다른 분석법이다. 선형회귀분석은 종속변수가 연속변수인 경우 적용하는 방법이다. 반면, 로지스틱 회귀분석은 종속변수가 범주를 가지는 질적변수인 경우 적용하는 방법이다. 예측하고자 하는 종속변수의 범주가 A, B, C, …와 같이 세 개 이상이면 다항 로지스틱 회귀분석을 적용하고, A, B와 같이 두 개인 경우는 이항 로지스틱 회귀분석을 적용한다.

위의 상황은 2차 시험에 합격하는지, 불합격하는지 두 개의 범주가 있는 종속변수를 예측하고 싶은 경우이므로, 이항 로지스틱 회귀분석을 적용할 수 있다. 이항 로지스틱 회귀분석도 선형회귀분석과 같이 회귀분석 결과를 바탕으로 하나의 회귀식을 얻을 수 있다. 이 회귀식에 특정인의 독립변수값을 대입하여 계산하면, 해당 인원의 합격 로짓(logit)과 확률을 계산할 수 있다. 김대리와 같은 경우라면, 지난해까지의 자료를 바탕으로 이항 로지스틱 회귀분석하여 얻은 회귀식으로 올해 노무사 자격취득 과정 참가자의 2차 시험 합격확률을 시험 전에 예측해 볼 수 있는 것이다. 이러한 접근은 자료에 기반하여 객관적으로 결과를 예측해볼 수 있다는 장점이 있다.

김대리는 독립변수의 설정에도 오류를 범하였다. 단순히 학습에 많은 시간을 투자하는 것이 합격을 보장할 것이라 가정하였고, 학습시간을 유일한 독립변수로 설정하였다. 하지만 시험의 합격에는 학습시간 외 다양한 변수가 영향을 주므로, 이전의 시험 응시 경험, 모의고사 점수 등의 이론적 배경이 있는 독립변수를 추가하는 것이 바람직해 보인다.

03 ▶ | **Statistics**

　이항 로지스틱 회귀분석을 이해하기 위해서는 로지스틱 함수와 승산(odds), 로짓(logit), 승산비(odds ratio) 등의 개념을 이해해야 한다. 여러 개념을 살펴보기 전에 먼저, 범주가 두 개인 종속변수를 예측하는데 왜 선형회귀분석을 적용하면 안되는지부터 알아보자.

1. 로지스틱 회귀분석의 필요성

　종속변수가 두 개의 범주를 가지는 질적변수일 때도 선형회귀분석을 적용할 수는 있다. 다만 이 경우 회귀식을 통해 예측되는 종속변수의 값은 '종속변수가 1이라는 값을 가질 확률'이 된다. 예를 들어, 김대리가 2차 시험 합격 여부를 종속변수로 하여 선형회귀분석을 했다고 하자. 특정인의 독립변수 값을 회귀식에 대입하여 얻은 종속변수 예측값은 2차 시험 합격 확률(합격을 1로 코딩했다면)이 된다.

　이 경우 발생하는 문제를 다음의 그림을 통해 알아보자. <그림 11-1>은 1일 학습시간을 독립변수로 2차 시험 합격 여부를 종속변수(합격:1, 불합격0)로 하여, 단순회귀분석한 결과를 바탕으로 그린 회귀선이다(물론 맞는 방법은 아니다). 종속변수가 두 개의 범주를 가지는 질적변수이기 때문에, 회귀선이 Y축에 대응하는 값(종속변수 예측값)은 '2차 시험에 합격할 확률'이 된다. 1일 학습시간이라는 독립변수의 회귀계수가 0.152라면, '1일 학습시간이 1시간(단위) 증가할 때, 2차 시험 합격 확률이 15.2% 증가할 것이다'와 같이 해석한다.

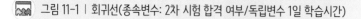 그림 11-1 | 회귀선(종속변수: 2차 시험 합격 여부/독립변수 1일 학습시간)

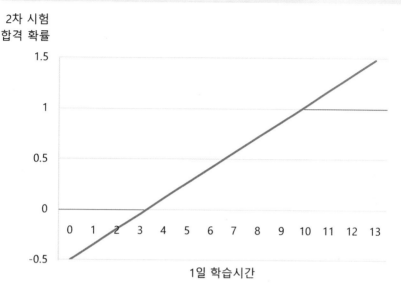

독립변수와 종속변수가 연속변수인 단순회귀분석의 경우, 회귀식에 독립변수값을 대입하여 종속변수 예측값을 얻을 수 있다. 이때 독립변수가 계속해서 작아지거나, 커지면 종속변수의 범위가 0과 1을 벗어나게 된다. 두 변수의 관계가 선형이기 때문이다. 즉, 독립변수와 종속변수가 연속변수인 선형회귀분석의 경우, 독립변수의 범위는 ±무한대이며, 종속변수 역시 ±무한대의 범위를 가질 수 있다.[1]

이번에는 독립변수는 연속변수이고, 종속변수는 두 개의 범주를 가지는 선형회귀분석의 경우를 생각해보자. 독립변수에 따라 종속변수도 ±무한대의 범위를 가져야 하지만, 종속변수가 두 개의 범주를 갖는 경우 종속변수의 예측값은 '확률'이 되기 때문에 ±무한대의 범위를 가질 수 없다. 확률의 범위는 0과 1 사이이기 때문이다. 즉, 종속변수가 두 개의 범주를 갖는 경우는 확률의 하한계(가장 작은 값) 0

---

1 물론 독립변수 자체 특성에 의하여 값의 범위가 정해진 경우가 많다. 하지만 개념적으로는 독립변수와 종속변수가 선형관계이기 때문에, 독립변수의 계속적 증가는 종속변수의 계속적 증가/감소를 유발한다. 따라서 독립변수, 종속변수 모두 무한대의 범위를 갖는다는 것이다.

과 상한계(가장 큰 값) 1로 인해서 선형회귀분석의 결과를 '선형'으로 표현할 수 없는 것이다. 종속변수의 예측값이 0보다 작거나 1보다 큰 경우 <그림 11-1>의 붉은선과 같이 선을 꺾어야 한다. 즉, 비선형이 된다. 뒤에서 자세히 다루겠지만, 확률을 로짓으로 변환하면 확률의 상, 하한계가 사라지고 독립변수와 로짓의 관계를 선형으로 표현할 수 있다. 이는 확률을 로짓으로 변환하여 로지스틱 회귀분석을 해야 하는 첫 번째 이유이다.

로지스틱 회귀분석을 해야 하는 두 번째 이유를 살펴보자. 이번에는 노무사 자격취득 과정 중의 모의고사 점수를 독립변수로 하여 2차 시험 합격 여부를 예측하는 경우를 가정한다. 2차 시험 합격은 1, 불합격은 0으로 코딩되어 있다. 모의고사 점수를 X축, 2차 시험 합격 여부를 Y축으로 하여 그린 <그림 11-2>의 그래프를 보자. 모의고사 점수가 60점에서 90점 사이인 참가자는 불합격한 경우가 많고, 85점에서 100점 사이인 참가자는 합격한 경우가 많다.

그림 11-2 | 모의고사 점수와 2차 시험 합격 여부의 관계

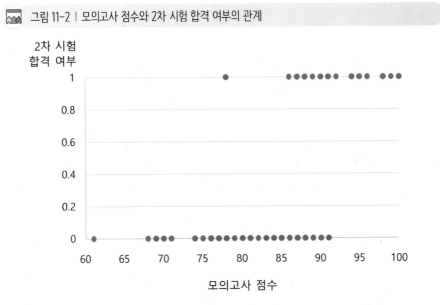

즉, 모의고사 점수가 낮을수록 2차 시험에서 불합격할 가능성이 크고, 반대로 높을수록 합격할 가능성이 크다는 의미이다. 이 관계를 설명하기 위해서는 선형회귀분석보다는 <그림 11-3>과 같이 S자 곡선 형태로 관계를 설명하는 것이 좋을 것이다. <그림 11-3>에서 각 점이 Y축에 대응하는 값(예측값)은 <그림 11-1>과 마찬가지로 독립변수 수준에 기반한 '2차 시험에 합격할 확률'이다.

그림 11-3 | 로지스틱 함수

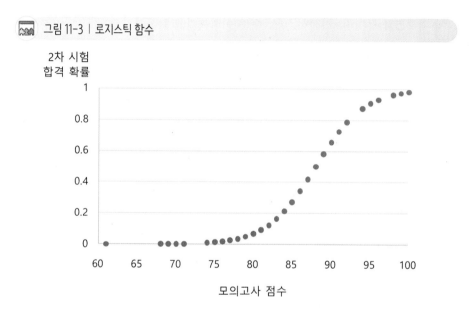

'S자 곡선으로 관계를 설명하는 것이 좋을 것이다.'라는 말의 의미를 다시 살펴보자. <그림 11-3>에서 85점과 90점 사이의 기울기를 보면 경사가 급한 것을 알 수 있다. 이는 모의고사 점수(독립변수)가 특정 수준(85점과 90점 사이) 사이에서 변화할 때, 2차 시험 합격 확률(종속변수)이 급격히 변동한다는 의미이다. 반면, 60점에서 85점 사이와 90점과 100점 사이의 경사는 상대적으로 완만하다. 두 범위의 기울기가 완만하다는 것은 해당 범위 내의 점수 변화는 2차 시험 합격 확률 변화에 끼치는 영향이 크지 않다는 의미이다.

이는 논리적으로 납득이 가는 결과이다. 모의고사 점수가 95점과 같이 특정 수준(85점과 90점 사이) 이상인 사람은 이미 시험 과목에 대한 대비도 일정 수준 이상인 경우가 많다. 따라서 모의고사 점수가 특정 수준 이상이라면 2차 시험에 합격할 확률도 높을 것이다. 반대로 80점과 같이 특정 수준(85점과 90점 사이) 이하인 사람은 대비가 덜 되어 2차 시험에 합격할 확률이 낮을 것이다.

모의고사 점수가 70점인 개인과 75점인 개인의 경우를 생각해보자. 75점이 70점에 비해 5점 높지만, 여전히 일정 수준 이하이다. 75점 역시 70점과 마찬가지로 아직 시험에 대한 대비가 충분치 않아, 2차 시험에 합격할 확률은 70점에 비해 크게 높아지지 않으리라고 예상된다. 따라서 모의고사 점수 70점과 75점 사이 구간의 합격확률은 완만하다. 즉, 크게 변하지 않는다. 반대로 100점인 개인과 95점인 개인의 경우를 생각해보자. 95점이 100점에 비해 5점 낮지만, 여전히 일정 수준 이상이다. 95점 역시 100점과 마찬가지로 이미 시험에 대한 대비가 충분해, 2차 시험에 합격할 확률은 크게 낮아지지 않으리라고 예상된다. 즉, 크게 변하지 않는다.

이상을 살펴보았을 때, 종속변수의 범주가 두 개인 경우의 확률 예측은 독립변수에 따라 종속변수가 일정하게 바뀌는 선형이 아닌, S자 곡선으로 관계를 설명하는 것이 더 바람직하다.

<그림 11-3>과 같은 함수를 로지스틱 함수라고 하며, 이는 아래와 같은 수식으로 표현한다.

수식 11-1 | 로지스틱 함수식

$$p = \frac{\exp(b_0 + b_1 x_1 + b_2 x_2 + \cdots + b_k x_k)}{1 + \exp(b_0 + b_1 x_1 + b_2 x_2 + \cdots + b_k x_k)}$$

$$= \frac{\exp[(b_0 + \sum b_j x_j)]}{1 + \exp[(b_0 + \sum b_j x_j)]} = \frac{1}{1 + \exp[-(b_0 + \sum b_j x_j)]}$$

p는 2차 시험 합격 확률과 같은 사건 발생확률을 의미한다. 이 식은 이후에 자세히 다루도록 하고, 다시 <그림 11-3>을 보자. 로지스틱 함수 그래프는 선형(직선)이 아닌 곡선이다. 독립변수와 종속변수의 관계를 선형으로 설명하는 경우, 두 변수의 관계를 해석하기 용이하다는 장점이 있다. 두 변수가 선형관계에 있다면, 독립변수(모의고사 점수)의 변화에 따라 종속변수(2차 시험 합격확률)가 일정하게 변화한다고 설명할 수 있기 때문이다. 반면 로지스틱 함수와 같이 곡선이라면 그렇지 않다. 예를 들어, <그림 11-3>과 같은 곡선 그래프에서는 모의고사 점수가 5점 오르면, 2차 시험 합격 확률이 $b\%$ 오른다고 설명할 수 없기 때문이다. 모의고사 점수의 5점 증가가 중요한 것이 아니라, 어느 점수대에서 5점이 올랐는지에 따라 2차 시험 합격 확률의 증가 폭이 달라진다. 달리 말하면, 변화량이 일정하지 않고, 변곡점이 생겨서 설명이 어렵다. 즉, 로지스틱 함수는 범주가 두 개인 종속변수의 확률을 설명하는 데는 바람직하지만, 두 변수의 관계를 직관적으로 이해하기 쉽게 설명하기에는 어렵다. 이후에는 이를 극복하기 위하여, 로지스틱 함수 식의 좌변에 있는 확률을 승산으로, 승산을 로짓으로 변환하는 과정을 차례대로 살펴보도록 한다.

2. 승산(odds)

승산(odds)은 아래의 식과 같이 표현할 수 있다.

🧠 수식 11-2 | 확률의 승산 변환

$$odds = \frac{\text{사건이 발생할 확률}}{\text{사건이 발생하지 않을 확률}} = \frac{P(A)}{1 - P(A)}$$

예를 들어, 사건 A가 발생할 확률이 0.5라면, 사건 A의 승산은 $0.5/(1-0.5)$로

1이 될 것이다. 승산에 대한 이해를 높이기 위하여 확률과 승산을 비교해보며, 승산의 특징을 조금 더 살펴보자.

◎ 표 11-1 | 확률과 승산의 관계

p	0	0.1	0.2	0.3	0.4	0.5	0.6	0.7	0.8	0.9	0.99	…1
$1-p$	1	0.9	0.8	0.7	0.6	0.5	0.4	0.3	0.2	0.1	0.01	…0
odds	0	0.11	0.25	0.43	0.67	1.00	1.50	2.33	4.00	9.00	99.00	…+∞

<표 11−1> 첫 번째 행의 p는 A라는 사건이 발생할 확률, 두 번째 행 $1-p$는 사건이 발생하지 않을 확률, 첫 번째 행에서 두 번째 행을 나눈 세 번째 행 odds는 승산을 의미한다.[2] 사건이 발생할 확률이 0인 경우를 보자. 이때, 사건이 발생하지 않을 확률은 1이므로, 승산은 0에서 1을 나눈 값인 0이 된다. 승산도 역시 확률과 마찬가지로 0이라는 하한계(가장 작은 값)를 갖고 있음을 알 수 있다. 다음으로 확률이 높아짐에 따라 승산이 어떻게 변화하는지 살펴보자. 사건 발생확률이 0.5일 때, 승산은 1이고 우측으로 이동하여 사건 발생확률이 1에 가까워질수록 승산은 급격하게 증가하는 것을 확인할 수 있다. 확률이 1에 가까워지면, 분모인 $1-p$는 0에 가까워지기 때문에 승산은 개념적으로 무한대의 값을 갖게 된다. 여기서 우리는 확률이 높아질수록 승산도 함께 높아진다는 것과 확률은 1이라는 상한계(가장 큰 값)를 가지고 있지만, 승산은 상한계가 없다는 것을 알 수 있다.

승산은 <수식 11−3>을 이용하여 다시 확률로 변환할 수 있다.

🧠 수식 11-3 | 승산의 확률 변환

$$p = \frac{odds}{1 + odds}$$

---

2 사건 A가 발생할 확률이라는 의미에서 $P(A)$로 표기할 수 있지만, 여기서는 표기 편의 및 통일성을 위해 특정 사건이 발생할 확률을 모두 p라고 표기하기로 한다.

3. 로짓(logit)

승산에 자연로그를 취하면 로짓이 완성된다. 자연로그는 일반적으로 ln으로 표기하며, 밑을 자연상수 e로 하는 $\log_e$로 표기할 수도 있다. 여기서 자연상수, e의 값은 2.718281828459…이다. 기본적인 자연로그의 연산은 상용로그(밑을 10으로 하는 로그, $\log_{10}$)의 연산과 같다. 자연상수 e의 n제곱은 exp(n)과 같이 나타내기도 한다. 이제 다시 확률과 승산, 로짓의 관계를 살펴보자.

표 11-2 | 확률과 승산, 로짓의 관계

p	0	0.1	0.2	0.3	0.4	0.5	0.6	0.7	0.8	0.9	0.99	…1
$1-p$	1	0.9	0.8	0.7	0.6	0.5	0.4	0.3	0.2	0.1	0.01	…0
odds	0	0.11	0.25	0.43	0.67	1.00	1.50	2.33	4.00	9.00	99.00	…+∞
logit	−∞…	−2.21	−1.39	−0.84	−0.40	0.00	0.41	0.85	1.39	2.20	4.60	…+∞

확률이 0.5일 때를 기준으로 확률과 승산, 로짓의 관계를 살펴보자. 확률이 0.5이면 승산은 1, 로짓은 0이 된다. 모든 수의 0제곱은 1이기 때문에, exp(0)=1이다. exp(0), 즉 1이라는 승산에 자연로그를 취하면 $\ln(\exp(0))$이 된다. 여기서 자연로그의 밑 e와 자연로그의 진수 자리에 위치한 밑 exp가 만나 사라지면, 0만 남는다. 즉, 0이다.

로짓은 승산이 1보다 클 때, 승산보다는 증가 폭이 작지만 계속해서 증가하고 있고, 상한계가 없는 것을 확인할 수 있다. 즉, 승산과 같이 상한계가 없는 특징이 있다. 한편 승산이 0과 1 사이의 값일 때, 로짓은 음수가 된다. 0과 1 사이의 값은 e의 음수 거듭제곱 형태로 나타낼 수 있기 때문이다. 쉽게 이해하기 위해 상용로그로 이 과정을 살펴보자. 상용로그의 진수 자리에 1/10이 들어가면, $\log_{10}10^{-1}$과 같이 표기할 수 있다. 여기서 로그의 밑 10과 진수 부분의 밑 10이 만나 사라지면, -1만 남는다. 정리하자면, 1보다 작은 승산은 e의 음수 거듭제곱으로 표현할 수 있으며, 여기에 자연로그를 취해 로짓으로 만들면, e가 사라져 음수가 된다. 이 승산이 0에 가까워질수록 로짓은 무한히 작아진다.

지금까지의 내용을 정리해보자. 확률은 0과 1 사이의 값을 갖는다. 확률을 승산으로 바꿔주면 상한계 1이 사라지고, 승산을 로짓으로 바꿔주면 하한계 0이 사라진다. 즉, 로짓은 상, 하한계가 없는 종속변수에 적합한 형태가 된다.

<수식 11-1>의 확률을 승산으로 바꾸고, 여기에 자연로그를 취해주면, <수식 11-4>와 같은 로짓이 만들어진다.

🧠 수식 11-4 | 승산의 로짓 변환

$$\ln\left(\frac{p}{1-p}\right) = b_0 + \sum b_j x_j$$

이 식의 의미와 모습을 자세히 생각해보자. 좌변은 로짓이 되었다. 로짓은 앞서 말한 것과 같이 상한계와 하한계가 없는 종속변수로 적합한 형태이다. 우변의 모습도 살펴보자. 우변은 이전 Chapter에서 다루었던 기본적인 회귀식의 모습과 같다. 종속변수가 로짓이므로 회귀계수 b_j는 다른 변수를 통제한 상태에서 x_j가 1 증가할 때, 증가할 것으로 예상되는 로짓이 된다. 물론 이러한 해석이 틀린 것은 아니나, 로짓을 바로 해석하는 것은 큰 의미가 없다. 로짓은 확률을 여러 단계에 걸쳐 변화시킨 형태이므로, '로짓이 얼만큼 증가할 것이다'라는 해석은 이해가 매우 어렵기 때문이다. 마지막으로 로지스틱 회귀분석의 해석을 위해 승산비에 대한 내용을 살펴보자.

4. 승산비(odds ratio)

승산비(odds ratio)는 '두 집단의 관계를 승산의 비율로 표현한 것'이라고 정의된다. 승산비를 <수식 11−5>의 식을 통해 이해해보자.

🧠 수식 11-5 | 승산비

$$oddsratio = \exp(b_j) = \frac{\dfrac{P_n}{1-P_n}}{\dfrac{P_m}{1-P_m}}$$

P_n : 독립변수 1증가 이후의 사건 발생확률

P_m : 독립변수 1증가 이전의 사건 발생확률

b_j : 로지스틱 회귀분석에서의 독립변수 x_j의 회귀계수

여기서 P_n과 P_m은 각각 독립변수의 1증가 이후와 1증가 이전의 사건 발생확률을 의미한다. 승산비는 독립변수 1증가 이후의 승산을 1증가 이전의 승산으로 나눈 형태이다. 만약 독립변수가 1증가하여 사건 발생확률이 증가했다면, 승산비의 값이 1보다 커진다. 분자($P_n/(1-P_n)$)인 독립변수 1증가 이후의 승산이 사건 발생확률 증가로 인해 분모($P_m/(1-P_m)$)보다 커지기 때문이다. 이는 독립변수가 1증가함에 따라 사건 발생확률과 승산이 모두 증가했음을 나타낸다. 즉, 독립변수가 종속변수에 정적효과를 갖고 있음을 의미한다. 반대로 독립변수가 1증가하여 사건 발생확률이 감소했다면, 승산비의 값은 1보다 작아진다. 1보다 작은 승산비는 독립변수가 종속변수에 부적효과를 갖고 있음을 의미한다.

승산비는 독립변수 x_j의 회귀계수인 b_j를 exp한 $\exp(b_j)$의 값과 같다. 따라서 이 값이 양수, 0, 음수 중 무엇이냐에 따라 독립변수 x_j의 종속변수에 대한 효과가

정적인지, 효과가 없는지, 부적인지 판단할 수 있다.

◎ 표 11-3 │ 로지스틱 회귀계수 부호에 따른 효과

logistic 회귀계수	승산비=exp(b_j)	승산에 대한 효과
$b_j > 0$	exp(b_j) > 1	정적효과(positive effect)
$b_j = 0$	exp(b_j) = 1	무 효과(no effect)
$b_j < 0$	0 < exp(b_j) < 1	부적효과(negative effect)

x_j의 회귀계수가 0보다 큰 경우, 승산비(exp(b_j))는 1보다 커진다. 승산비가 1보다 크다는 것은 독립변수 1증가 전의 승산보다 1증가 후의 승산이 크다는 것이고, 이는 동시에 독립변수 1증가 전의 사건 발생확률보다 1증가 후의 사건 발생확률이 큼을 의미한다. 즉, 1보다 큰 exp(b_j) 값은 독립변수 증가로 인해 승산 및 사건 발생확률이 커지는 정적효과를 나타낸다.

x_j의 회귀계수가 0인 경우, 승산비(exp(b_j))는 1이다. 승산비가 1이라는 것은 독립변수 1증가 전의 승산과 1증가 후의 승산이 같다는 것이고, 이는 동시에 독립변수 1증가 전과 후의 사건 발생확률이 같음을 나타낸다. 즉, 0이라는 exp(b_j) 값은 독립변수 증가로 인해 승산 및 사건 발생확률에 변화가 없는 무효과를 나타낸다.

x_j의 회귀계수가 0보다 작은 경우, 승산비(exp(b_j))는 1보다 작아진다. 승산비가 1보다 작다는 것은 독립변수 1증가 전의 승산보다 1증가 후의 승산이 작다는 것이고, 이는 동시에 독립변수 1증가 전의 사건 발생확률보다 1증가 후의 사건 발생확률이 작음을 의미한다. 즉, 1보다 작은 exp(b_j) 값은 독립변수 증가로 인해 승산 및 사건 발생확률이 작아지는 부적효과를 나타낸다.

정리하자면, 즉 로지스틱 회귀분석에서는 회귀계수 b_j가 양수, 0, 음수 중 무엇이냐에 따라 독립변수 j의 증가가 사건이 일어날 확률을 증가시키는지, 감소시키

는지를 판단할 수 있다. 다만, 여기서는 해석에 주의해야 한다. 예를 들어, $\exp(b_j)$ 가 1.2라고 해서 독립변수가 1증가하면 사건 발생확률이 1.2배 증가한다고 하는 것은 잘못된 해석이다. 승산이 1.2배 증가한 것이기 때문이다. 하지만 일단 $\exp(b_j)$ 가 1.2라고 한다면, 독립변수 1증가에 따라 승산이 커짐을 알 수 있고, 이는 사건이 발생할 확률도 증가함을 의미한다. 즉, 이 계수가 유의하다면, 독립변수의 증가가 사건의 발생에 정적효과가 있다고 해석할 수 있는 것이다.

마지막으로 지금까지의 내용을 예시를 통해 정리해보도록 하자. 독립변수는 모의고사 점수, 종속변수는 2차 시험 합격 여부이며, 합격이 1, 불합격이 0으로 코딩되었다. 분석결과를 바탕으로 얻은 로지스틱 회귀식은 <수식 11−6>과 같다.

🧠 **수식 11-6 | 이항 로지스틱 회귀분석을 통해 얻은 로지스틱 회귀식[3]**

$$\ln\left(\frac{p}{1-p}\right) = -26.1 + 0.3 \times 모의고사\ 점수$$

이 식에 모의고사 점수를 대입하면 2차 시험에 합격할 로짓을 얻을 수 있다. 예를 들어, 모의고사 점수가 87점이라면, 로짓값이 0이 된다. 0이라는 로짓값을 exp하면, 1이라는 값이 나오고, 이는 수학 시험에 합격할 승산을 의미한다. 승산 1을 다시 확률로 변환하면 0.5라는 확률이 계산된다. 즉, 모의고사 점수가 87점일 때, 2차 시험에 합격할 확률은 0.5가 된다.

이 식에서 독립변수인 모의고사 점수의 회귀계수는 약 0.3이다. 우리는 회귀계수를 exp하면 승산비가 됨을 이미 학습하였다. $\exp(0.3)$는 약 1.35가 된다. 1.35는 1보다 크므로, 모의고사 점수의 증가는 2차 시험 합격에 정적효과가 있음을 알 수 있다. <표 11−4>를 보자.

---

[3] 실습파일의 실제 결과와는 다르다. 이해를 위해 절편과 회귀계수의 값을 달리하였음을 밝힌다.

◎ 표 11-4 | 예시의 로짓 → 승산 → 확률 변환과정과 승산 및 확률 변화량

a + b_1 ×	모의고사 점수	=	로짓 →	승산 →	확률	승산 변화율	확률 변화량
	79		-2.4	0.091	0.083		
						1.350	0.026
	80		-2.1	0.122	0.109		
						1.350	0.033
	81		-1.8	0.165	0.142		
						1.350	0.041
	82		-1.5	0.223	0.182		
						1.350	0.049
	83		-1.2	0.301	0.231		
						1.350	0.058
	84		-0.9	0.407	0.289		
						1.350	0.065
	85		-0.6	0.549	0.354		
						1.350	0.071
	86		-0.3	0.741	0.426		
						1.350	0.074
-26.1 + 0.3 ×	87	=	0 →	1.000 →	0.500		
						1.350	0.074
	88		0.3	1.350	0.574		
						1.350	0.071
	89		0.6	1.822	0.646		
						1.350	0.065
	90		0.9	2.460	0.711		
						1.350	0.058
	91		1.2	3.320	0.769		
						1.350	0.049
	92		1.5	4.482	0.818		
						1.350	0.041
	93		1.8	6.050	0.858		
						1.350	0.033
	94		2.1	8.166	0.891		
						1.350	0.026
	95		2.4	11.023	0.917		

　　우측의 승산 변화율은 특정 모의고사 점수일 때의 2차 시험에 합격할 승산을 그보다 1점 낮은 모의고사 점수의 승산으로 나눈 값[4]이다. 즉, 승산비이며, 모두 exp(0.3), 약 1.350으로 같음을 알 수 있다. 특정 점수일 때 2차 시험에 합격할 확률을 알고 싶다면, 특정 점수를 회귀식에 대입하여 로짓을 구하고, 로짓을 승산으로, 승산을 확률로 변환해야 한다. 일반적으로 통계 프로그램에서는 확률이 0.5가

---

4 아래 행의 승산에서 윗 행의 승산을 나눈 값이다(예: 0.109/0.083=1.350).

넘는 경우 사건이 발생한다고 예측하도록 설정이 되어 있으며, 이 수치는 조정이 가능하다.

5. 로짓의 확률 변환

회귀식을 도출하여 각 개인의 독립변수값을 대입하여 로짓을 구한 후에는 아래의 식에 대입하여 각 개인의 사건 발생확률을 계산할 수 있다.

수식 11-7 │ 로짓의 확률 변환

$$\frac{\exp(b_0 + \sum b_j x_j)}{1 + \exp(b_0 + \sum b_j x_j)} = \frac{\exp(\text{회귀식을 바탕으로 한 개개인의 사건발생 로짓})}{1 + \exp(\text{회귀식을 바탕으로 한 개개인의 사건발생 로짓})}$$

지금까지의 예시는 모두 독립변수가 하나인 경우를 바탕으로 설명하였다. 하지만 실제로는 여러 독립변수를 함께 투입하여 분석을 수행할 것이다. 이때 투입한 여러 독립변수 중 회귀계수가 유의하지 않은 독립변수가 존재할 수도 있다. 만약 회귀분석 결과를 바탕으로 특정인의 사건 발생확률을 예측하고자 하는 경우라면, 유의하지 않은 독립변수도 회귀식에 포함하여 개개인의 로짓과 확률을 계산하는 것이 바람직하다.

04 ▶ │ **Application(with jamovi)**

본 실습은 Chapter의 서두에 설명하였던, 김대리의 case를 해결하기 위한 실습이다. 종속변수는 시험 합격 여부이며, 독립변수는 성별, 입사 전 노무사 시험 응시 경험 유무, 교육과정 중 모의고사 점수, 교육시간 외 1일 평균 학습시간이다.

본 Chapter의 실습 파일명은 'Chapter11_Data.csv'이며, 모든 자료는 실제 존재하는 것이 아닌 임의로 생성된 가상의 자료다. 따라서 실습분석의 결과는 실습 이해용으로만 활용해야 하며, 각 변수의 관계에 실제 의미를 부여해서는 안됨을 명확히 하고자 한다.

Step ⓪ jamovi 실행 > 좌측상단 ' ≡ ' 클릭 > 'Open' 클릭 > 'Browse' 클릭 > 'Chapter11_Data.csv' 선택 > '열기' 클릭

▪ 실습 파일 'Chapter11_Data.csv'를 jamovi에서 불러온다. 각 열에 다음의 변수가 위치하고 있는지 확인한다.

① ID: ID

② **성별:** 성별(0=여성, 1=남성)

③ **시험응시경험:** 입사 전 노무사 시험 응시한 경험 유무(0=없음, 1=있음)

④ **모의고사점수:** 교육과정 중 모의고사 점수(1–100점)

⑤ **학습시간(1일 평균):** 교육시간 외 1일 평균 학습시간(h)

⑥ **합격 여부:** 노무사 시험 합격 여부(0=불합격, 1=합격)

▪ 본 도서에서 제공하는 실습 파일 내 대부분 변수명은 한글로 설정해두었다. jamovi는 한글 변수명도 인식하지만, 종종 한글 변수명으로 인한 분석 오류가 발생하기도 한다. 혹시 이후 분석 단계에서 오류가 발생한다면, 변수명을 모두 영어로 변경하여 실습하기 바란다.

Step ① Data > Setup > 변수 클릭 > Continuous/Ordinal/Nominal/ID 설정

▪ 첫 번째 단계는 각 변수의 속성을 정의하는 단계이다. <그림 11–4>와 같이 각 변수의 속성을 지정해주면 된다. jamovi의 경우 SPSS와 같은 프로그램과 달리 '완료' 버튼이 없으니, 클릭하여 설정만 해주면 된다.

- ID는 ID로, 성별, 시험응시경험, 합격 여부는 질적변수이므로 Nominal로, 모의고사점수, 학습시간(1일 평균)은 연속변수이므로 Continuous로 설정해준다. 여기서 중요한 것은 합격 여부를 꼭 Nominal로 지정해주어야 한다는 점이다. 로지스틱 회귀분석의 종속변수를 Nominal로 지정해주지 않으면, 이후의 분석 단계에서 종속변수로 설정할 수 없기 때문이다.

그림 11-4 | Step1

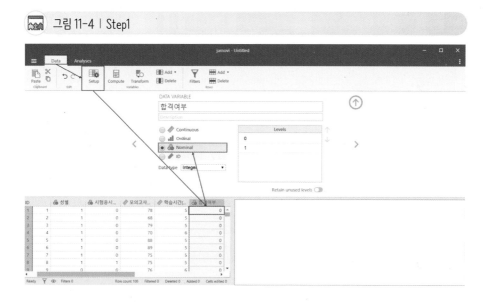

Step② Analyses > Regression > 2 Outcomes Binomial

- 두 번째 단계는 각 변수의 역할을 설정하는 단계이다. 이 단계에서 로지스틱 회귀분석의 종속변수와 독립변수를 설정할 수 있다.
- 종속변수인 합격 여부를 Dependent Variable의 자리에 옮기고, Covariates의 자리에 독립변수인 성별, 시험응시경험, 모의고사점수, 학습시간(1일 평균)을 옮긴다.

▪ Factors는 질적 독립변수를 설정할 경우 사용한다. 그런데 본 자료의 질적변수인 성별이나 시험응시경험과 같이 0과 1로 코딩된 경우(범주가 두 개인 경우)는 Covariates의 자리로 옮겨주어 분석해도 결과가 동일하다. 다만 세 개 이상의 범주를 가지는 질적 독립변수를 투입하는 경우는 Factor로 지정해주어야 하며, 동시에 Reference Level(기준집단)을 설정해주어야 한다.

그림 11-5 | Step2

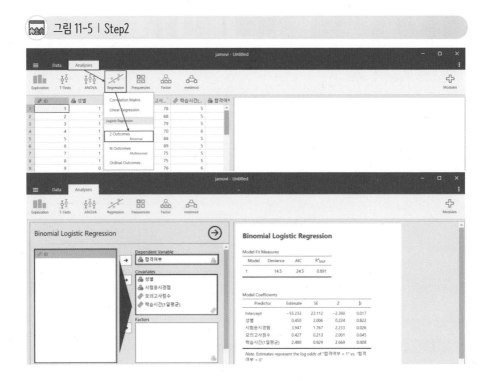

▪ 다음으로 분석 옵션을 선택한다. 승산비를 출력하기 위해 변수설정 박스 하단의 Model Coefficients를 클릭하여, Odds ratio를 체크한다.

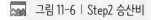

그림 11-6 | Step2 승산비

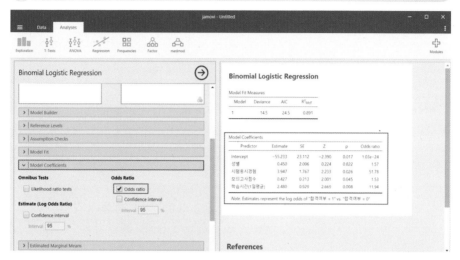

Step③ Interpretation

- jamovi의 경우 각 변수 및 옵션을 설정하면, 실시간으로 우측의 화면에 분석 결과가 Update 된다.

- <그림 11-6>의 Model Coefficients에서 절편과 각 독립변수의 회귀계수와 승산비를 확인할 수 있다. 각 Estimate의 p가 0.05보다 작은 경우 추정치가 유의함을 나타낸다. 성별의 경우 회귀계수가 0.450이나, p가 0.05를 초과하여 유의하지 않음을 알 수 있다. 이 경우 회귀계수가 유의하지 않으므로, 따로 해석하지 않는다. 시험응시경험의 경우 회귀계수가 3.947이며, 유의하다. 승산비가 1보다 크므로, 다른 변수를 통제한 상태에서 시험응시경험은 합격에 정적효과가 있음을 알 수 있다. 양적변수인 모의고사점수와 학습시간도 회귀계수가 모두 양수이고, 승산비가 1보다 크며 유의하다. 따라서 다른 변수를 통제한 상태에서 모의고사점수의 증가는 합격확률을 높이는 정적효

과를 갖고 있다고 해석할 수 있다. 마찬가지로 다른 변수를 통제한 상태에서 학습시간(1일 평균)의 증가 역시 합격확률을 높이는 정적효과를 갖고 있다고 해석할 수 있다.

Step④ Probability Calculation

▪ Step3의 분석 결과를 바탕으로 회귀식을 도출하면 다음과 같다.

🧠 수식 11-8 | 추정된 로지스틱 회귀식

$$\ln\left(\frac{p}{1-p}\right)=-55.233+0.450\times성별+3.947\times시험응시경험$$
$$+\,0.427\times모의고사성적+2.480\times학습시간$$

▪ 도출된 회귀식을 활용하여 올해 참가자들의 자료를 입력하고 합격확률을 예측해보도록 한다. 회귀식을 바탕으로 <그림 11−7>과 같이 Excel에 수식을 입력해주면 된다(Chapter11_Probability_Calculation(Sample) 참고). 2행을 기준으로 설명하면 다음과 같다.

▪ T열 '로짓'의 수식: =B2+D2*F2+H2*J2+L2*N2+P2*R2

* Intercept와 '회귀계수*독립변수'들의 합으로 이루어진 형태이다.

* 본문에 설명한 것과 같이 회귀계수가 유의하지 않았던 독립변수인 '성별' 역시 회귀식에 포함하여 개개인의 로짓, 확률을 예측한다.

▪ U열 '승산'의 수식: =exp(T2)

* 로짓을 승산으로 바꿔주는 과정이다.

▪ V열 '확률'의 수식: =U2/(1+U2)

* 승산을 확률로 바꿔주는 과정이다.

▪ 이 Excel의 F열(성별), J열(시험응시경험), N열(모의고사성적), R열(학습시간)에 금년도 교육참가자 개개인의 값을 입력해주면 우측의 T열, U열, V열을 통해 로

짓, 승산, 확률을 각각 구할 수 있다. 이 중 0.5를 넘는 인원을 합격 예상 인원으로 보고할지, 0.7이나 0.8 등을 넘는 인원을 합격 예상 인원으로 보고할지는 분석자의 판단이다. 보수적으로 합격확률이 매우 높은 인원만 합격 예상으로 선정한다면 0.5보다 높은 값을 설정하여 합격 예상을 할 수도 있고, 아니라면 0.5를 넘는 인원을 합격 예상 인원으로 보고할 수도 있다.

그림 11-7 | Step4

	C	D	E	F	G	H	I	J	K	L	M	N	O	P	Q	R	S	T	U	V
1	+	0.450	*	성별	+	3.947	+	시험응시경험	+	0.427	*	모의고사점수	+	2.480	*	학습시간	=	로짓	승산	확률
2	+	0.450	*	1	+	3.947	+	1	+	0.427	*	91	+	2.480	*	5	=	0.421	1.5234843	0.6037225
3	+	0.450	*		+	3.947	+		+	0.427	*		+	2.480	*		=			
4	+	0.450	*		+	3.947	+		+	0.427	*		+	2.480	*		=			
5	+	0.450	*		+	3.947	+		+	0.427	*		+	2.480	*		=			
6	+	0.450	*		+	3.947	+		+	0.427	*		+	2.480	*		=			
7	+	0.450	*		+	3.947	+		+	0.427	*		+	2.480	*		=			
8	+	0.450	*		+	3.947	+		+	0.427	*		+	2.480	*		=			
9	+	0.450	*		+	3.947	+		+	0.427	*		+	2.480	*		=			
10	+	0.450	*		+	3.947	+		+	0.427	*		+	2.480	*		=			
11	+	0.450	*		+	3.947	+		+	0.427	*		+	2.480	*		=			
12	+	0.450	*		+	3.947	+		+	0.427	*		+	2.480	*		=			
13	+	0.450	*		+	3.947	+		+	0.427	*		+	2.480	*		=			
14	+	0.450	*		+	3.947	+		+	0.427	*		+	2.480	*		=			
15	+	0.450	*		+	3.947	+		+	0.427	*		+	2.480	*		=			
16	+	0.450	*		+	3.947	+		+	0.427	*		+	2.480	*		=			
17	+	0.450	*		+	3.947	+		+	0.427	*		+	2.480	*		=			
18	+	0.450	*		+	3.947	+		+	0.427	*		+	2.480	*		=			
19	+	0.450	*		+	3.947	+		+	0.427	*		+	2.480	*		=			
20	+	0.450	*		+	3.947	+		+	0.427	*		+	2.480	*		=			
21	+	0.450	*		+	3.947	+		+	0.427	*		+	2.480	*		=			
22	+	0.450	*		+	3.947	+		+	0.427	*		+	2.480	*		=			
23	+	0.450	*		+	3.947	+		+	0.427	*		+	2.480	*		=			

05 | Same application in different situations

본 Chapter에서 다룬 김대리의 case는 교육 참가자들이 2차 시험에 합격하는지, 불합격하는지의 두 개의 범주가 있는 종속변수를 예측하고 싶은 경우이므로, 이항 로지스틱 회귀분석을 적용하여 통계적 solution을 제공하였다. 이를 기업의 경영 현장 전반으로 확대해 본다면, 다음과 같은 상황에서도 적용해 볼 수 있을 것이다.

- 신입사원 개개인의 특성에 대한 자료(업무만족도, 조직문화 체화 정도 등)가 있을 때, 특정 기간(기업 입장에서 신입사원의 채용 후, 손익분기가 되는 기간) 내에 퇴사 할지/안 할지 예측하는 경우
- 고객에 대한 정보(매장 방문 빈도, 애플리케이션 설치 여부 등)를 수집한 후, 특정 성향의 고객이 물건을 살지/안 살지 예측하는 경우

Reference

본 Chapter는 홍세희 교수의 2005년 저서 「이항 및 다항 로지스틱 회귀분석」의 내용을 중심으로 재구성되었습니다.

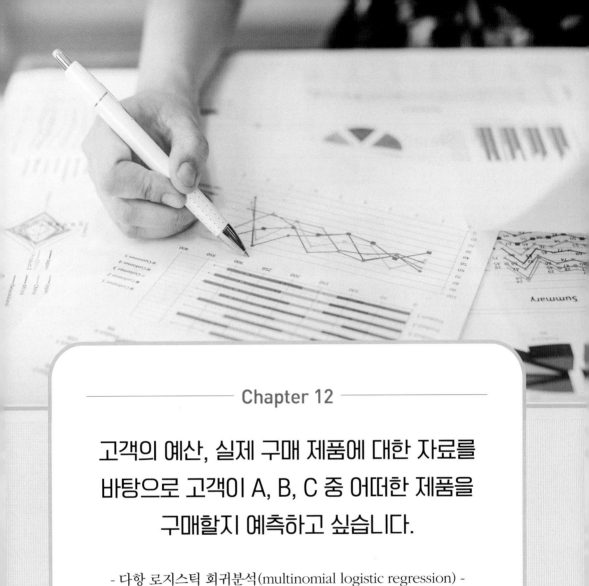

---- Chapter 12 ----

고객의 예산, 실제 구매 제품에 대한 자료를
바탕으로 고객이 A, B, C 중 어떠한 제품을
구매할지 예측하고 싶습니다.

- 다항 로지스틱 회귀분석(multinomial logistic regression) -

| Situation

　자동차 회사인 B社에서 고객 조사를 담당하고 있는 양과장은 최근 팀장으로부터 새로운 미션을 부여받았다.

팀 장: "양과장. 최근에 각 영업점에서 정보제공에 동의한 고객의 예산 정보와 프로모션 차량 중 실제 고객이 어떠한 차량을 구매했는지에 대한 자료를 받았네. 양과장이 이 자료를 바탕으로 고객이 예산에 따라 프로모션 차량 중 어떠한 차량을 구매할지 예측해 볼 수 있겠나? 만약 이러한 예측이 가능하다면, 영업사원들이 고객에 맞춰 구매 예상 차량을 중심으로 설명하여 상담만족도를 높이고, 실제 구매와 연결되도록 하는 데 도움이 될 것 같네."

양과장: "예, 팀장님. 로지스틱 회귀분석을 통해 프로모션 차량 중 각 고객의 구매 예상 차량을 예측해 볼 수 있을 것 같습니다."

　양과장은 고객의 구매 예상 차량을 예측하기 위해 로지스틱 회귀분석을 적용하고자 한다. 그런데 프로모션 차량의 종류가 세 개 이상이다. 양과장이 학습한 이항 로지스틱 회귀분석은 두 개의 범주를 갖는 질적 종속변수를 예측하는 방법이다. 양과장은 어떻게 세 개 이상의 범주를 가지는 종속변수를 예측할 수 있을지 궁금하다.

02 ▶ | Solution

　　양과장은 각 영업점에서 보내온 자료 중 고객의 예산을 독립변수로, 실제 각 고객이 구매한 차량 정보를 종속변수로 하여 로지스틱 회귀분석을 하고자 한다. 그런데 종속변수인 고객 구매 차량의 범주가 세 개 이상이다 보니, 종속변수의 범주가 두 개일 때 활용하는 이항 로지스틱 회귀분석을 적용할 수는 없다. 양과장의 case와 같이 종속변수의 범주가 세 개 이상인 경우는 다항 로지스틱 회귀분석(multinomial logistic regression)을 적용해야 한다.

　　본 Chapter에서는 바로 직전 Chapter에서 다루었던, 이항 로지스틱 회귀분석을 확장하여 종속변수의 범주가 세 개 이상인 다항 로지스틱 회귀분석을 기준사건이라는 개념을 중심으로 살펴보도록 한다. 이후에는 양과장의 case에서의 다음의 두 개 가정을 추가하여 설명하고자 한다. 먼저, 프로모션 차량은 A, B, C 세 개의 차량이다. 그리고 영업점에서 보내온 자료는 세 차량 중 하나를 구매한 고객에 대한 자료이다.

03 ▶ | Statistics

　　먼저 이항 로지스틱 회귀분석의 내용을 다시 떠올려보자. 이항 로지스틱 회귀분석에서는 예측하고자 하는 종속변수의 범주가 두 개였다. 합격/불합격, 구매/비구매, 사건이 발생함/사건이 발생하지 않음 등의 경우이다. 개개인이 각 범주에 속할 확률을 예측하는데는 로지스틱 함수를 활용하는 것이 바람직하지만, 로지스틱 함수는 독립변수와 종속변수의 관계를 선형으로 설명할 수 없다. 또한, 확률은 상한계, 하한계가 존재하여 종속변수의 형태로 적합하지 않다. 따라서 로지스틱 함수의 확률을 승산으로, 승산을 로짓으로 바꾸는 과정을 거쳤다.

 종속변수의 두 범주가 '사건이 발생함'과 '사건이 발생하지 않음'이라면, 사건이 발생할 확률(p)과 사건이 발생하지 않을 확률($1-p$)을 활용하여, 다음과 같이 승산을 구할 수 있다.

수식 12-1 | 확률의 승산 변환

$$odds = \frac{사건이발생할확률}{사건이발생하지않을확률} = \frac{p}{1-p}$$

 승산은 상한계가 없다는 장점이 있으나, 0이라는 하한계가 존재한다. 따라서 자연로그를 취하여 상, 하한계가 없어 종속변수의 형태로 적합한 로짓으로 변환한다. 최초의 로지스틱 함수의 확률은 이와 같은 로짓 변환과정을 거쳐 최종적으로 아래와 같은 수식으로 정리된다.

수식 12-2 | 이항 로지스틱 회귀분석

$$\ln\left(\frac{p}{1-p}\right) = b_0 + \sum b_j x_j$$

 이항 로지스틱 회귀분석은 로짓을 종속변수로 하며, 우변은 선형회귀분석과 같은 형태이다.

1. 다항 로지스틱 회귀분석에서의 승산: 기준사건의 설정

 <수식 12-1>, <수식 12-2>를 통해 이항 로지스틱 회귀분석은 로지스틱 함수의 확률을 승산으로, 이를 다시 로짓으로 변환하여 종속변수로 활용함을 알 수 있다. 이항 로지스틱 회귀분석에서는 종속변수의 범주가 '사건이 발생함'과 '발

생하지 않음' 두 개이므로, 확률 역시 사건이 발생할 확률, 발생하지 않을 확률 두 개만 존재한다. 따라서 확률의 승산 변환이 간단하다.

반면 다항 로지스틱 회귀분석은 종속변수의 범주가 세 개 이상이며, 사건이 발생할 확률 역시 세 개 이상이다. 따라서 확률의 승산 변환 시, 특정 사건이 발생할 확률을 기준으로 설정하여 변환해야 한다. 즉, 특정 사건을 기준으로 설정해야 한다.

양과장의 case를 바탕으로 기준의 의미와 다항 로지스틱 회귀분석에서의 승산 생성에 대해 알아보자. 양과장의 case에서 고객이 구매할 수 있는 차량은 A, B, C 중 하나이므로, A차량 구매($P(A)$, 이하 A사건), B차량 구매($P(B)$, 이하 B사건), C차량 구매($P(C)$, 이하 C사건)의 세 가지 확률이 존재한다. 만약 프로모션 차량이 A, B 차량 두 개라면(종속변수의 범주가 A, B 두 개라면), <수식 12-1>을 활용하면 된다. 간단히 A사건 확률을 분자로, B사건 확률을 분모로 하는 방식이다.[1] 하지만 양과장과 같이 다항 로지스틱 회귀분석을 적용하는 경우는 세 개 사건에 대한 확률이 존재하므로, 이 중 하나를 기준으로 설정해야 한다. 이때 기준이 되는 사건을 기준사건이라 한다. 기준사건의 설정은 분석자의 의도에 따라 달라질 수 있다. 다항 로지스틱 회귀분석에서는 독립변수의 증가나 감소에 따라 기준사건 대비 다른 사건이 일어날 확률이 높아지는지 낮아지는지 확인할 수 있다.

C차량 구매라는 사건을 기준사건으로 설정한 경우를 생각해보자.[2] 다음과 같이 두 개의 대비를 만들 수 있다.

수식 12-3 | C사건 대비 A사건 승산

$$\frac{P(A)}{P(C)}$$

---

[1] 반대도 가능하다.
[2] A사건이나, B사건을 기준사건으로 설정해도 좋다.

🎯 수식 12-4 ㅣ C사건 대비 B사건 승산

$$\frac{P(B)}{P(C)}$$

만약 다항 로지스틱 회귀분석에서 종속변수의 범주가 네 개라면 세 개의 대비가, 다섯 개라면 네 개의 대비가 만들어진다. 즉, 종속변수 범주수−1개의 대비가 가능하다.

다음의 내용으로 넘어가기 전에 <수식 12−1>을 다시 보자. 이전 Chapter에서는 기준사건을 다루지 않았지만, 사실 이항 로지스틱 회귀분석 역시 기준사건과 나머지 사건을 대비시키는 형태이다. 다만 범주가 두 개이므로, 사건이 일어나지 않음(기준사건)과 사건이 일어남(비교사건)을 대비시키는 형태가 일반적이어서 따로 언급하지 않은 것뿐이다.

2. 다항 로지스틱 회귀분석의 해석

기준사건을 설정한 후 나머지 사건과 대비하여 종속변수 범주수−1개의 승산을 생성하였다면, 이후의 로짓 변환 및 해석방법은 이항 로지스틱 회귀분석과 같다. 해석을 위해 다시 이항 로지스틱 회귀분석에서 학습한 내용을 떠올려보자.

◎ 표 12-1 ㅣ 로지스틱 회귀계수 부호에 따른 효과

logistic 회귀계수	승산비=exp(b_j)	승산에 대한 효과
$b_j > 0$	exp(b_j) > 1	정적효과(positive effect)
$b_j = 0$	exp(b_j) = 1	무 효과(no effect)
$b_j < 0$	0 < exp(b_j) < 1	부적효과(negative effect)

이전 Chapter에서 독립변수 x_j의 회귀계수 b_j를 exp하면, 독립변수 x_j를 1증가시키기 전과 후의 승산비($\exp(b_j)$)가 된다고 했다. 1보다 큰 승산비는 독립변수 증가가 사건 발생에 정적효과를, 1보다 작은 승산비는 독립변수 증가가 사건 발생에 부적효과를 가짐을 의미한다. 이항 로지스틱 회귀분석에서는 사건이 발생하지 않음이 기준사건, 사건이 발생함이 비교사건이므로, 1보다 큰 승산비는 독립변수 증가로 인해 비교사건의 확률이 높아짐을 의미한다. 반대로 1보다 작은 승산비는 독립변수 증가로 인해 비교사건의 확률이 낮아짐을 의미한다.

다항 로지스틱 회귀분석도 마찬가지다. 독립변수 x_j의 회귀계수 b_j를 exp한 승산비($\exp(b_j)$)가 1보다 크다면, 기준사건보다 비교사건의 확률이 높아짐을 의미한다. 반대로 1보다 작다면, 비교사건의 확률이 낮아짐을 의미한다. 이항 로지스틱 회귀분석과의 차이점은 다항 로지스틱 회귀분석에서는 각 대비별로 독립변수의 회귀계수들이 각각 도출된다는 점이다. 양과장의 case에서 예산을 독립변수로 고객 구매 차량을 종속변수로 설정하여 다항 로지스틱 회귀분석을 했다고 하자. 독립변수인 예산의 회귀계수는 C사건(기준사건)과 A사건(비교사건)의 대비와 C사건(기준사건)과 B사건(비교사건)의 대비에 대하여 각각 추정된다. 양과장의 자료를 다항 로지스틱 회귀분석한다면 다음과 같은 회귀식을 얻을 수 있다.

🧠 수식 12-5 | C사건-A사건 대비의 회귀식

$$\ln\left(\frac{\widehat{P(A)}}{P(C)}\right) = a_1 + b_1 \times 예산$$

🧠 수식 12-6 | C사건-B사건 대비의 회귀식

$$\ln\left(\frac{\widehat{P(B)}}{P(C)}\right) = a_2 + b_2 \times 예산$$

A, B, C는 각각 A, B, C차량을 구매하는 사건을 의미하며, $P(A)$, $P(B)$, $P(C)$는 각 사건의 발생확률을 의미한다. C사건을 기준사건으로 하여 A사건과 C사건, B사건과 C사건을 비교하는 두 개의 대비가 만들어졌음을 알 수 있다. 독립변수인 예산의 회귀계수는 각 대비별로 각각 b_1과 b_2로 추정되었다.

<수식 12-5>의 첫 번째 대비를 해석해보자. 만약 승산비인 $\exp(b_1)$의 값이 1보다 크다면, 예산이 높을수록 C차량에 비해 A차량을 구매할 가능성에 정적인 영향을 준다고 해석한다. 즉, C차량에 비해 A차량 구매의 가능성이 커진다. $\exp(b_1)$이 1이라면, 예산은 C차량과 A차량 구매에 특별한 효과가 없음을 나타낸다. 마지막으로 $\exp(b_1)$이 1보다 작다면, 예산이 높을수록 C차량에 비해 A차량을 구매할 가능성에 부적인 영향을 준다고 해석한다. 즉, C차량에 비해 A차량 구매의 가능성이 작아진다. <수식 12-6>의 대비도 비교사건을 바꿔 위와 같은 방식으로 해석된다.

다음으로 양과장 case를 실제 다항 로지스틱 회귀분석한 결과를 살펴보자. 독립변수는 예산, 종속변수는 구매 차량이며, 구매 차량이라는 종속변수는 지금까지의 예와 같이 A, B, C차량 세 개의 범주를 갖는다. 이 중 C차량 구매를 기준사건으로 설정하였다.

◎ 표 12-2 | 다항 로지스틱 회귀분석 결과 요약

비교 사건	기준 집단	독립변수	Estimate	S.E.	Z	p-value
A	C	절편	-35.016	5.411	-6.471	<0.001
		예산	0.159	0.076	2.091	0.036
B	C	절편	-21.168	5.783	-3.660	<0.001
		예산	0.139	0.0832	1.671	0.095

<표 12-2>의 결과를 바탕으로 두 개의 대비에 대한 각각의 회귀식을 쓰면 다음과 같다.

🧠 수식 12-7 | C사건-A사건 대비의 회귀식

$$\ln\left(\frac{\widehat{P(A)}}{P(C)}\right) = -35.016 + 0.159 \times 예산$$

🧠 수식 12-8 | C사건-B사건 대비의 회귀식

$$\ln\left(\frac{\widehat{P(B)}}{P(C)}\right) = -21.168 + 0.139 \times 예산$$

기준사건은 C사건이다. 먼저 비교사건이 A사건일 때의 결과를 보자. 독립변수인 예산의 회귀계수가 0.159로 유의했다. 첫 번째 식을 해석해보면, 고객의 예산이 높을수록 C차량에 비해 A차량 구매의 가능성이 커진다고 할 수 있다. 즉, 고객 예산의 증가는 C차량에 비해 A차량을 구매할 가능성에 정적효과를 갖고 있다. 예산의 회귀계수가 0.159로 양수이며, 이를 exp하면 1보다 크기 때문이다. 두 번째 대비의 경우는 예산의 회귀계수가 유의하지 않았다. 따라서 고객의 예산 증가에 따라 C차량에 비해 B차량 구매 가능성이 커진다고 이야기할 수 없다.

위와 같이 C사건을 기준사건으로 한 경우, C사건과 A사건, C사건과 B사건 두 개의 대비에 대한 독립변수의 효과를 확인할 수 있다. 하지만 A사건 대비 B사건에 대한 독립변수의 효과는 확인할 수 없다. 이를 확인하고 싶은 경우 기준사건을 A사건이나 B사건으로 변경하여 다시 다항 로지스틱 회귀분석을 수행하면 된다.

3. 로짓의 확률 변환

다음으로 개인의 로짓을 확률로 변환하는 공식을 살펴보자. 만약 양과장의 case에서 예산에 기반하여 특정한 개인이 A차량을 구매할 확률이 얼마인지 예측하고 싶다면 다음의 공식을 활용한다.

수식 12-9 | 로짓의 확률 변환-A사건

$$P(A) = \frac{\dfrac{P(A)}{P(C)}}{\dfrac{P(A)}{P(C)} + \dfrac{P(B)}{P(C)} + 1} = \frac{\exp\left(\ln\left(\dfrac{P(A)}{P(C)}\right)\right)}{\exp\left(\ln\left(\dfrac{P(A)}{P(C)}\right)\right) + \exp\left(\ln\left(\dfrac{P(B)}{P(C)}\right)\right) + 1}$$

$P(A)/P(C)$와 $P(B)/P(C)$는 각각 <수식 12−7>과 <수식 12−8>에서 구해진 로짓을 exp하여 구할 수 있다. 즉, 개인의 예산을 <수식 12−7>, <수식 12−8>에 대입하여 두 개의 로짓을 계산한다. 그리고 각 로짓을 exp하여, 위 식의 각 자리에 대입한다. 최종적으로 계산된 값은 A차량을 구매할 확률이 된다.

B차량을 구매할 확률은 <수식 12−9>에서 분자를 $P(B)/P(C)$로 바꾸어 계산하기만 하면 된다. C차량을 구매할 확률은 1에서 A차량, B차량을 구매할 확률을 모두 빼주면 구할 수 있다. A, B, C차량의 구매 확률을 각각 계산하면, 어느 사건이 발생할 가능성이 가장 큰지 판단할 수 있다.

본 Chapter에서는 양과장의 case를 중심으로 다항 로지스틱 회귀분석을 살펴보았다. 여기서는 설명 편의상 예산이라는 하나의 독립변수만 투입한 경우를 보았다. 하지만 실제로는 경쟁제품의 구매 영향요인은 여러 개일 것이므로, 다양한 변수를 독립변수로 설정하여 모형을 설정하는 것이 필요할 것이다.

지금까지 여러 Chapter에 걸쳐 회귀분석에 대한 내용을 살펴보았다. 이는 종속변수의 형태에 따른 여러 종류의 회귀분석을 살펴보는 과정이었다. 종속변수가 연속변수인 경우 단순, 다중 선형회귀분석을 적용하며, 종속변수가 범주를 갖는 질적변수인 경우 로지스틱 회귀분석을 적용한다. 만약 종속변수의 범주가 두 개라면 이항 로지스틱 회귀분석을, 세 개 이상이라면 다항 로지스틱 회귀분석을 적용한다.

마지막으로 기업의 담당자 입장에서 유용하게 활용할 수 있는 또 다른 회귀분석을 간단히 소개하고 마무리하고자 한다. 종속변수가 범주를 갖는 질적변수이며, 그 질적변수가 서열을 갖는 경우가 있다. 예를 들어, 전년도 인센티브 수령액을 바탕으로 올해 성과 등급을 예측하는 경우를 생각해보자. 올해 성과 등급은 A, B, C와 같은 질적변수이며, 그 안에서 서열을 갖고 있다. 이 경우는 서열회귀분석(ordinal regression)을 해야 한다. 종속변수가 질적변수이기 때문에 로지스틱 회귀분석과 유사한 형태이기는 하지만 약간의 차이가 있다.

예를 들어 전년도 인센티브 수령액을 독립변수로 올해 성과 등급을 종속변수로 설정하여 서열회귀분석을 하면, 전년도 인센티브 수령액에 대한 회귀계수가 하나만 계산된다. 다항 로지스틱 회귀분석에서는 범주−1개의 대비에 대한 각 회귀계수가 추정되었던 것과 다르다. 만약 서열회귀분석에서의 회귀계수가 양수라면, 독립변수가 증가할수록 A등급과 같이 높은 서열 등급에 속할 가능성이 커짐을 의미한다. 반대로 음수라면, 독립변수가 증가할수록 C등급과 같이 낮은 서열 등급에 속할 가능성이 커짐을 의미한다. 서열회귀분석에서는 통계 프로그램에 따라 해석 방향이 반대로 되어 있기도 하므로 주의가 필요하다.

04 ▶ Application(with jamovi)

본 실습은 Chapter의 서두에 설명하였던, 양과장의 case를 해결하기 위한 실습이다. 종속변수는 고객 구매 차량으로 A, B, C차량 총 세 개의 범주로 구성된 질적변수이며, 독립변수는 고객의 예산이다.

본 Chapter의 실습 파일명은 'Chapter12_Data.csv'이며, 모든 자료는 실제 존재하는 것이 아닌 임의로 생성된 가상의 자료다. 따라서 실습분석의 결과는 실습 이해용으로만 활용해야 하며, 각 변수의 관계에 실제 의미를 부여해서는 안됨을 명확히 하고자 한다.

Step 0 jamovi 실행 > 좌측상단 ' ≡ ' 클릭 > 'Open' 클릭 > 'Browse' 클릭 > 'Chapter12_Data.csv' 선택 > '열기' 클릭

▪ 실습 파일 'Chapter12_Data.csv'를 jamovi에서 불러온다. 각 열에 다음의 변수가 위치하고 있는지 확인한다.
  ① ID: ID
  ② **구매차량**: 실제 고객이 구매한 차량(A=A차량, B=B차량, C=C차량)
  ③ **예산**: 고객의 가용예산(만원)

▪ 본 도서에서 제공하는 실습 파일 내 대부분 변수명은 한글로 설정해두었다. jamovi는 한글 변수명도 인식하지만, 종종 한글 변수명으로 인한 분석 오류가 발생하기도 한다. 혹시 이후 분석 단계에서 오류가 발생한다면, 변수명을 모두 영어로 변경하여 실습하기 바란다.

Step 1 Data > Setup > 변수 클릭 > Continuous/Ordinal/Nominal/ID 설정

▪ 첫 번째 단계는 각 변수의 속성을 정의하는 단계이다. <그림 12-1>과 같이 각 변수의 속성을 지정해주면 된다. jamovi의 경우 SPSS와 같은 프로그램과 달리 '완료' 버튼이 없으니, 클릭하여 설정만 해주면 된다.

▪ ID는 ID로, 구매차량은 Nominal로, 예산은 연속변수이므로 Continuous로 설정해준다. 여기서 중요한 것은 구매차량을 꼭 Nominal로 지정해주어야 한다는 점이다. 로지스틱 회귀분석의 종속변수를 Nominal로 지정해주지 않으면, 이후의 분석 단계에서 종속변수로 설정할 수 없기 때문이다.

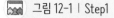
그림 12-1 | Step1

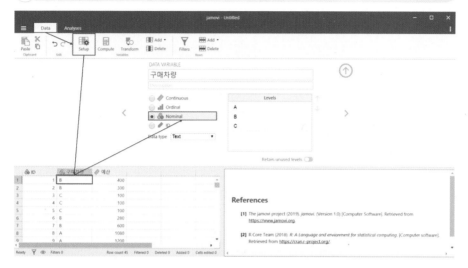

Step ② Analyses > Regression > N Outcomes Multinomial

▪ 두 번째 단계는 각 변수의 역할을 설정하는 단계이다. 이 단계에서 로지스틱 회귀분석의 종속변수와 독립변수를 설정할 수 있다.

▪ 종속변수인 구매차량을 Dependent Variable의 자리에 옮기고, Covariates의 자리에 독립변수인 예산을 옮긴다.

▪ 양과장의 case에서는 C차량 구매를 기준으로 하여 A차량 구매와 B차량 구매를 대비시키고자 하므로, C사건을 기준사건으로 설정해주어야 한다. 변수설정 박스 하단의 Reference Levels를 클릭한다. Variable 리스트에 구매차량이 생성되었음을 확인할 수 있고, 기준사건을 우측의 Reference Level 드롭박스를 통해 설정할 수 있다. 드롭박스에서 A를 선택하면, A로 코딩된 A차량 구매가 기준사건이 되며, B를 선택하면 B차량 구매, C를 선택하면 C차량 구매가 기준사건으로 설정된다. C를 선택하여 앞의 결과와 비교해보자.

그림 12-2 | Step2

그림 12-3 | Step2 기준사건 설정

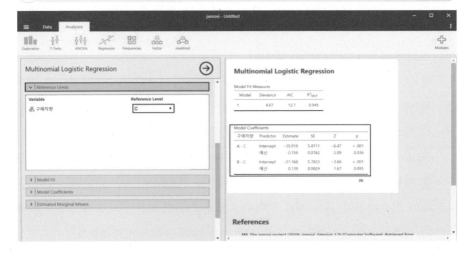

Step③ Interpretation

- jamovi의 경우 각 변수 및 옵션을 설정하면, 실시간으로 우측의 화면에 분석 결과가 Update 된다.

- <그림 12-3>의 Model coefficients에서 C사건(기준사건)과 A사건을 대비 하였을 때의 결과와 C사건(기준사건)과 B사건을 대비하였을 때의 결과를 각각 확인할 수 있다. 각 결과는 <표 12-2>의 값과 같다.

- C사건과 A사건을 비교했을 때, 예산의 회귀계수는 0.159로 유의했다. 따라서 고객의 예산이 높을수록 C차량에 비해 A차량 구매의 가능성이 커진다고 할수 있다. 즉, 예산의 증가는 C차량에 비해 A차량을 구매할 가능성에 정적효과를 갖고 있다. C사건과 B사건을 비교했을 때, 예산의 회귀계수는 0.139로 유의하지 않았다. 따라서 예산은 C차량이나 B차량 구매의 확률을 높이거나 낮추는 유의미한 요인이 아니다.

05 ▶ Same application in different situations

본 Chapter에서 다룬 양과장의 범주가 세 개 이상인 종속변수의 발생확률을 예측하고 싶은 경우이므로, 다항 로지스틱 회귀분석을 적용하여 통계적 solution을 제공하였다. 이를 기업의 경영 현장 전반으로 확대해 본다면, 다음과 같은 상황에서도 적용해 볼 수 있을 것이다.

- 정보동의를 받은 예비 신입사원에 대한 자료가 있을 때, 선발한 신입사원이 우리회사와 경쟁사 A, 경쟁사 B 중 어느 회사를 선택할지 예측하는 경우

▪ 고객에 대한 정보(매장 방문 빈도, 애플리케이션 설치 여부 등)를 수집한 후, 특정
  성향의 고객이 물건을 살지/안살지/보류할지 예측하는 경우

Reference

본 Chapter는 홍세희 교수의 2005년 저서 「이항 및 다항 로지스틱 회귀분석」의 내용을 중심으로 재
구성되었습니다.

---- **Chapter 13** ----

최근 경쟁사로 자사의 핵심인재가 많이
유출되고 있습니다. 핵심인재 개개인이
이직할지, 이직한다면 언제쯤 이직할 확률이
가장 높을지 등을 예측해볼 수 있을까요?

- 비연속시간 생존분석(discrete-time survival analysis) -

01 | Situation

A社와 B社사는 동종업계 내의 경쟁사이다. 올해 들어, 새로운 시장을 先확보하기 위하여 두 회사 간 경쟁이 점점 더 치열해지고 있다. 기술경쟁에서부터 시작하여, 고객사를 확보하기 위한 영업유치경쟁 등 다양한 분야에서 두 회사는 치열하게 맞부딪치고 있다. 특히, 최근에는 경쟁사의 핵심인재를 서로 적극적으로 스카우트하며, 각사의 R&D, 영업 관련 팀 외에 HR팀 간의 경쟁도 심화되었다. 경쟁사의 핵심인재를 더 좋은 조건으로 채용하여 성과를 창출해내게 함으로써, 이 치열한 경쟁에서 우위를 점하겠다는 이유에서이다. 이러한 경쟁은 핵심인재 유출로 인한 회사 기밀의 누설 등의 이슈와 맞물려, 법적 소송까지 확대되는 양상으로 그 문제가 커지고 있다.

이에 A社 HR부서의 팀장은 양대리에게 다음과 같은 두 가지 미션을 부여한다.

미션 1

팀장: "핵심인재가 선발 후 3년 이내에 이직하게 된다면, 핵심인재에게 투자한 금액에 비하여 회사의 손해가 매우 크게 되네. 현재 핵심인재로 선발된 인원들이 3년 내 이직을 할지, 하지 않을지 예측해보게."

기획, 영업, R&D 등의 직군에 있는 직원이 핵심인재로 선발되면, 회사는 핵심인재의 성장과 성과, 동기부여 등을 위하여 교육이나 인센티브 등 다양한 혜택을 제공한다. 당연하게도 이때 회사의 지출은 급격하게 증가한다. HR부서의 임원 및 실무진은 핵심인재 선발 후, 최소한 3년은 회사 내에서 성과를 창출해야 투자한 비용을 넘어서는 이익을 회사에 가져다준다고 판단하였다. 만약, 통계적으로 특정 핵심인재가 3년 이내에 이직할 것으로 판단된다면, 해당 인원의 이직을 막기 위한 프로그램을 추가적으로 고려해 볼 수 있을 것이다. 혹은 이직 확률을 핵심인재 선발 시 고려하여, 회사의 성과 향상 및 비용 감소를 꾀할 수도 있을 것이다.

미션 2

팀장: "양대리도 알다시피, 현재 핵심인재들이 경쟁사로 이직을 하는 시기는 매우 다양하네. 짧게는 핵심인재 선발 후 1년 이내에 이직하는 경우도 있고, 길게는 핵심인재 활동 최대 기간인 5년까지 이직하지 않는 경우도 있지. 우리 회사 핵심인재들은 핵심인재 선발 후 얼마의 기간이 지난 후에 이직할 확률이 가장 큰지 알아보게."

팀장의 말처럼 핵심인재 선발 후 얼마의 기간이 지난 후에 이직할 확률이 가장 높은지, 낮은지 등을 알 수 있다면, 이직할 확률이 높은 시점에 적절한 프로그램을 시행하여 핵심인재의 retention을 높일 수 있을 것이다. 하지만 어떻게 이직 확률이 높은 시점을 예측할 수 있을까? '이직 확률이 높은 시기'라는 것이 존재하기는 하는 것일까?

02 ▶ | Solution

양대리는 팀장으로부터 두 가지 미션을 부여받았다. 첫 번째는 '핵심인재의 선발 후, 3년 내 이직 여부에 대한 예측'이며, 두 번째는 '이직 확률이 높은 시점에 대한 예측'이다. 첫 번째 핵심인재의 이직 여부는 이전 Chapter에서 다룬 이항 로지스틱 회귀분석을 적용하여 예측할 수 있다. 예측하고자 하는 종속변수가 '3년 내 이직을 한다'와 '3년 내 이직을 하지 않는다'의 이분형 질적변수이기 때문이다. 양대리의 case에 이를 적용한다면 다음의 순서로 분석이 진행된다. 먼저, 현재 보유

하고 있는 자료를 바탕으로 핵심인재 중 3년 내 이직한 사람은 1로, 이직하지 않은 사람은 0으로 코딩하여 이직 여부를 종속변수로 설정한다. 이론적 배경을 검토하여 독립변수를 설정한다. 이때 독립변수가 질적변수라면, 이전 Chapter에서 다루었던 코딩방법(더미코딩 혹은 효과코딩)을 활용하여 독립변수로 투입한다. 분석을 통해 얻은 회귀식에 새롭게 핵심인재로 선발된 개개인의 독립변수값을 대입하여 로짓을 구한다. 로짓을 확률로 변환하여 개개인의 이직 확률을 구해낸다. 이직할 것으로 판단하는 기준 확률을 설정한다(예: 확률이 0.5 이상이라면 이직을 할 것 or 확률이 0.7 이상이라면 이직을 할 것). 설정한 기준 확률보다 높은 경우에는 이직할 것으로 예측하고, 낮은 경우에는 이직하지 않을 것으로 예측한다.

첫 번째 미션은 위와 같이 이항 로지스틱 회귀분석을 통해 해결할 수 있다. 이 사례에서는 3년이라는 핵심인재 육성에 대한 손익분기점이 팀장에 의해 제시되어, 따로 손익분기점을 설정할 필요가 없었다. 하지만 실제로는 각 회사의 핵심인재에 대한 투자 비용, 핵심인재의 성과 등에 따라 손익분기점이 각기 다를 것이다. 따라서 핵심인재 육성을 위해 투자한 금액과 핵심인재가 달성한 성과에 대한 ROI를 계산하여, 손익분기점을 도출해 내는 작업이 반드시 사전에 선행되어야 할 것이다.

두 번째 미션은 비연속시간 생존분석(discrete-time survival analysis)을 적용하여 해결할 수 있다. 생존분석은 의학 분야에서 질병이 있는 환자가 병원에 입원한 후, '사망할지' 혹은 '언제 사망이라는 사건이 발생할 확률이 높을지'와 같이 시간에 따른 사망 사건의 발생확률 등을 다루는 통계분석 방법이다. 따라서 bio-medical적인 '생존'이라는 용어가 사용된다. 행동과학 분야에서도 이와 같은 통계분석 방법을 적용하여, 시간에 따른 사건의 발생확률을 분석할 수 있다. 사회학을 중심으로 '생존'이 아닌 '사건사' 분석(event history analysis)이라는 용어를 사용하기도 한다.

생존분석은 자료가 연속시간, 비연속시간인 경우 모두에 적용할 수 있으며, 자료의 특성에 따라 적용하는 방법이 달라진다. 일반적으로 의학 분야에서 초 단위로 사건 발생 기록을 세분화하여 기록한 자료를 연속시간 자료로, 월, 분기, 연도 등의 큰 단위로 사건 발생을 기록한 자료를 비연속시간 자료로 여긴다. 하지만 엄밀히 말하면 의학 분야의 초 단위로 사건 발생 시기를 기록한 자료 역시 연속시간 자료는 아니다. 초 단위의 시간도 아주 작은 단위로 계속해서 세분화할 수 있기 때문이다. 즉, 아주 작은 시간의 단위 역시 분절적이기 때문에 연속시간은 아니라는 의미이다.

연속시간과 비연속시간 생존분석은 자료의 시간이 얼마나 작은 단위로 세분화되어 기록되어 있느냐보다는 tied-data의 존재 여부와 활용목적에 의해 선택해야 한다. tied-data는 같은 시기에 사건이 발생한 자료(개인)를 의미한다. 예를 들어, 양대리의 자료 내에 같은 시기에 '이직'이라는 사건이 발생한 개인이 다수 존재한다면, 연속시간보다는 비연속시간 생존분석을 적용하는 것이 바람직하다. 연속시간 생존분석 역시 tied-data가 존재하는 자료를 분석할 수는 있지만, 비연속시간 생존분석보다 그 방법이 복잡하며, 시간에 따른 위험함수(hazard function)를 도출함에 있어서도 비연속시간 생존분석이 더 편리하다. 여기서 위험함수란 가로축은 시간, 세로축은 사건 발생확률로 하는 평면에 시간의 흐름에 따른 사건 발생확률의 변화를 그린 그래프이다. 이는 뒤에서 더 자세히 살펴보도록 한다.

또한, 행동과학 분야에서는 '매우 세분화된 시간'에 따른 사건의 발생확률과 '특정 시기'의 사건 발생확률을 도출해내는 것의 차이가 크지 않다. 양대리의 case에서 핵심인재의 이직 확률이 핵심인재 선발 후 402일에 가장 높고, 527일에 두 번째로 높다고 예측되었다 해보자. 이 예측은 '핵심인재 선발 후 1-2년 사이에 이직 확률이 가장 높다'라는 예측과 실용적 관점에서 차이가 크지 않다. 두 예측 모두 '핵심인재 선발 후 1년 정도의 시점'을 이직 확률을 낮추기 위한 프로그램의 시행 시기로 고려할 것이기 때문이다.

즉, 양대리의 case는 시간의 단위를 크게 하더라도, 연속시간 생존분석보다

① tied-data 처리에 편리하고, ② 위험함수 도출이 용이한 비연속시간 생존분석을 적용하는 것이 적절하다. 따라서 이번 Chapter에서는 연속시간과 비연속시간 생존분석 중 비연속시간 생존분석을 중심으로 살펴보고자 한다.

03 ▶ | Statistics

　연속시간이든 비연속시간이든, 생존분석이라는 통계 방법은 두 가지의 문제에 관심이 있다. 바로 Whether와 When에 관한 문제이다. 사건이 발생할 것인가, 발생하지 않을 것인가가 첫 번째 관심사이고, 발생한다면 언제 발생할 것인가가 두 번째 관심사다. 나아가서 독립변수를 투입하여 사건 발생의 확률을 높이거나, 낮추는 요인이 무엇인지를 밝히기 위한 용도로 사용된다.

　이를 밝히기 위한 비연속시간 생존분석은 크게 두 단계로 진행된다. 첫 번째 단계는 독립변수를 포함하지 않은 '무조건 모형'의 형태를 결정하는 단계이다. 이 단계는 매 시점에 대한 위험확률을 추정하여 함수로 표현하는 단계로, 기저위험함수를 그리는 작업이 수행된다. 무조건 모형의 형태는 비구조화 모형(사건 발생확률을 있는 그대로 표현한 것)과 구조화 모형(사건 발생확률을 1차 함수나, 2차 함수 등의 형태로 표현한 것)으로 나눌 수 있다.

　첫 번째 단계에서 자료를 비구조화 모형으로 설명하는 것이 좋은지, 구조화 모형으로 설명하는 것이 좋은지를 여러 통계 지수를 바탕으로 선택해야 한다. 이를 통해 Whether와 When에 대한 질문에 대답할 수 있다. 본 Chapter에서는 비구조화 모형을 중심으로 비연속시간 생존분석을 살펴볼 예정이다.

　이어서 두 번째 단계에서는 독립변수를 포함한 '조건모형'에서 독립변수의 효과를 확인한다. 독립변수 투입을 통해 독립변수의 수준에 따라 각 시점의 사건 발생확률이 높아지는지, 낮아지는지를 밝혀낼 수 있다. 각 단계를 자세히 설명하기에 앞서 분석의 대상이 되는 생존자료의 특징부터 살펴보도록 한다.

1. 절단(censoring)

생존분석 자료에는 절단(censoring)이 존재한다. 절단은 생존시간을 정확히 모르는 상태를 의미한다. 여기서 생존시간은 한 개인에 대한 관찰이 시작된 시점부터 사건이 발생하기까지의 시간을 의미한다. 이 생존시간을 정확히 모르는 경우 '절단되었다(censored)'고 표현한다. 어떠한 경우 생존시간을 정확히 알 수 없을까? 두 가지의 경우가 있다. 첫 번째는 관찰을 중단할 때까지 사건이 발생하지 않는 경우이다. 이 경우 관찰이 중단됨에 따라 그동안 관찰해왔던 개개인을 더 이상 관찰하지 않게 되므로 자료가 절단된다. 예를 들어, 양대리를 핵심인재로 선발하였다. 핵심인재가 회사차원의 관리를 받으며 활동하는 기간은 5년이다. 그런데 양대리는 5년 동안 이직을 하지 않았고, 핵심인재 활동을 마무리하였다. '이직'이라는 사건은 발생하지 않았기 때문에, 양대리의 생존시간(이직이라는 사건이 발생하기까지의 걸린 시간)을 알 수 없다. 이러한 절단을 우측절단(right-hand censoring)이라고 한다.

두 번째 경우는 관찰대상이 특정 시점 이후 관찰되지 않는 경우이다. 관찰대상이 관찰 중에 더 이상 자신의 자료를 제공하기를 원하지 않거나, 관찰의 대상이 아니게 되는 경우 등이 대표적이다. 예를 들어, 양대리가 핵심인재로 선발되었으나, 선발 후 3년이 되는 시점에 낮은 고과로 인해 핵심인재 자격을 박탈당했다. 양대리는 더 이상 분석의 대상이 아니므로, 3년 이후 양대리의 이직 여부는 관찰되지 않는다. 이 역시 양대리의 생존시간을 알 수 없으므로, 자료가 절단된 경우이다.

2. 위험확률(hazard probability)

위험확률(hazard probability)은 h_{ij}로 표기하며, i는 개인, j는 특정 시점(interval)을 의미한다. 위험확률은 interval j 전에 사건을 경험하지 않은 i라는 개인에게 interval j에 사건이 발생할 확률이며, 간단하게는 interval j에 사건이 발생할 확률이라고 할 수 있다. 앞서 생존분석은 의학분야에서 활발히 사용되는 통계 방법이라고 설명했다. 의학분야에서 생존분석을 하는 이유는 환자에게 사망이라는 사건이 발생할지, 하지 않을지, 발생한다면 언제 발생할 확률이 높은지를 알고 싶기 때문이다. 즉, '사망'에 관심이 있고, '사망'이 발생할 '위험'에 관심이 있으므로, '위험확률'과 같은 용어가 사용된다. 행동과학에서 '시험 합격'과 같이 긍정적인 사건에 대한 생존분석을 하는 경우 역시 위험확률이라는 용어가 그대로 사용된다. 본 Chapter에서도 위험확률이라는 용어를 지속적으로 사용할 예정이지만, 이것이 와 닿지 않는다면, '사건이 발생할 확률'로 치환하여 이해해도 무방하다.

3. 위험함수(hazard function)와 생존함수(survival function)

다음으로 위험함수(hazard function)와 생존함수(survival function)를 이해하기 위해, <표 13-1>을 보자.

첫 번째 열의 interval은 핵심인재 선발 후 경과 시점을 의미한다. interval 1은 핵심인재 선발 시점부터 1년 경과까지의 시점을 의미하며, interval 2는 1년부터 2년 사이의 시점을 의미한다. 두 번째 열은 해당 interval의 시작 시점까지 이직하지 않은 핵심인재 수다. 즉, 해당 interval의 시작 시점에 이직하지 않고 재직 중인 핵심인재 수를 의미한다. 예를 들어, interval 1의 100이라는 숫자는 최초시점(interval 1의 시작 시점)의 핵심인재 수, interval 2의 62라는 숫자는 핵심인재 선발 1년 경과 시점(interval 2의 시작 시점)의 핵심인재 수다. 세 번째 열은 해당 interval에 이직이

표 13-1 | A社 핵심인재의 이직 위험/생존확률

interval	interval 시작 시점까지 이직하지 않은 핵심인재 수	interval에 이직한 핵심인재 수	censored 인원수	이직 위험확률 (위험함수의 값)	이직 생존확률 (생존함수의 값)
1	100	38	0	0.380	0.620
2	62	15	0	0.242	0.470
3	47	6	0	0.128	0.410
4	41	3	0	0.073	0.380
5	38	2	36	0.053	0.360

라는 사건이 발생한 핵심인재 수를 의미한다. 네 번째 열은 해당 interval에 절단된 인원의 수를 의미한다. 다섯 번째 열은 해당 interval에서 이직이라는 사건이 발생할 확률이며, 이를 위험확률이라 한다. 마지막 열은 해당 interval까지 이직이라는 사건이 발생하지 않은 핵심인재에 대한 누적확률이며, 이를 생존확률이라 한다.

특정 interval에서 이직이라는 사건이 발생할 위험확률은 해당 interval에 이직한 핵심인재 수를 interval 시작 시점까지 이직하지 않은 핵심인재 수로 나누면 된다. 예를 들어, interval 1과 interval 2의 위험확률은 다음과 같이 구할 수 있다.

수식 13-1 | interval 1(왼쪽)과 2(오른쪽)의 위험확률

$$\frac{38}{100} = 0.380 \quad / \quad \frac{15}{62} = 0.242$$

즉, 세 번째 열의 값을 두 번째 열의 값으로 나누면, 위험확률이 계산된다. 각 interval의 위험확률을 interval이 X축, 위험확률이 Y축인 좌표평면에 선으로 표현

하면, <그림 13-1>과 같다. 이를 위험함수라 한다. 위험함수를 통해 interval에 따른(시점에 따른) 위험확률(이직(사건 발생) 확률)이 높아지는지, 낮아지는지 확인할 수 있다.

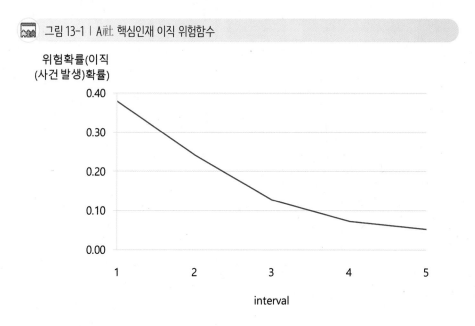

그림 13-1 | A社 핵심인재 이직 위험함수

특정 interval의 생존확률은 해당 interval까지 이직이라는 사건이 발생하지 않은 핵심인재에 대한 누적확률이기 때문에, 다음 interval 시작 시점까지 이직하지 않은 핵심인재 수를 최초 핵심인재 수로 나누면 된다. 예를 들어, interval 1과 interval 2의 생존확률은 다음과 같이 구할 수 있다.

수식 13-2 | interval 1(좌)과 2(우)의 생존확률

$$\frac{62}{100} = 0.620 \quad / \quad \frac{47}{100} = 0.470$$

interval 1의 생존확률은 interval 2 두 번째 열의 값을 최초 핵심인재 수인 100
으로 나누어 구한다. interval 2의 경우는 interval 3 두 번째 열의 값을 최초 핵심
인재 수인 100으로 나누어 구한다. 각 interval의 생존확률을 interval이 X축, 생존
확률이 Y축인 좌표평면에 선으로 표현하면 <그림 13−2>와 같다. 이를 생존함
수라 한다. 생존함수를 통해 시간이 지남에 따라 생존확률이 얼마나 낮아지는지
확인할 수 있다.

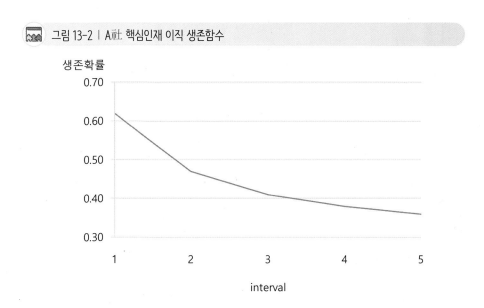

그림 13-2 | A社 핵심인재 이직 생존함수

용어만 보면 위험확률(함수)과 생존확률(함수)은 서로 반대의 개념인 것 같지만,
그렇지 않다. 위험확률은 매 interval에서의 사건 발생확률을 의미하기 때문에, 위
험함수는 <그림 13−3>과 같이 이전 interval보다 이후 interval의 위험확률이
높아질 수도 있다.

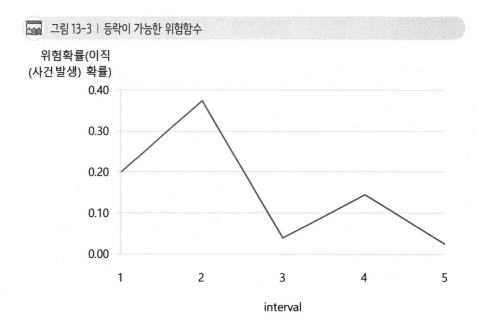

그림 13-3 | 등락이 가능한 위험함수

위험확률(이직
(사건 발생) 확률)

0.40

0.30

0.20

0.10

0.00

1   2   3   4   5

interval

하지만 생존확률은 최초의 자료에서 특정 interval까지 사건을 경험하지 않고 남아있는 인원의 누적확률을 의미하기 때문에,[1] 이후 interval의 생존확률은 이전 interval과 같거나 낮아질 수밖에 없다. 즉, <그림 13-2>와 같이 감소하는 형태일 수밖에 없다. 비연속시간 생존분석은 위험확률(사건 발생확률)에 독립변수가 어떠한 영향을 주는지에 대해 관심이 있으므로, 일반적으로 생존함수가 아닌 위험함수를 바탕으로 설명된다.

4. 비연속시간 생존분석의 원리

비연속시간 생존분석은 로지스틱 회귀분석이 확장된 형태이다. 이를 이해하기 위해서 앞의 Chapter에서 학습한 내용을 종합적으로 활용해야 한다. 이전에 학습

---

1 특정 interval까지 사건을 경험한 인원을 누적-제외하여 계산하기 때문이다.

한 내용을 다시 떠올려보자.

사건 발생 여부라는 두 개의 범주를 가지는 종속변수를 예측하기 위해서는 이항 로지스틱 회귀분석을 적용할 수 있다. 이때 이항 로지스틱 회귀분석을 통해 예측되는 종속변수의 값 $\hat{Y}$은 사건 발생 로짓(위험로짓)이 된다. 이 모형에 세 개 이상의 범주를 갖는 독립변수를 더미코딩하여 투입했다고 해보자. 절편 a는 기준집단(0으로 코딩된)의 사건 발생 로짓, 더미변수의 회귀계수 b_j는 기준집단과 비교집단 j(각 더미변수에서 1로 코딩된)의 사건 발생 로짓 차이, $a+b_j$는 비교집단 j의 사건 발생 로짓이 된다.

위의 이항 로지스틱 회귀분석 모형을 비연속시간 생존분석에 적용해보자. 비연속시간 생존분석은 관찰 기간(시점)에 따른 위험확률의 변화에 관심이 있다. 따라서 사건 발생 여부를 종속변수, 관찰 기간을 독립변수로 투입한다. 여기서 관찰 기간은 관찰이 시작된 시점부터 종료된 시점까지의 기간을 의미하며, 이는 앞서 설명한 것과 같이 연속변수가 아니다. 핵심인재 선발 시점부터 1년까지의 interval 1, 1년부터 2년 사이의 interval 2와 같이 분절적인 interval로 이루어져 있기 때문이다. 따라서 관찰 기간을 더미코딩해야 한다. 개개인이 interval 1에 관찰되었는지, 2에 관찰되었는지 등의 정보를 담고 있는 더미변수를 생성하여 이항 로지스틱 회귀분석의 독립변수로 투입하면, 각 interval의 사건 발생 로짓을 구할 수 있다. 생존분석에서 사건 발생 로짓은 위험로짓과 같으므로, 이를 확률로 변환하면 각 interval의 사건 발생확률, 즉 위험확률이 된다.

이 모형의 더미코딩 방식에 약간의 변형을 가하면 더미변수의 회귀계수 b_j가 바로 각 interval의 위험로짓이 되도록 할 수도 있다. 더미코딩 시 기준집단(기준 interval)의 더미변수까지 생성하여 독립변수로 투입하고, 회귀식 전체의 절편을 추정하지 않도록 설정하는 것이다. 지금부터는 이를 위한 관찰 기간의 더미코딩법과 자료변환 과정을 구체적으로 살펴보도록 한다.

앞서 설명한 것과 같이 비연속시간 생존분석은 '관찰 기간'이 이항 로지스틱 회귀분석의 독립변수로 투입되는 형태이다. 이 '관찰 기간'은 연속변수가 아니며, 세 개 이상의 분절적 시점(범주, 예: interval 1=핵심인재 선발 시점부터 1년 경과까지의 기간에 관찰됨, interval 2=1년부터 2년 사이의 기간에 관찰됨, …)으로 이루어져 있다. 따라서 관찰 기간의 범주인 interval을 더미코딩해야 한다. 양대리의 case에서는 interval이 총 다섯 개이므로, <표 13−2>와 같은 방식으로 더미코딩한다.

표 13-2 | 비연속시간 생존분석에서의 더미코딩

period	D_1 (interval 1)	D_2 (interval 2)	D_3 (interval 3)	D_4 (interval 4)	D_5 (interval 5)
1	1	0	0	0	0
2	0	1	0	0	0
3	0	0	1	0	0
4	0	0	0	1	0
5	0	0	0	0	1

왼쪽의 period는 개인이 관찰된 시점에 대한 정보이며, 우측의 $D_1 - D_5$는 이의 더미코딩법을 나타낸다. period가 1이라면, interval 1에 개인이 관찰되었음을 의미한다. 개인이 interval 1에 관찰되었다면, interval 1의 더미변수를 1로 코딩하고, 나머지 더미변수는 모두 0으로 코딩한다. period가 2라면, interval 2에 개인이 관찰되었음을 의미한다. 개인이 interval 2에 관찰되었다면, interval 2의 더미변수를 1로 코딩하고 나머지 변수는 모두 0으로 코딩한다. 나머지 경우도 마찬가지의 방식으로 코딩한다.

앞선 Chapter에서의 더미코딩은 독립변수의 범주 중 하나를 기준범주(집단)로 설정하고, 기준범주에 대한 더미변수는 생성하지 않으며, 다른 모든 더미변수에서 0으로 코딩했다. 이 경우 기준범주의 더미변수는 생성하지 않았기 때문에, 절편이 기준범주의 종속변수 평균이라는 정보를 갖게 된다(모형에 집단을 나타내는 더미변수 이외에 다른 변수가 없는 경우). 반면 <표 13−2>와 같이 코딩한 후 회귀식이 절편을 추정하지 않도록 설정하면(이 방법은 이후 Application에서 살펴보도록 한다), 수학적으로 각 더미변수의 회귀계수가 각 interval(관찰 시점, 범주)의 종속변수 평균이라는 정보를 갖게 된다. 즉, 각 더미변수의 회귀계수가 각 interval의 위험로짓이 된다.

이상의 내용을 종합하면 다음과 같다. 사건 발생 여부를 종속변수로 하는 이항 로지스틱 회귀분석에 관찰 기간의 범주(관찰 시점, interval)를 모두 더미코딩하여 독립변수로 투입하고 절편을 추정하지 않으면, 더미변수의 회귀계수는 각 interval의 위험로짓이 된다. 위험로짓은 공식에 대입하여 사건 발생확률로 변환할 수 있다. 생존분석에서 사건 발생확률은 위험확률을 의미하므로, 결국 이항 로지스틱 회귀분석을 확장하여 비연속시간 생존분석의 위험확률을 도출할 수 있는 것이다.

5. 비연속시간 생존분석을 위한 자료 변환−1

비연속시간 생존분석을 하기 위해서는 원자료를 이항 로지스틱 회귀분석을 적용하기 적절한 형태로 변환해야 한다. 먼저 원자료의 형태를 보자.

표 13-3 | 비연속시간 생존분석의 원자료

ID	time	censor	E_1 (interval 1)	E_2 (interval 2)	E_3 (interval 3)	E_4 (interval 4)	E_5 (interval 5)
1	2	0	0	1	.	.	.
2	4	0	0	0	0	1	.
3	1	0	1	.	.	.	.
4	2	0	0	1	.	.	.
5	2	0	0	1	.	.	.
6	5	1	0	0	0	0	0

원자료에 개인이 관찰된 기간, censor 여부, 사건 발생 interval에 대한 정보가 있어야 비연속 시간 생존분석이 가능하다. <표 13-3>에서 time은 개인이 최초 시점부터 연속적으로 관찰된 기간을 의미한다. censor는 censor 여부에 대한 정보로, 0은 절단되지 않음, 1은 절단됨을 나타낸다. E_1부터 E_5까지는 사건 발생 interval에 대한 정보로, 0은 해당 interval에 사건이 발생하지 않음, 1은 발생함을 나타낸다.

먼저 <표 13-3>에서 ID가 1인 개인의 자료를 보자. 이 개인은 time이 2이므로 두 번 관찰되었으며, censor는 0이므로 절단되지 않았다. E_2의 값이 1이므로 interval 2에 사건이 발생했음을 알 수 있다. 다음으로 ID 2를 보자. 이 개인은 time이 4이므로 네 번 관찰되었으며, censor는 0이므로 절단되지 않았다. E_4의 값이 1이므로 interval 4에 사건이 발생했음을 알 수 있다. ID 3부터 5까지는 위와 같은 방식으로 이해할 수 있다. 마지막으로 ID 6을 보자. time이 5이므로 다섯 번 관측되었으며, censor는 1이므로 절단되었다. 또한 E_1부터 E_5까지의 값이 모두 0이다. 즉, 다섯 번의 관찰 기간 내에 사건이 발생하지 않은 상태로 관측이 종료되었음을 알 수 있다.

이제 위의 원자료를 활용하여 비연속시간 생존분석을 적용하기 적절한 형태로 변환해보자.

<표 13-4>는 <표 13-3>의 원자료를 생존분석이 가능한 형태로 변환한 자료이다. period는 관찰된 시점, censor는 절단 여부를 나타낸다. 그 우측의 변수들은 실제 분석에 사용되는 변수들이다. 사건 발생 여부를 나타내는 event 변수와 관찰 기간의 더미변수 $D_1 - D_5$를 생성하였다. 더하여 이후에 사용할 독립변수인 mba_1y와 cincen을 가장 우측열에 포함해두었다(독립변수에 관한 내용은 이후에 살펴보도록 한다).

◎ 표 13-4 | 비연속시간 생존분석의 자료변환-1

ID	period	censor	분석자료(사건발생 여부, 더미변수)						독립변수	
			event	D_1	D_2	D_3	D_4	D_5	mba_1y	cincen
1	1	0	0	1	0	0	0	0	0	−0.489
1	2	0	1	0	1	0	0	0	0	−0.489
2	1	0	0	1	0	0	0	0	1	1.411
2	2	0	0	0	1	0	0	0	1	1.411
2	3	0	0	0	0	1	0	0	1	1.411
2	4	0	1	0	0	0	1	0	1	1.411
3	1	0	1	1	0	0	0	0	0	−1.689
4	1	0	0	1	0	0	0	0	0	1.211
4	2	0	1	0	1	0	0	0	0	1.211
5	1	0	0	1	0	0	0	0	0	−2.689
5	2	0	1	0	1	0	0	0	0	−2.689
6	1	1	0	1	0	0	0	0	0	−0.689
6	2	1	0	0	1	0	0	0	0	−0.689
6	3	1	0	0	0	1	0	0	0	−0.689
6	4	1	0	0	0	0	1	0	0	−0.689
6	5	1	0	0	0	0	0	1	0	−0.689

　　자료변환에서 주의할 점은 한 개인에 대한 원자료를 개인이 관찰된 횟수만큼의 line을 갖도록 변환해야 한다는 것이다. 다시 <표 13−3>을 보자. ID 1의 time이 2이므로, interval 1과 interval 2에 관측되었음을 알 수 있다. 이 경우는 두 번 관찰되었으므로, period 1, 2의 두 개 line을 갖도록 자료를 변환한다. 먼저 ID 1의 첫

번째 관찰 시점(period 1)에 대한 line을 생성한다. ID 1은 period 1에 사건을 경험하지 않았다. 따라서 period 1의 event는 사건이 발생하지 않았음을 의미하는 0으로 코딩한다. ID 1은 period 1에 관찰되었다. 따라서 위에서 학습한 더미코딩법을 적용하여 D_1을 1로, 나머지는 모두 0으로 코딩한다. 다음으로 ID 1의 두 번째 관찰 시점(period 2)에 대한 line을 생성한다. ID 1은 period 2에 사건을 경험했다. 따라서 period 2의 event는 사건이 발생했음을 의미하는 1로 코딩한다. ID 1은 period 2에 관찰되었다. 따라서 D_2를 1로, 나머지는 모두 0으로 코딩한다. ID 2부터 6까지도 모두 이와 같은 방식으로 자료를 변환한다. ID 2는 네 번 관찰되었으므로, period 1–4의 네 개 line이 생성되었다. ID 3, 4, 5도 모두 관찰 기간만큼 line이 생성된 것을 알 수 있다.

마지막으로 ID 6을 보자. time이 5이며, censor가 1이므로 다섯 번의 관찰 기간 내에 사건이 발생하지 않은 상태로 관측이 종료된 경우이다. 따라서 다섯 개 line의 event 모두에 사건이 발생하지 않았음을 의미하는 0으로 코딩한다. 관찰 기간의 더미코딩법은 앞서 설명한 것과 같다.

<표 11–4>의 변환자료를 활용하여 이항 로지스틱 회귀분석하면 비연속시간 생존분석이 된다. 종속변수는 사건 발생 여부인 event, 독립변수는 관찰 기간의 더미변수인 $D_1 - D_5$다. 앞서 설명한 바와 같이 회귀모형 전체의 절편을 추정하지 않도록 설정하면, 각 더미변수의 회귀계수는 각 interval의 위험로짓이 된다. 위험로짓은 추후에 공식에 대입하여 위험확률로 변환할 수 있다.

지금까지 살펴본 비연속시간 생존분석의 기저위험함수(baseline hazard function)를 수식으로 표현하면 <수식 13–3>과 같다. 여기서 기저(baseline)라는 것은 위험확률(사건 발생확률)을 높이거나 낮추는 독립변수 없이, 각 interval에서 개인의 관측 및 사건 발생 여부에 대한 자료 자체로만 모형이 추정되었음을 의미한다.

🧠 수식 13-3 | 기저위험함수(baseline hazard function)

$$\ln\left(\frac{h_{ij}}{1-h_{ij}}\right) = \alpha_1 D_1 + \alpha_2 D_2 + \cdots + \alpha_j D_j = \sum_{j=1}^{J} \alpha_j D_j$$

식의 형태를 살펴보자. 이전에 다루었던 이항 로지스틱 회귀분석의 기본식과 형태가 유사하다. 좌변의 $\ln\left(\frac{h_{ij}}{1-h_{ij}}\right)$는 종속변수인 위험로짓(사건 발생 로짓)을 의미한다. D_j는 관찰 기간의 더미변수이며, α_j는 더미변수의 회귀계수이다. 회귀계수 α_j는 해당 더미변수가 1로 코딩된 집단, 즉 해당 interval에 관찰된 집단의 위험로짓(각 interval의 위험로짓)이 된다. 기준집단 없이 모든 집단에 대해 더미변수를 생성하였고, 절편을 추정하지 않았기 때문이다. 이러한 방법을 사용하지 않고, 기준집단을 설정하여 더미코딩한 후, 절편을 추정할 수도 있다. 이는 이후에 자세히 살펴보도록 한다.

추정된 회귀계수 α_j는 각 interval의 위험로짓이므로, 위험확률을 계산하기 위해서는 로짓을 아래의 공식에 대입해야 한다. 이를 통해 각 interval의 위험확률을 계산할 수 있다.

🧠 수식 13-4 | 위험확률(hazard probability)

$$h_{ij} = \frac{\exp\left(\sum_{j=1}^{J} \alpha_j D_j\right)}{1+\exp\left(\sum_{j=1}^{J} \alpha_j D_j\right)} = \frac{1}{1+\exp\left(-\sum_{j=1}^{J} \alpha_j D_j\right)}$$

다음으로 양대리의 case에 비연속시간 생존분석을 적용한 결과를 살펴보며 지금까지의 내용을 정리해보자.

◎ 표 13-5 | A社 핵심인재 이직에 대한 비연속시간 생존분석 결과(비구조화 모형)

interval	독립변수	Estimate($\widehat{\alpha_j}$)	위험확률($\dfrac{1}{1+e^{(-\widehat{\alpha_j})}}$)
1	D_1	-0.490	0.380
2	D_2	-1.142	0.242
3	D_3	-1.922	0.128
4	D_4	-2.539	0.073
5	D_5	-2.890	0.053

<표 13-5>는 각 interval의 더미변수 $D_1 - D_5$를 독립변수, 사건 발생 여부 event를 종속변수로 하여 비연속시간 생존분석한 결과이다. Estimate($\widehat{\alpha_j}$)은 더미변수의 회귀계수이다. 모든 관찰 시점의 더미변수를 생성하여 독립변수로 투입했고, 절편을 추정하지 않았기 때문에, 회귀계수 $\widehat{\alpha_j}$는 각 interval의 위험로짓이 된다. 비연속시간 생존분석 결과를 바탕으로 작성한 회귀식은 다음과 같다.

🧠 수식 13-5 | A社 핵심인재 이직에 대한 비연속시간 생존분석 회귀식(비구조화 모형)

$$\ln\left(\frac{h_{ij}}{1-h_{ij}}\right) = [-0.490D_1 - 1.142D_2 - 1.922D_3 - 2.539D_4 - 2.890D_5]$$

<수식 13-5>의 D_1에 1을 대입하고, $D_2 - D_5$에 0을 대입하면, interval 1의 위험로짓을 알 수 있다. interval 1의 위험로짓은 interval 1 더미변수의 회귀계수인 -0.490과 같다. interval 1의 위험로짓을 위험확률로 변환하기 위해 <수식 13-4>에 대입하면 다음과 같다.

수식 13-6 ㅣ interval 1의 위험확률

$$h_{ij} = \frac{1}{1 + e^{0.490}}$$

계산해보면 interval 1의 위험확률은 약 0.380이 된다. 즉, interval 1 기간(핵심인재 선발 시점부터 1년 경과까지의 시점)의 위험확률(사건 발생확률, 이직 확률)은 38%이다. 마찬가지의 방식으로 다른 interval의 위험로짓과 위험확률을 계산할 수 있다.

6. 독립변수의 투입

첫 번째 단계에서 비구조화 모형을 통해 각 interval의 사건발생 위험로짓을 도출했다면, 두 번째 단계에서는 독립변수를 투입한 조건모형을 통해 특정 변수가 위험로짓 변화에 영향을 주는지, 영향을 준다면 위험로짓을 높이는 형태인지, 낮추는 형태인지를 검증할 수 있다. 즉, 어떠한 독립변수의 값이 높아지면 사건 발생 가능성이 높아지는지, 혹은 낮아지는지를 검증할 수 있다. 이때 비례승산을 가정하는 형태와 이를 위배하는 형태 두 가지로 분석할 수 있다. '비례승산을 가정'한다는 의미는 독립변수가 매 시점의 위험로짓을 동일하게 높이고 낮춘다고 가정하는 것이다. 즉, 독립변수가 사건발생에 영향을 주는 정도가 매 시점에서 비례한다고 가정하는 것이다. 각 시점의 위험로짓을 승산의 형태로 변환하면 비례의 형태가 되기 때문에 '비례승산'이라 한다. 반대로 '비례승산 가정을 위배'한다는 의미는 독립변수가 매 시점의 위험로짓을 높이고 낮추는데, 그 정도가 일정하지 않고 다르다는 의미이다. <그림 13-4>를 보자.

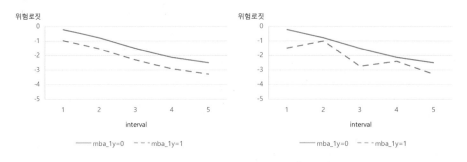

그림 13-4 | 비례승산을 가정(좌)하는 조건모형과 위배(우)하는 조건모형

X축은 interval, Y축은 위험로짓이다. 그래프의 실선은 첫 번째 단계에서 도출한 비구조화 모형의 위험로짓이며, 점선은 독립변수의 효과(mba_1y가 1일 때)가 더해졌을 때의 위험로짓이다. 좌측의 그래프를 보면 독립변수의 효과에 의해 위험로짓이 매 interval이 지남에 따라 동일하게 낮아짐을 확인할 수 있다. 즉, 독립변수가 매 시점의 위험로짓을 동일하게 낮추는, 비례승산을 가정하는 경우이다. 우측의 그래프를 보면 독립변수가 효과에 의해 위험로짓이 매 interval이 지남에 따라 서로 다르게 낮아지고 있음을 확인할 수 있다. 즉, 독립변수가 매 시점의 위험로짓을 낮추는 정도가 서로 다른, 비례승산 가정을 위배하는 경우이다.

비례승산 가정의 '위배'가 분석의 잘못됨을 나타내는 것은 아니다. 시간과 독립변수의 상호작용이 존재하는 경우 독립변수가 각 시점의 위험로짓을 높이거나 낮추는 정도가 달라질 수 있다. 여기서 말하는 비례승산 가정은 위험로짓이 일정하게 높고 낮아짐에 대한 '현상'을 가리키는 것일 뿐, 통계분석을 위해 만족해야 하는 '조건'을 나타내는 것은 아니다. 투입하고자 하는 독립변수의 특성에 따라 비례승산 가정과 위배를 선택하면 된다.

비례승산을 가정하는 조건모형은 사건 발생 여부를 종속변수로 하는 이항 로지스틱 회귀분석에 관찰 기간의 더미변수와 효과를 확인하고자 하는 독립변수를 모두 독립변수로 투입하여 분석하면 된다. 이렇게 도출되는 위험로짓에 대한 기본식은 아래와 같이 표현된다.

수식 13-7 | 비례승산을 가정하는 조건모형의 기본식

$$\ln(\frac{h_{ij}}{1-h_{ij}}) = [\alpha_1 D_{1ij} + \alpha_2 D_{2ij} + \cdots + \alpha_J D_{Jij}] + \beta_1 X_{1i} + \cdots + \beta_k X_{ki}$$

형태를 보면, 우변 대괄호 안의 식은 <수식 13-3>의 기저위험함수의 식과 동일하다. 대괄호 안의 기저위험함수에 대괄호 밖의 독립변수의 효과 $\beta_k X_{ki}$가 일정하게 더해지는 형태이기 때문에, 독립변수가 매 시점의 위험로짓을 동일하게 높이거나, 낮추게 된다.

양대리의 case를 통해 비례승산을 가정하는 조건모형을 이해해보자. 독립변수로 핵심인재 선발 1년차 시점의 'MBA 과정 지원 여부'(변수명: mba_1y)와 핵심인재 선발 시 '인센티브 수령액'(변수명: cincen)을 추가 투입하였다. 인센티브 수령액은 개인이 핵심인재 선발 시 받은 인센티브 수령액에서 전체 핵심인재의 인센티브 수령액 평균을 뺀 후에 독립변수로 투입하였다. 즉, 평균 중심화하여 독립변수로 투입하였다. 이 두 독립변수는 시간과 상호작용이 존재하지 않는다고 가정하고, 비례승산을 가정하는 모형을 분석하고자 한다.

<표 13-6>은 핵심인재 선발 1년차에 MBA 과정을 지원받지 못한 경우(mba_1y=0)와 핵심인재 선발 1년차에 MBA 과정을 지원받은 경우(mba_1y=1)의 각 interval별 위험로짓과 위험확률의 변화양상을 보여준다.

표 13-6 ㅣ 핵심인재 선발 1년차 MBA 과정 지원 여부에 따른 위험로짓과 위험확률 변화양상
(비례승산을 가정한 비구조화 모형)

interval	interval 더미변수 Estimate $(\widehat{\alpha_j})$	독립변수		독립변수에 따른 위험로짓 변화양상		독립변수에 따른 위험확률($\frac{1}{1+e^{(-\widehat{\alpha_j})}}$) 변화 양상	
		mba_1y estimate $(\widehat{\beta_1})$	cincen estimate $(\widehat{\beta_2})$	mba_1y =0	mba_1y =1	mba_1y =0	mba_1y =1
1	−0.211	−0.775	−0.181	−0.211	−0.986	0.447	0.272
2	−0.783	−0.775	−0.181	−0.783	−1.558	0.314	0.174
3	−1.521	−0.775	−0.181	−1.521	−2.296	0.179	0.091
4	−2.144	−0.775	−0.181	−2.144	−2.919	0.105	0.051
5	−2.511	−0.775	−0.181	−2.511	−3.286	0.075	0.036

interval 더미변수의 회귀계수는 Esitmate($\widehat{\alpha_j}$) 열에 표기되어 있으며, 추가 투입한 독립변수(mba_1y, cincen)의 회귀계수는 mba_1y estimate($\widehat{\beta_1}$)와 cincen estimate ($\widehat{\beta_2}$)열에 나타나 있다. 독립변수 mba_1y의 회귀계수는 −0.775로 유의했고, cincen은 −0.181로 유의하지 않았다. 이 결과를 바탕으로 작성한 회귀식은 다음과 같다.

🧠 수식 13-8 ㅣ A社 핵심인재 이직에 대한 비연속시간 생존분석 회귀식-1(비례승산을 가정한 비구조화 모형)

$$\ln\left(\frac{\widehat{h_{ij}}}{1-h_{ij}}\right) = [-0.211D_1 - 0.783D_2 - 1.521D_3 - 2.144D_4 - 2.511D_5]$$
$$- 0.775mba\_1y - 0.181cincen$$

<수식 13−8>을 활용하여, interval 1의 기저위험확률을 구해보자. 먼저 interval 1의 위험로짓을 구해야 하므로 D_1에만 1을 대입하고, $D_2 - D_5$에는 0을 대입한

다. -0.211이라는 값이 계산된다. 이는 interval 1 더미변수 D_1의 회귀계수인 -0.211과 같다. 반복하여 설명했듯이 더미변수의 회귀계수가 각 interval의 위험로 짓이 됨을 확인할 수 있다. -0.211을 <수식 13-4>에 대입하면, $0.447(=1/(1+\exp(0.211)))$이라는 기저위험확률을 계산할 수 있다. 즉, interval 1의 위험확률은 0.447이며, 이는 핵심인재 선발 후 1년 사이의 기간에 핵심인재가 이직할 확률이 44.7%라는 의미이다.

여기서 주의할 점이 있다. 앞서 인센티브 수령액은 평균 중심화하여 독립변수로 투입했다고 하였다. 따라서 엄밀히 말하자면, 이 모형에서 위와 같이 대입하여 얻은 위험로짓과 위험확률은 핵심인재 선발 1년차에 MBA 과정을 지원받지 못하고, 인센 티브 수령액이 전체집단 평균인 경우의 위험로짓과 위험확률이 된다. 즉, mba_1y와 cincen이 모두 0일 때, interval 1의 위험로짓과 위험확률이다. 이처럼 분석자의 의 도에 따라 특정 독립변수를 평균 중심화하여 투입하면, 해당 독립변수에 0을 대입하 여 독립변수의 수준이 평균인 경우의 위험로짓과 위험확률을 계산할 수 있다.

다음으로 MBA 과정 지원 여부라는 독립변수의 효과에 의해 위험로짓과 위험 확률이 어떻게 변화하는지 보자. 다른 독립변수를 통제한 상태에서, 1년차에 MBA 과정을 지원받지 못한 경우(mba_1y=0)의 위험확률은 interval 1의 기저위험확률 과 같다. D_1에는 1, D_2부터 D_5에는 0, mba_1y과 cincen에도 0을 대입하면 된다. 위에서 구했던, interval 1의 위험로짓과 같은 값이 계산된다. 이는 <표 13-5> 의 다섯 번째 열, logit hazard mba_1y=0의 값이다. 이 열에는 각 interval별 mba_1y가 0일 때(MBA 과정을 지원받지 못한 경우)의 위험로짓이 계산되어 있다. 이 를 <수식 13-4>에 대입하면, 7번째 열의 위험확률이 된다.

MBA 과정을 지원받은 경우는 mba_1y에 1을 대입한다. 각 더미변수의 회귀계 수, $\widehat{\alpha_j}$에 mba_1y의 회귀계수인 -0.775을 더해주면, MBA 과정을 지원받은 경우 의 각 interval 위험로짓을 계산할 수 있다. <표 13-5>의 여섯 번째 열에는 각 interval별로 mba_1y가 1일 때(MBA 과정을 지원받은 경우)의 위험로짓이 계산되어 있다. 이를 <수식 13-4>에 대입하면, 8번째 열의 위험확률이 된다. 이상을 살펴보았을 때, 다른 독립변수를 통제한 상태에서 핵심인재 선발 1년차에 MBA 과정을 지원받는 경우 그렇지 않은 경우보다 이직 확률(위험확률)이 감소한다고 할 수 있다.

cincen의 경우 회귀계수가 -0.181로 유의하지 않았다. 이 회귀계수는 이항 로지스틱 회귀분석의 회귀계수와 같은 방법으로 해석된다. 다만 여기서는 회귀계수가 유의하지 않았으므로 따로 해석하지는 않았다.

실제 분석에서는 이론적 배경을 바탕으로 다른 여러 독립변수를 추가 투입하여 분석할 것이다. 분석 결과를 바탕으로 <수식 13-8>과 같은 형태의 회귀식을 도출할 수 있다. 회귀식에 특정인의 독립변수 값과 더미변수 값을 적절하게 대입하여, 특정인의 interval별 위험로짓과 위험확률을 계산할 수도 있다.

정리해보자. 독립변수의 효과를 배제한 interval 1의 위험로짓은 D_1(interval 1의 더미변수)의 회귀계수($\widehat{\alpha_1}$)와 같다. 독립변수 mba_1y의 값이 1일 때, 위험로짓은 D_1의 회귀계수($\widehat{\alpha_1}$)에 mba_1y의 회귀계수($\widehat{\beta_1}$)를 더하면 된다. 다른 interval에서도 마찬가지이다. 이렇게 mba_1y의 회귀계수($\widehat{\beta_1}$)를 모든 더미변수의 회귀계수에 더해주면, 각 interval의 위험로짓이 일정하게 낮아진다. mba_1y의 회귀계수($\widehat{\beta_1}$)는 비례승산을 가정하는 독립변수이기 때문이다. 이를 그래프로 나타내면, <그림 13-5>와 같다.

그림 13-5 | A社 핵심인재 이직에 대한 독립변수 mba_1y의 효과

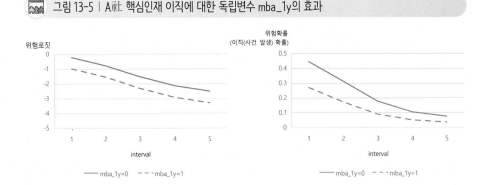

　　좌측은 X축을 interval, Y축을 위험로짓으로 하는 좌표평면에 각 interval의 위험로짓을 선으로 나타낸 그래프이다. 우측은 X축을 interval, Y축을 위험확률로 하는 좌표평면에 각 interval의 위험확률을 선으로 나타낸 위험함수 그래프이다. 실선은 독립변수가 모두 0일 때 위험로짓과 위험확률을 나타내며, 점선은 mba_1y(MBA 과정을 지원받은 경우)가 1일 때의 위험로짓과 위험함수를 나타낸다. mba_1y의 회귀계수는 −0.775였기 때문에, 좌측 그래프의 mba_1y가 1일 때 위험로짓(점선)이 mba_1y가 0일 때 위험로짓(실선)보다 0.775씩 아래에 위치함을 알 수 있다. 우측 그래프는 위험로짓을 위험확률로 변환한 그래프이기 때문에, 기저위험확률과 mba_1y가 1일 때의 위험확률의 차이가 interval별로 다르다. 그래프를 통해서도 1년차에 MBA 과정을 지원받는 경우, 지원받지 못하는 경우보다 이직 확률이 낮아짐을 확인할 수 있다.

　　여기서는 한 개인에 있어서 독립변수는 하나의 값을 갖는 변수로 예를 들었다. MBA 과정 지원 여부는 특정 개인에 대해 0이면 매 시점 0으로, 1이면 매 시점 1로 사용되었다. 이렇게 각 개인에 대해서 독립변수 값이 동일하게 유지되는 변수를 시간 독립적(time−independent) 변수라고 한다. 예를 들어, 일반적으로 성별변수는 시간의 흐름에 따라 변하지 않으므로 대표적인 시간 독립적 변수이다. 하지만 각 개인에 대해서 시간에 따라 값이 변화하는 독립변수가 있을 수도 있다. 이런 변수는 시간 의존적(time−dependent) 변수라고 한다. 예를 들어, 매년 핵심인재가 수령하는 인센티브가 다르다면, 각 interval의 이직 여부에 각 interval에 받은 인센티브의 크고 작음이 영향을 줄 수 있을 것이다. 이 경우는 시간에 따라 서로 다른 값을 가지는 독립변수 값을 투입해야 한다. <표 13−4>의 자료구조에서 cincen이 시간 의존적 변수라면 각 개인은 각 interval별로 서로 다른 cincen값을 갖게 된다. 예를 들어, 두 번째 개인의 각 interval(총 4시점)의 cincen값이 1.4, 1.7, 1.5, 2.1이라면 이 값을 1.411 대신 세로로 입력하면 된다. 독립변수가 시간 독립적이든 시간 의존적이든 관계없이 이 독립변수의 회귀계수(효과)는 하나로 추정된다. 만일 독립변수의 효과가 시간에 따라 달라지는지 검증하려면 시간과의 상호작용항을 생성하여 모형에 투입해야 한다. 이렇게 되면 비례승산 가정이 성립되지 않는다.

7. 비연속시간 생존분석을 위한 자료 변환-2

지금까지는 관찰 기간의 더미코딩 시 기준 interval(범주) 없이 모든 interval의 더미변수를 생성하여 수행하는 비연속시간 생존분석을 살펴보았다. 회귀모형이 절편을 추정하지 않도록 설정하면, 더미변수의 회귀계수가 각 interval의 위험로짓과 같아져 편리하기 때문이다. 하지만 일부 통계 프로그램에서는 이러한 변환자료를 통해 분석하지 못하는 경우도 있다. 대표적으로 jamovi가 그렇다. jamovi는 아직 SPSS와 같은 프로그램과 달리 회귀모형의 절편을 추정하지 않도록 하는 옵션이 없다. 이 경우 이전 Chapter에서 학습한 대로 기준 interval(범주)을 설정하여 범주수-1개의 더미변수를 생성하면 된다. 바로 변환된 자료의 형태를 보자.

<표 13-4>와 마찬가지로 period는 관찰된 시점, censor는 절단 여부를 의미한다. 그 우측의 변수들은 실제 분석에 사용되는 변수들이다. 사건 발생 여부를 나타내는 event 변수와 관찰 기간의 더미변수 $D_2 - D_5$를 생성하였다. 더하여 독립변수인 mba_1y와 cincen을 가장 우측열에 포함해두었다.

<표 13-4>와의 유일한 차이는 interval 1의 더미변수인 D_1이 없다는 점이다. interval 1을 기준 interval로 설정하여 더미코딩했기 때문이다. 따라서 개인이 interval 1에 관찰된 경우는 $D_2 - D_5$의 값을 모두 0으로 코딩했다. period 1에 관측된 개인의 정보를 가지고 있는 line(음영 표시된)을 보면, $D_2 - D_5$가 모두 0으로 코딩되어 있음을 알 수 있다. 즉, <표 13-4>에서 D_1 열을 삭제한 형태다. 이렇게 코딩한 더미변수와 독립변수를 함께 이항 로지스틱 회귀분석의 독립변수로 투입하면, 절편이 추정되며, 추정된 절편은 기준 interval에 대한 정보를 갖게 된다.

表 13-7 | 비연속시간 생존분석의 자료변환-2

ID	period	censor	event	D_2	D_3	D_4	D_5	mba_1y	cincen
	원자료		변환자료(사건발생 여부, 더미변수)					독립변수	
1	1	0	0	0	0	0	0	0	-0.489
1	2	0	1	1	0	0	0	0	-0.489
2	1	0	0	0	0	0	0	1	1.411
2	2	0	0	1	0	0	0	1	1.411
2	3	0	0	0	1	0	0	1	1.411
2	4	0	1	0	0	1	0	1	1.411
3	1	0	1	0	0	0	0	0	-1.689
4	1	0	0	0	0	0	0	0	1.211
4	2	0	1	1	0	0	0	0	1.211
5	1	0	0	0	0	0	0	0	-2.689
5	2	0	1	1	0	0	0	0	-2.689
6	1	1	0	0	0	0	0	0	-0.689
6	2	1	0	1	0	0	0	0	-0.689
6	3	1	0	0	1	0	0	0	-0.689
6	4	1	0	0	0	1	0	0	-0.689
6	5	1	0	0	0	0	1	0	-0.689

<표 13-7>의 변환자료로 비연속시간 생존분석을 하면, <표 13-8>의 결과가 도출된다.

표 13-8 | A社 핵심인재 이직에 대한 비연속시간 생존분석 결과(비례승산을 가정한 비구조화 모형)

독립변수	Estimate	S.E.	Z	p-value
절편	−0.211	0.240	−0.879	0.379
D_2	−0.572	0.371	−1.542	0.123
D_3	−1.310	0.492	−2.663	0.008
D_4	−1.933	0.641	−3.015	0.003
D_5	−2.300	0.761	−3.021	0.003
mba_1y	−0.775	0.321	−2.415	0.016
cincen	−0.181	0.094	−1.921	0.055

이를 바탕으로 회귀식을 작성하면 다음과 같다.

수식 13-9 | A社 핵심인재 이직에 대한 비연속시간 생존분석 회귀식-2(비례승산을 가정한 비구조화 모형)

$$\ln\left(\frac{\widehat{h_{ij}}}{1-h_{ij}}\right) = [-0.211 - 0.572D_2 - 1.310D_3 - 1.933D_4 - 2.300D_5]$$
$$- 0.775mba\_1y - 0.181cincen$$

<수식 13−9>를 활용하여, interval 1의 기저위험확률을 구해보자. 기준 interval(범주)은 interval 1이므로, interval 1의 위험로짓에 대한 정보는 절편이 갖고 있다. 따라서 나머지 변수에 모두 0을 대입하면 절편만 남게 되며, 이는 −0.211이다. −0.211을 <수식 13−4>에 대입하면 0.477이라는 기저위험확률을 계산할 수 있다. interval 2의 기저위험확률도 구해보자. D_2에만 1을 대입하고, 나머지 변수에 모두 0을 대입한다. −0.783(=−0.211−0.572)이라는 값이 계산된다. 코딩방법을 다르게 해도 <표 13−6>과 동일한 결과가 도출되었음을 알 수 있다.

마지막으로 지금까지의 내용에 대한 정리, 다루지 못한 영역에 대하여 간략히 언급하고 통계에 대한 설명을 마무리하고자 한다. 지금까지 다룬 것은 비연속시간 생존분석 중 '비구조화 모형'이다. 비구조화 모형은 자료를 있는 그대로 나타낸 것이라고 말할 수 있다. 여기에 더해 비례승산을 가정하여 독립변수의 효과를 확인하는 법에 대해 학습했다. 즉, 자료를 있는 그대로 나타내고, 그 상태에서 독립변수의 효과가 각 시점별로 동일하다고 가정하는 비연속시간 생존분석을 학습한 것이다.

<그림 13-4>의 좌측에 있는 위험로짓 그래프를 살펴보자. 대체로 interval이 지남에 따라, 위험로짓이 감소하는 형태이다. 하지만 조금 더 자세히 살펴본다면, interval 1에서 2로 변화할 때 감소하는 위험로짓과 interval 2에서 3으로 변화할 때 감소하는 위험로짓의 크기는 다르다. 이를 1차 함수나 2차 함수로 변형해서 표현할 수 있을까? 조금의 차이는 발생하겠지만, 직선인 1차 함수나, 곡선인 2차 함수로도 표현할 수도 있을 것이다. 다만, 조건이 있다. 원래 자료를 1차 함수나, 2차 함수로 변형하여 설명하는 것이 비구조화 모형에서의 '설명력'을 크게 악화시키거나, 큰 차이가 나지 않아야 한다는 것이다.

이를 판단하는 기준으로 likelihood(우도)라는 지수를 활용하여 생성되는 AIC, BIC 등의 정보지수가 있다. likelihood는 자료를 설명하는 우리의 모형이 얼마나 실제 자료와 유사한가를 나타내는 정보라 할 수 있다. 이 정보와 자료를 얼마나 간명하게 설명하는지에 대한 정보인 추정모수의 수를 결합하여, AIC, BIC와 같은 정보지수를 계산한다. AIC, BIC를 비교하여 우리의 자료를 비구조화로 설명할지, 1차 함수로 설명할지, 2차 함수로 설명할지 판단해야 한다.

이러한 모형 외에도 사건이 2번 이상 발생하는 경우를 다루는 '재발(recurrent, multiple-spell)' 모형, 하나의 사건이 아닌 여러 사건을 다루는 '경쟁위험(competing risk)' 모형 등도 존재한다. 독립변수의 투입도 마찬가지이다. 본 Chapter에서 다룬 독립변수는 하나의 값을 갖는 독립변수였다. 하지만 시간에 따라 값이 변화하는 독립변수가 있을 수도 있다. 예를 들어, 앞서 간략히 설명한 것과 같이 매년 핵심 인재가 수령하는 인센티브가 다르다면, 각 interval의 이직 여부에 각 interval에 받은 인센티브의 크고 작음이 영향을 줄 수도 있을 것이다. 이 경우는 시간에 따라 서로 다른 값을 가지는 독립변수를 투입해야 한다.

본 Chapter에서 다루지 못한 내용들에 대한 정보를 더 얻고 싶다면, 생존분석과 관련한 저서, 논문이나, 홍세희 교수의 여름/겨울 워크숍을 참고하기 바란다.

04 ▶ | Application(with jamovi)

본 실습은 Chapter의 서두에 설명하였던 양대리의 case를 해결하기 위한 실습이다. 이항 로지스틱 회귀분석과 동일한 절차대로 진행되며, 종속변수는 사건 발생 여부(이직 여부)이다. 독립변수로 관찰 기간의 더미변수, 핵심인재 선발 1년차 시점의 MBA 과정 지원 여부와 핵심인재 선발 시 인센티브 수령액이 투입되는 형태이다.

본 Chapter의 실습 파일명은 'Chapter13_Data.csv'이며, <표 13-7>과 같이 interval 1을 기준 interval(범주)로 설정하여 원자료를 변환한 형태다. 모든 자료는 실제 존재하는 것이 아닌 임의로 생성된 가상의 자료다. 따라서 실습분석의 결과는 실습 이해용으로만 활용해야 하며, 각 변수의 관계에 실제 의미를 부여해서는 안됨을 명확히 하고자 한다.

Step ⓪ jamovi 실행 > 좌측상단 ' ≡ ' 클릭 > 'Open' 클릭 > 'Browse' 클릭 > 'Chapter13_Data.csv' 선택 > '열기' 클릭

▪ 실습 파일 'Chapter13_Data.csv'를 jamovi에서 불러온다. 각 열에 다음의 변

수가 위치하고 있는지 확인한다.

① ID: ID

② period: 관찰 시점(1=interval 1에 관찰됨, 2=interval 2에 관찰됨, ···, 5=interval 5에 관찰됨)

③ censor: 절단 여부(0=절단되지 않음, 1=절단됨)

* 여기서 0은 절단이 발생하지 않았다는 것이다. 절단이 발생하지 않았다는 것은 사건이 발생하여 관찰이 종료되었음을 의미한다. 반면 1은 절단이 발생했다는 것이고, 이는 관찰 종료 시점까지 사건이 발생하지 않았거나 혹은 다른 이유에 의해 관찰이 종료되었음을 의미한다. 본 자료에서 censor가 1인 경우는 관찰 종료 시점까지 사건이 발생하지 않은 경우만 존재한다.

④ event: 사건 발생 여부(0=이직하지 않음, 1=이직함)

⑤ D2-D5: 관찰 기간의 더미변수

⑥ mba_1y: 핵심인재 선발 1년차 시점의 MBA 과정 지원 여부(0=참석 안함, 1=참석)

⑦ cincen: 핵심인재 선발 시 인센티브 수령액(centering)

Step① Data > Setup > 변수 클릭 > Continuous/Ordinal/Nominal/ID 설정

▪ 첫 번째 단계는 각 변수의 속성을 정의하는 단계이다. <그림 13-6>과 같이 각 변수의 속성을 지정해주면 된다. jamovi의 경우 SPSS와 같은 프로그램과 달리 '완료' 버튼이 없으니, 클릭하여 설정만 해주면 된다.

▪ ID는 ID로, period, censor, event, D2-D5, mba_1y는 질적변수이므로 Nominal로, cincen은 연속변수이므로 Continuous로 설정해준다. 여기서 중요한 것은 event를 꼭 Nominal로 지정해주어야 한다는 점이다. 로지스틱 회귀분석의 종속변수를 Nominal로 지정해주지 않으면, 이후의 분석 단계에서 종속변수로 설정할 수 없기 때문이다.

📖 그림 13-6 | Step1

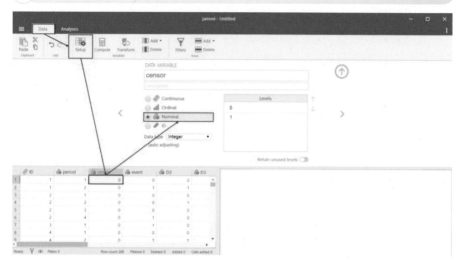

Step**2** Analyses > Regression > 2 Outcomes Binomial

▪ 앞서 설명한 것과 같이 비연속시간 생존분석은 로지스틱 회귀분석의 확장이
므로, 로지스틱 회귀분석을 통해 분석된다. 여기서는 종속변수의 범주가 이
직하지 않음과 이직함의 두 개이므로, 이항 로지스틱 회귀분석을 활용한다.

▪ 두 번째 단계는 각 변수의 역할을 설정하는 단계이다. 이 단계에서 로지스틱
회귀분석의 종속변수와 독립변수를 설정할 수 있다.

▪ 종속변수인 event를 Dependent Variable의 자리에 옮기고, Covariates의 자
리에 더미변수인 D2－D5와 독립변수인 mba_1y, cincen을 옮긴다.

그림 13-7 | Step2

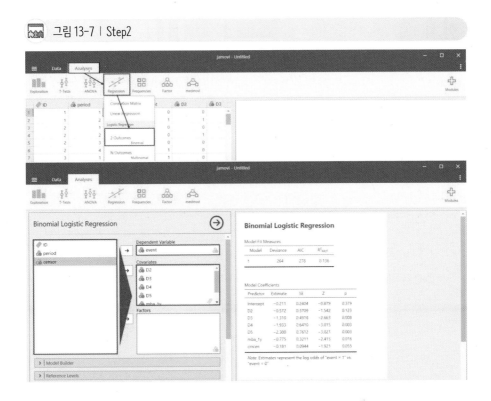

Step③ Interpretation

- jamovi의 경우 각 변수 및 옵션을 설정하면, 실시간으로 우측의 화면에 분석 결과가 Update 된다.

- <그림 13-7>의 Model Coefficients에서 절편과 각 더미변수 및 독립변수 의 회귀계수를 확인할 수 있다. 결과는 <표 13-8>과 같으며, 이를 바탕으로 <수식 13-10>을 작성할 수 있다.

수식 13-10 | A社 핵심인재 이직에 대한 비연속시간 생존분석 회귀식-2(비례승산을 가정한 비구조화 모형)

$$\ln\left(\frac{\widehat{h_{ij}}}{1-h_{ij}}\right) = [-0.211 - 0.572D_2 - 1.310D_3 - 1.933D_4 - 2.300D_5]$$
$$- 0.775mba\_1y - 0.181cincen$$

- interval 1의 기저위험확률은 절편의 값(interval 1의 위험로짓)인 −0.211을 <수식 13−4>에 대입하여 계산할 수 있다.[2] interval 2의 기저위험확률은 <수식 13−9>에서 D_2에만 1을 대입하고, 나머지 모든 변수에 0을 대입하여 위험로짓을 구한 후, 마찬가지로 <수식 13−4>를 활용하여 계산할 수 있다. intervla 3−5의 기저위험확률 역시 이와 같은 방법으로 계산한다.

- mba_1y의 회귀계수는 음수이고 유의하다. 다른 독립변수를 통제한 상태에서 핵심인재 선발 1년차에 MBA 과정을 지원받는 경우 그렇지 않은 경우보다 이직 확률(위험확률)이 감소한다고 할 수 있다. cincen의 경우 회귀계수가 −0.181로 유의하지 않았으므로, 따로 해석하지 않는다.

  ※ SPSS 프로그램 활용이 가능한 독자라면, 기준 interval 없이 더미변수를 생성한 자료를 바탕으로 절편을 추정하지 않는 방식의 비연속시간 생존분석을 실습해보기 바란다. 이를 위해 실습파일 'Chapter13_Data.sav'를 제공한다. 분석 절차는 다음과 같다.

- 분석 > 회귀분석 > 이분형 로지스틱 > 종속변수: event/독립변수: D1−D5, mba_1y, cincen 설정 > '옵션' 클릭 > '모형에 상수 포함' 체크 해제 > '계속' 클릭 > '확인' 클릭

---

2 독립변수의 값이 특정 수준일 때, 특정 interval의 위험확률을 구하고자 하는 경우에는 원하는 독립변수의 값을 대입하여 특정 interval의 위험로짓을 계산한 후, 다음의 식에 대입하면 된다. $h_{ij} = 1/(1 + \exp(-$위험로짓$))$

| Same application in different situations

본 Chapter에서는 양대리의 case를 해결하기 위하여 비연속시간 생존분석을 다루었다. 비연속시간 생존분석을 활용하여 어떠한 interval에 이직이라는 '사건'이 발생할 확률이 높은지와 어떠한 요인들이 각 interval의 위험확률(사건 발생확률)을 높이는지 확인했다. 이를 기업의 경영 현장 전반으로 확대해 본다면, 다음과 같은 상황에서도 적용해 볼 수 있을 것이다.

- 신규로 보험에 가입한 고객이 보험을 해지할지, 해지한다면 언제 해지할 확률이 높을지, 해지 확률을 높이거나 낮추는 요인이 무엇인지 알고 싶은 경우
- 개인의 도덕적 해이(moral hazard)로 인해 회사에 유무형의 손해를 끼친 임직원을 대상으로, 다시 도덕적 해이로 인한 issue가 발생할지, 발생한다면 언제 발생할 확률이 높을지, 발생할 확률을 높이거나 낮추는 요인이 무엇인지 알고 싶은 경우

Reference

본 Chapter는 홍세희 교수의 W/S 교재 중 「질적 변화분석을 위한 비연속시간 생존분석」의 내용을 중심으로 재구성되었습니다.

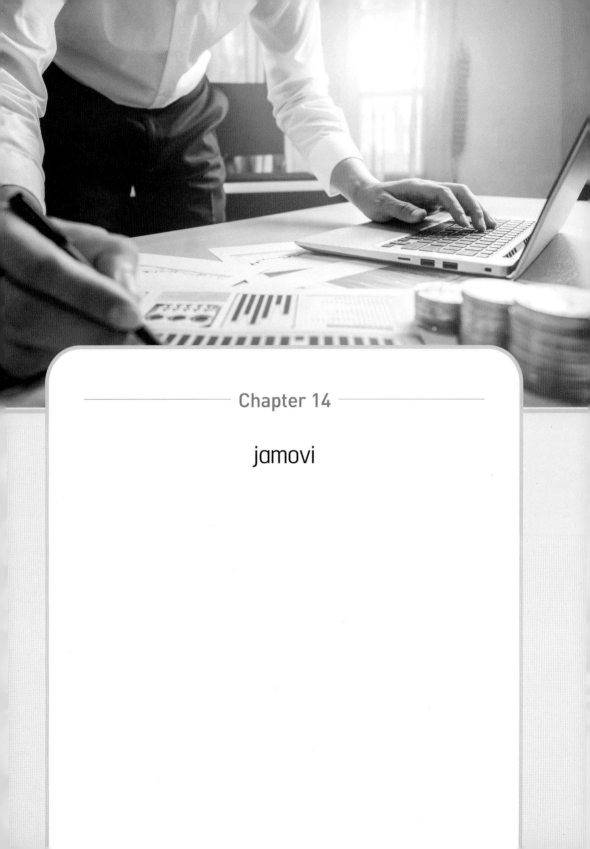

Chapter 14

jamovi

01 | jamovi 소개

   jamovi는 행동과학 분야의 자료를 분석하기 위한 통계분석 프로그램으로 t검정, 분산분석, 상관분석, 회귀분석, 비모수 검정, 요인분석 등의 다양한 분석이 가능하다. jamovi는 R의 알고리즘에 기초해서 개발되어, R의 분석 결과 검증 및 추가 분석이 가능하며, R과 호환이 가능하다.

   jamovi는 다른 통계분석 프로그램과 비교하여 몇 가지 장점이 있다. 첫 번째는 사용자 친화적이라는 점이다. R이나 SAS, Mplus와 같은 프로그램은 syntax를 기반으로 하는 반면, jamovi는 대화상자(Dialog box)를 기반으로 하여 통계 프로그램에 친숙하지 않은 이들도 쉽게 사용할 수 있다. 또한, 기존의 대화상자 기반의 프로그램들과 비교하여 UI가 세련되어 사용이 편리하다. 두 번째로 현재까지 무료로 공개되어 누구나 쉽게 사용할 수 있다. 마지막으로 jamovi는 기본적인 통계분석뿐만 아니라 고급 모델링을 가능하게 하는 여러 module을 쉽게 추가 설치할 수 있어, 확장성이 뛰어나다.

   이번 Chapter에서는 jamovi의 다운로드, 설치, 화면의 구성 등을 간단히 소개하겠다.

02 | jamovi 다운로드 및 설치

1. jamovi 홈페이지

   jamovi 다운로드를 위해 jamovi 홈페이지(https://www.jamovi.org)에 접속하자. Internet Explorer를 사용하면 다운로드 및 설치가 원활하지 않은 경우도 있으므

로, Chrome 사용을 권장한다. jamovi 홈페이지에 접속했다면, 홈페이지 상단의
download를 클릭한다.

🏞 그림 14-1 | jamovi 홈페이지

2. jamovi 다운로드

download를 클릭하면 다음과 같은 화면으로 이동한다. jamovi은 Windows,
macOS, Linux, ChromeOS의 운영체제에서 사용할 수 있다. 홈페이지 상단의
resources의 user-guide를 클릭하면 사용 가능한 OS 체제에 대한 자세한 안내가
있으니, 본인의 PC 환경에 적합한 버전을 확인하기 바란다. 여기서는 jamovi를
Windows OS에서 사용하는 상황을 가정하고 설명하도록 하겠다. '1.1.9 solid,
Recommended for Most Users'를 클릭하여, 설치 파일을 다운로드 하자.[1]

---

1 버전이 계속 업데이트되고 있으므로, 독자가 접속한 시기에 출시된 가장 최신의 버전을 다운받아 사용하면 된다.

그림 14-2 | jamovi 다운로드

3. jamovi 설치 및 실행

다운로드 받은 설치 파일(jamovi−1.1.9.0−win64.exe)을 더블클릭하여 jamovi를 설치하자. 설치를 완료하면 설정에 따라 바로가기가 생성되므로 바로가기를 이용하여 실행하거나, 작업표시줄의 검색창에 'jamovi'를 검색하여 실행하면 된다. 검색된 jamovi를 우클릭하여 '작업 표시줄에 고정'하면 더 편리하게 사용할 수 있다.

jamovi를 실행하면 <그림 14−3>과 같은 화면을 볼 수 있다. 왼쪽은 Excel과 같이 행과 열로 이루어진 스프레드시트가 있으며, 오른편은 통계분석의 결과가 제시되는 Output창으로 구성되어 있다. 상단에는 Data와 Analyses 메뉴와 여러 기능이 아이콘 형태로 존재한다.

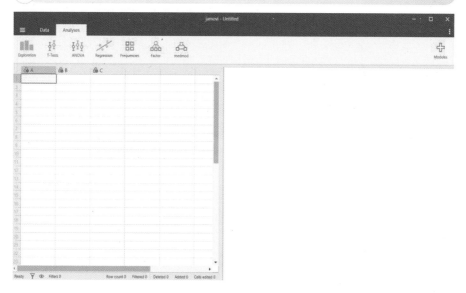

그림 14-3 | jamovi 실행 후 첫 화면

03 | jamovi 화면 구성

jamovi의 기본화면 상단을 보면, 4개의 탭이 있다. '≡', 'Data', 'Analyses', 그리고 ' ⋮ '이 그것이다.

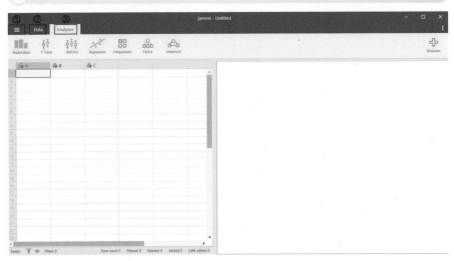

그림 14-4 | jamovi 화면 구성

1. ≡

≡ 탭을 클릭하여, 자료 및 jamovi 파일을 불러오거나, 저장 등의 작업을 할 수 있다. 세부적인 기능에 대한 설명은 다음과 같다.

① New: 새로운 jamovi 창이 열린다.

② Open: 저장되어 있는 자료 파일이나 jamovi 파일을 열 수 있다.

③ Import: 저장되어 있는 자료 파일을 불러올 수 있다.

④ Save/Save As: jamovi에서 작업한 내용을 .omv 확장자로 저장할 수 있다.

⑤ Export: jamovi에서 사용한 자료 파일이나 분석결과를 저장할 수 있다.

그림 14-5 | jamovi ≡ 탭 화면

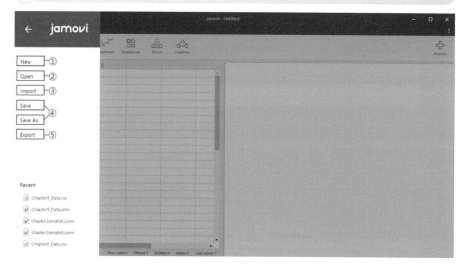

2. Data

Data 탭에서는 자료 자체를 편집할 수 있는 여러 기능을 제공한다. 행이나 열을 자르거나, 붙이거나, 지우는 경우, 분석자의 의도에 따라 기존의 변수를 활용(계산)하여 새로운 변수를 생성하는 경우, 특정 조건에 따라 자료를 분할하여 분석하고자 하는 경우 등에 사용 가능한 기능들이 담겨있다. 실습 파일인 Chapter14_Data.csv를 활용하여 각 기능을 살펴보자. 먼저, ≡ > Import > Browse를 클릭하여 컴퓨터에 저장된 실습 파일을 불러온다.

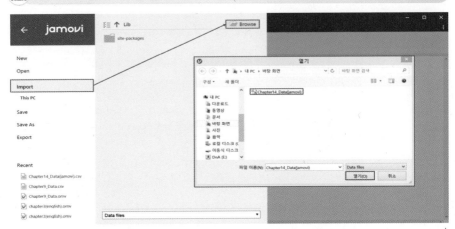

그림 14-6 | 실습 파일 불러오기

① Data 〉 Setup

실습 파일을 정상적으로 불러왔다면, Data 탭의 Setup을 클릭하여, 각 변수의
속성을 설정해주자. A열을 선택하고 Setup 버튼을 클릭하거나, A열을 우클릭하고
Setup을 클릭하면, 변수의 속성을 설정할 수 있다.

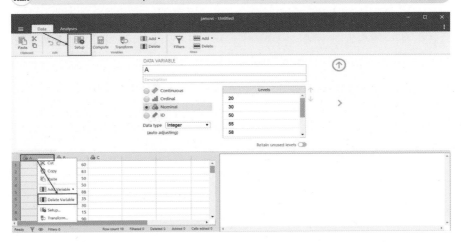

그림 14-7 | Data 〉 Setup -1

먼저, A라는 변수명을 Math로 바꿔보자. A를 지우고 Math를 입력하면 된다. 변수명 아래 Description에는 이 변수에 대한 설명을 입력할 수 있다. '수학 점수' 라고 Math 변수에 대한 설명을 입력해도 좋다. 입력하지 않아도 분석에 영향을 주지는 않는다. 이어서, B라는 변수명을 Science로 바꿔보자. jamovi는 한글 변수명도 인식하기 때문에, 변수명을 한글로 기입하는 것도 가능하다. 다만, 영어로 변수명을 기입하는 것이 안정적이다. 한글 변수명은 종종 분석 시 오류를 유발하기 때문이다. 변수의 속성은 Continuous(연속변수), Ordinal(질적변수(순서형)), Nominal (질적변수(명목형)) 중 선택할 수 있다. 만약 ID를 나타내는 변수가 있다면 ID로 지정을 해주자. Math와 Science를 Continuous를 지정해보자. 변수의 type을 Integer (정수), Decimal(소수), Text(문자)로 설정해 줄 수 있다. Math와 Science는 모두 정수로 구성되어 있으므로 Integer를 선택한다.

그림 14-8 | Data 〉 Setup -2

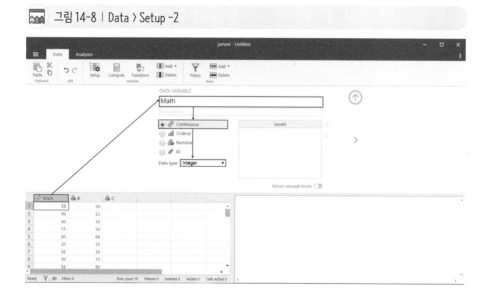

② Data 〉Compute

기존의 변수들을 계산하여 새로운 변수를 생성하고 싶은 경우 방법을 알아보자. <그림 14-9>와 같이 변수명이 비어있는 곳을 더블클릭하면, 'NEW DATA VARIABLE', 'NEW COMPUTED VARIABLE', 'NEW TRANSFORMED VARIABLE'이라는 옵션이 나타난다. 예를 들어, Math와 Science의 평균이라는 새로운 변수를 만들고자 하는 경우를 생각해보자. 'NEW COMPUTED VARIABLE'을 클릭하거나, Data > Compute를 클릭하여, 기존 변수를 활용해 새로운 변수를 만들 수 있다.

그림 14-9 | Data 〉Compute -1

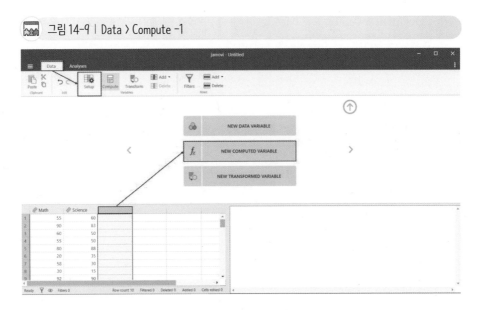

Compute 대화상자를 보면, Formula를 지정할 수 있다. f_x를 클릭하면 여러 함수 기능을 선택할 수 있다. 평균을 의미하는 함수 Mean을 찾아 더블클릭한다. Mean 옆에 괄호 안에는 평균을 생성할 변수들을 ',' 로 구분하여 입력해준다. 변수명은 mean으로 설정한 후, '↑'나, '>'를 클릭해보자. Math와 Science의 평균이

'mean'이라는 이름의 변수로 생성되었음을 스프레드시트 화면을 보면 확인할 수 있을 것이다.

📟 **그림 14-10 | Data > Compute -2**

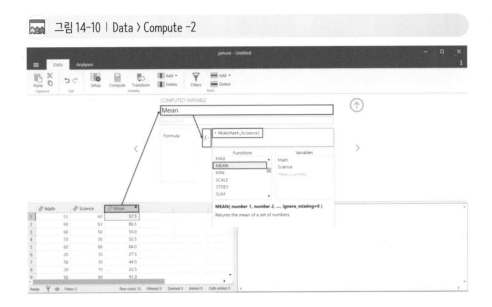

Computed variable의 수식 중에서 Mean 외에 유용하게 사용할 수 있는 함수들을 요약하자면 다음과 같다.

◎ **표 14-1 | jamovi 함수**

함수	설명
ABS()	절대값
EXP()	지수
LN()	자연로그
LOG10()	상용로그
SQRT()	제곱근
MEAN()	평균

MED()	중앙값
MODE()	최빈값
SCALE()	표준화점수(z값)
SUM	합계
VMEAN()	전체평균

jamovi 블로그를 통해 jamovi의 각 기능에 대한 설명들이 있으니, 궁금한 점이 있다면 이를 활용하는 것을 권장한다.

- jamovi 블로그: https://blog.jamovi.org
- **참고자료:** https://blog.jamovi.org/2017/11/28/jamovi-formulas.html

③ Data 〉 Transform

Transform은 특정 변수의 값을 재코딩하거나, 이를 계산하여 다른 변수를 생성하고 싶은 경우에 사용한다. 먼저, 바꾸고 싶은 변수명을 클릭하고, Data > Transform을 클릭하면, 바로 옆 열에 새로운 변수가 생성된다. Math 변수를 Transform 하고 싶다면, Math 변수를 클릭하고 Transform 메뉴를 눌러보자. <그림 14-11>과 같이 바로 옆 열에 Math(2)라는 변수명으로 Math와 같은 값을 갖는 새로운 변수가 생성된 것을 확인할 수 있다. 필요에 따라 기존 변수를 변형하여 새로운 변수를 생성하고자 하는 경우, 'using transform'의 'None'을 클릭하여, 'Create New Transform'으로 바꿔주자. <그림 14-12>와 같이 새로운 변수를 계산할 수 있는 TRANSFORM 창이 뜨는 것을 확인할 수 있다.

그림 14-11 | Data 〉 Transform -1

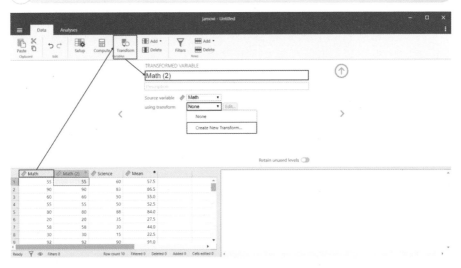

    〈그림 14-12〉와 같이 Transform1이라는 변수명을 recoding으로 변경해보자. 스프레드시트 영역에 'Math-recoding'이라는 변수명이 표시된다. f_x를 클릭하면 여러 함수 기능을 선택할 수 있다. 예를 들어, Math의 값이 60점 이상인 개인은 시험을 통과했다는 의미로 1, 그렇지 않은 사람은 0이라는 값을 가지도록 새로운 변수를 생성하고 싶다고 하자. 즉, Math 변수가 60 이상이면 1, 60 미만이면 0으로 재코딩하고 싶은 경우다. '+Add recode condition'을 클릭하면, Transform의 조건을 설정할 수 있다.

    여기서는 60을 기준으로 60 미만은 0, 나머지는 1로 재코딩해야 하므로, 'if $source' 다음에 '<'기호와 '60'이라는 값을 넣어주고, 'use' 다음에는 '0'을 입력해준다. 아래의 'else use'에는 '1'을 넣어주자. 수식을 다 넣었다면, 아래의 'Measure type'을 'nominal'로 바꿔주자.[2] 새로운 변수의 값은 Math값이 60 이상이면 1, 미만이면 0으로 바뀐 것을 확인할 수 있다. 마지막으로 Math-recoding이라는 변수

---

2 합격/불합격은 질적변수(명목형)이기 때문이다.

명을 다시 Math(2)로 변경해주자.

- **참고자료:** https://blog.jamovi.org/2018/10/23/transforming−variables.html

그림 14-12 | Data ⟩ Transform −2

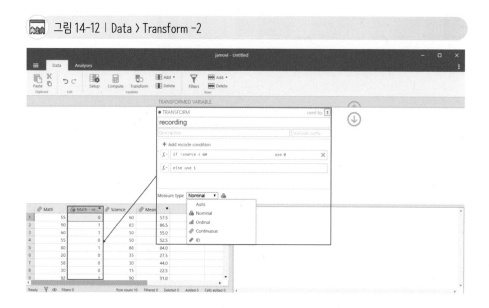

④ Data ⟩ Filter

Filter는 자료를 특정 조건으로 구분하여 분석하고 싶은 경우 사용한다. Data ⟩ Filter를 클릭하면, 자동으로 제일 첫 열에 Filter 1이라는 열이 생성되면서 모든 행에 체크 표시가 된다.

그림 14-13 | Filter -1

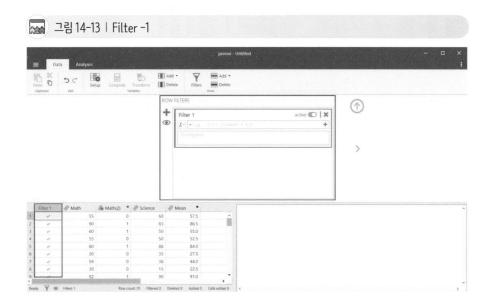

만약, Math 점수가 60 이상인 학생들의 자료로만 분석하고 싶다면, 앞서 생성한 Math(2)[3] 변수를 이용하여 필터링하면 된다. f_x의 우측칸에 'Math(2) == 1'을 입력하면, Math(2)가 1(Math가 60 이상)인 개인의 자료만 초록색 ✓로 표시되고, 나머지는 붉은색 ×로 표시될 것이다. 이는 ✓표시된 자료만 분석에 사용됨을 의미한다.

---

3 오류가 발생한다면, 변수명을 'Math2'로 변경하고, 조건으로 'Math2==1'을 입력해보기 바란다. 변수명에 괄호가 있는 경우, 수식 사용 시 종종 변수명을 인식하지 못하는 오류가 발생하기도 한다.

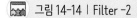 그림 14-14 | Filter -2

Filter를 추가하고 싶은 경우, Filter1 왼쪽의 '+'를 클릭하면 된다. Filter1 아래에 Filter2가 생성되며, 새로운 조건을 입력할 수 있다. 이처럼 Filter를 추가하고 싶은 경우 '+'를 활용하여 여러 조건을 추가할 수 있다.

 그림 14-15 | Filter -3

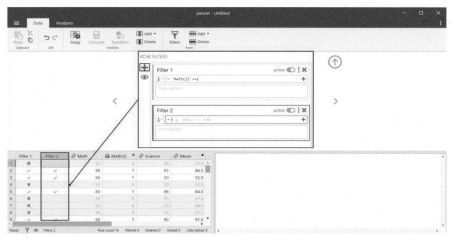

Filter를 적용한 뒤, 특정 조건을 만족한 자료만 보고 싶다면 '+' 아래의 '눈 모양'을 클릭하면 된다. 클릭 시, <그림 14-16>과 같이 눈 모양에 사선이 그어지면서 특정 조건을 만족하는 자료만 보이게 된다. 만약 다시 모든 자료를 보고 싶다면, 눈 모양을 한 번 더 클릭하면 된다.

그림 14-16 | Filter -4

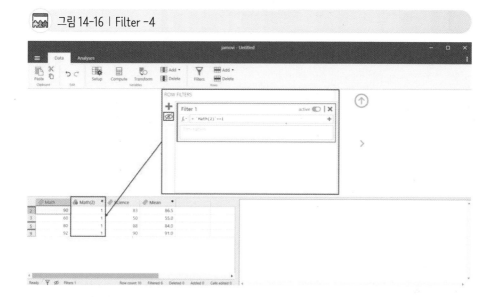

마지막으로 Filter를 해제하고 싶다면, 각 Filter에 active 버튼을 클릭하여 inactive로 만들어주거나, Filter열 우클릭, 'Delete Filter'를 선택해서 삭제하면 된다.

▪ 참고자료: https://blog.jamovi.org/2018/04/25/jamovi-filters.html

그림 14-17 | Filter -5

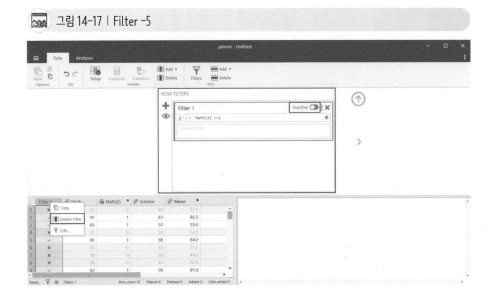

3. Analyses

jamovi는 기본기능과 module 설치를 통해 다양한 통계분석을 제공하고 있다. module을 따로 설치하지 않더라도 기술통계(아이콘명: Exploration), t검정(아이콘명: T-Tests), 분산분석(아이콘명: ANOVA), ④ 회귀분석(아이콘명: Regression), ⑤ 교차분석(아이콘명: Frequencies), 그리고 ⑥ 요인분석(아이콘명: Factor)과 같은 통계분석은 기본적으로 제공한다.

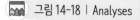 그림 14-18 | Analyses

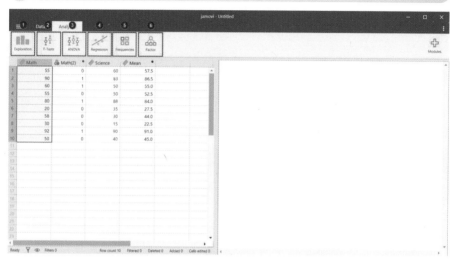

4. ⋮

⋮ 탭을 이용하여, 결과에 표시되는 숫자의 형식이나 plot의 형태, 결측치 등에 대한 설정을 변경할 수 있다. jamovi를 새로 설치하는 경우, 본문의 결과값과 소수점 자리수가 다르게 출력될 수도 있다. 이 경우 ⋮ 탭에서 Number format을 조정하도록 한다. 만약 자료에 결측치가 있다면 결측치가 어떻게 처리되어 있는지에 대한 정보를 jamovi에 알려줘야 한다. 만약, 자료에 결측치가 있고, 결측치는 '999'로 입력되어 있다고 해보자. 먼저, ⋮을 클릭한다. Import의 Default missings가 'NA'로 설정되어 있을 것이다. 'NA'를 '999'로 바꿔 입력해주면, jamovi가 자동으로 자료 내 '999'라는 값을 결측치로 인식한다.

그림 14-19 | ⋮

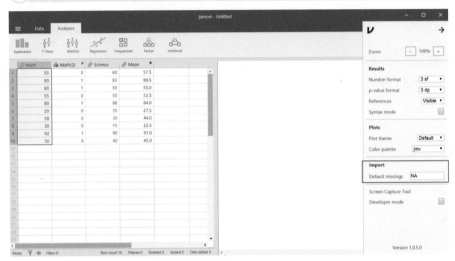

04 | Inp, Out 파일

jamovi에서 Open 가능한 파일의 형식은 jamovi 파일인 .omv, .omt, Comma delimited 파일인 .csv, .txt, SPSS 파일인 .sav, .zsav, .por, R자료 파일인 .RData, .RDS, SAS자료 파일인 .dta, .xpt, .sas7bdat, 그리고 JASP 파일인 .jasp가 있다.

jamovi에서 작업한 파일은 .csv, .sav, .sas7bdat, .RData, .RDS 등으로 Export 가 가능하며, 분석결과를 .pdf나 .html로 저장할 수 있는 기능도 존재한다.

본 도서에서는 기본적으로 범용성이 가장 높은 Excel의 .csv 파일을 실습 파일로 제공하고 있다.

맺으며

    지금까지 다양한 People Analytics 주제와 그것을 가능하게 하는 통계 방법론, 통계 프로그램의 활용법에 대해 학습해 보았다. 다음의 몇 가지 당부의 말을 전하고, 본 권을 마무리하고자 한다.

    첫 번째, People data를 어떻게 측정하고 통계적으로 분석해야 하는지 이야기하였지만, 결국 이 책의 독자로 설정한 기업의 실무자들이 설득해야 하는 것은 의사결정을 하는 그들의 상사이다. 아직 우리 사회의 자료분석 literacy는 그리 높다고 할 수 없다. 본 도서를 학습한 독자가 이 안의 언어로, 이를 읽지 않은 누군가에게 People Analytics의 필요성과 분석결과를 설명하여 이해시키기는 쉽지 않을 것이다. 모두의 통계 literacy가 높아, 추가적인 설명 없이 분석결과를 설명하고 이해하면 좋겠지만, 이는 현실적으로 어려운 바람이다. 결국, People Analytics를 통해 얻은 결과를 의사결정의 합리적 근거로 기능하게 하는 것은 실무자의 고민과 고민을 통해 구현된 보고 및 보고서일 것이다. 따라서 앞으로 측정과 통계에 대한 학습 외에도 분석의 결과를 바탕으로 누군가를 '어떻게 설득할 것인가'에 대한 지속적인 고민을 해주길 바란다.

    본 도서의 각 Chapter에서 다룬 통계의 방법론은 그 하나하나만으로도 한 권의 책을 서술할 수 있을 정도로 실제 그 이면에 있는 이론과 논의는 방대하며, 또 복잡하다. 하지만 취지에 맞게 실무자의 입장에서 전반적인 이해를 위해 꼭 알아야 하고, 적용을 위해 필요한 내용을 중심으로 구성하였다. 가장 일반적인 상황에서의 자료분석 방법론을 다루었기 때문에, 독자가 처해있을 수 있는 특수성을 반영한 여러 확장된 개념과 방법을 다루지는 않았다.

    자문에 대한 의뢰는 책임저자인 고려대학교 교육학과 교육측정 및 통계연구실 홍세희 교수의 메일 seheehong@korea.ac.kr로 문의하기 바란다. 홍세희 교수의 홈페이지 http://www.seheehong.com/ 보드에 질문을 올려도 된다. 또한, 자료분석에 대한 연구방법론 집중 WORKSHOP을 참고해도 좋겠다.

- https://blog.naver.com/pyworkshop7

마지막으로, 가능한 한 많은 사례와 자세한 설명으로 이해를 돕고자 하였지만, 독자들이 이를 이해하는 과정이 쉽지는 않으리라고 생각한다. 책을 시작하며 말한 것처럼, 진입이 어려운 새로운 학문적 내용을 공부하는 방법은 기본적으로 '덧칠'이다. 이해와 적용을 위해서는 반복적 내용 학습과 더불어 본인의 사례에 적용하고자 하는 부단한 노력이 필히 동반되어야 할 것이다. 이를 통해 측정과 통계라는 많은 이들이 가지고 있지 않은 자신만의 강점을 만들어 가기를 바란다.

Bibliography

Akaike, H. (1974). A new look at the statistical model identification. IEEE transactions on automatic control, 19(6), 716−723.

Angrave, D., Charlwood, A., Kirkpatrick, I., Lawrence, M., & Stuart, M. (2016). HR and analytics: why HR is set to fail the big data challenge. Human Resource Management Journal, 26(1), 1−11.

Asparouhov, T., & Muthén, B. (2014). Auxiliary variables in mixture modeling: Three−step approaches using M plus. Structural Equation Modeling: A Multidisciplinary Journal, 21(3), 329−341.

Collins, L. M., & Lanza, S. T. (2009). Latent class and latent transition analysis: With applications in the social, behavioral, and health sciences. N.J: Wiley & Sons.

Crossman, A., & Harris, P. (2006). Job Satisfaction of Secondary School Teachers. Educational Management Administration & Leadership, 34(1), 29−46.

Edwards, M. R., & Edwards, K. (2019). Predictive HR analytics: Mastering the HR metric. Kogan Page Publishers.

Gujarati, D. N. (2009). Basic econometrics. Tata McGraw−Hill Education.

Hayes, A. F. (2018). Introduction to mediation, moderation, and conditional process analysis: a regression−based approach. New York: The Guilford Press.

Jung, T., & Wickrama, K. A. S. (2008). An introduction to latent class growth analysis and growth mixture modeling. Social and personality psychology compass, 2(1), 302−317.

Lo, Y., Mendell, N. R., & Rubin, D. B. (2001). Testing the number of components in a normal mixture. Biometrika, 88(3), 767−778.

Marler, J. H., & Boudreau, J. W. (2017). An evidence−based review of HR Analytics. The International Journal of Human Resource Management, 28(1), 3−26.

Muthén, B. O., & Muthén, L. K. (2000). Integrating person-centered and variable-centered analyses: Growth mixture modeling with latent trajectory classes. Alcoholism: Clinical and experimental research, 24(6), 882−891.

Muthén, B. O., Muthén, L. K. & Asparouhov, T. (2017). Regression and mediation analysis using Mplus. Los Angeles, CA: Muthén & Muthén.

Muthén, L. K., & Muthén, B. O. (1998−2017). Mplus user's guide. English Edition. Los Angeles, CA: Muthén & Muthén.

Nylund, K. L., Asparouhov, T., & Muthén, B. O. (2007). Deciding on the number of classes in latent class analysis and growth mixture modeling: A Monte Carlo simulation study. Structural equation modeling: A multidisciplinary Journal, 14(4), 535−569.

Peel, D., & McLachlan, G. J. (2000). Robust mixture modelling using the t distribution. Statistics and computing, 10(4), 339−348.

Peterson S.J., Luthans F., Avolio B.J., Wamubwa F.O., Zhang Z. (2011). PSYCHOLOGICAL CAPITAL AND EMPLOYEE PERFORMANCE: A LATENT GROWTH MODELING APPROACH. Personnel Psychology. 64(2), 247−450.

Schwarz, G. (1978). Estimating the dimension of a model. The annals of statistics, 6(2), 461−464.

Sclove, S. L. (1987). Application of model−selection criteria to some problems in multivariate analysis. Psychometrika, 52(3), 333−343.

Singer, J. D., Willett, J. B., & Willett, J. B. (2003). Applied longitudinal data analysis: Modeling change and event occurrence. Oxford university press.

Stuart A., Ord K. (2010). Kendall's Advanced Theory of Statistics, Distribution Theory 6 edition, Wiley

van Vulpen, E. (2016). The Basic Principles of People Analytics: Learn how to use HR data to drive better outcomes for your business and employees. CreateSpace Independent Publishing Platform.

Vermunt, J. K. (2010). Latent class modeling with covariates: Two improved three−step approaches. Political analysis, 18(4), 450−469.

Wang, M. (2007). Profiling retirees in the retirement transition and adjustment process: Examining the longitudinal change patterns of retirees' psychological well−being. Journal of Applied Psychology, 92(2), 455−474.

김태근. (2006). u−Can 회귀분석. 서울: 인간과 복지.

남예지, 이청아, 홍세희. (2019). 산재 근로자의 직장복귀 후 일자리 만족도의 종단적 변화 및 영향요인 검증: 다집단 잠재성장모형을 통한 원직복귀와 재취업 간 차이 분석. 노동정책연구, 19(2), 73−102.

노언경, 홍세희, 이현정. (2011). 청년 취업자의 직무만족도와 이직의사 변화의 잠재계층에 대한 이중 변화형태 모형의 적용. 조사연구, 12(2), 113−144.

오승연, 김효진, 홍세희. (2018). 사업체 고용의 질에 따른 잠재프로파일 분류와 매출액과의 관련성 검증. 노동정책연구, 18(2), 1−25.

유진은. (2015). 양적연구 방법과 통계분석. 서울: 학지사.

홍세희, 정송. (2014). 회귀분석과 구조방정식 모형에서의 상호작용효과 검증: 이론과 절차. 인간발달연구, 21(4), 1−24.

홍세희, 노언경. (2010). 비연속시간 사건사 분석을 위한 분할함수 모형화 방법의 제시 및 적용. 교육평가연구, 23(4), 953−973.

홍세희. (2000). 구조 방정식 모형의 적합도 지수 선정기준과 그 근거. Korean Journal of Clinical Psychology, 19(1), 161−177.

홍세희. (2005). 이항 및 다항 로지스틱 회귀분석. 서울: 교육과학사.

홍세희. (2019). 구조방정식 모형의 기초와 적용. 서울: 박영사.

홍세희. (2019). 변화분석을 위한 잠재성장모형. 서울: 박영사.

홍세희. (2019). 질적 변화분석을 위한 비연속 시간 생존분석. 서울: 박영사.

홍세희. (2020). 위계적 자료 분석을 위한 횡단 다층모형. 서울: 박영사.

홍세희. (2020). 잠재계층, 잠재전이, 성장혼합모형. 서울: 박영사.

Index

| 공저자 약력 |

홍세희

고려대학교 교육학과 교수

학 력

오하이오 주립대학교 심리학과 박사(계량 심리학 전공)
일리노이 공과대학 심리학과 석사(산업 및 조직심리학 전공)
서울대학교 심리학과 학사

교수경력

고려대학교 교육학과(교육측정 및 통계) 교수
연세대학교 사회복지학과 부교수-교수 역임
이화여자대학교 심리학과 부교수 역임
캘리포니아대학교 교육학과 및 심리학과 조교수-부교수(Tenured: 종신교수) 역임

학회활동

한국심리측정평가학회 고문
한국심리측정평가학회 회장 역임
한국심리학과 심리검사심의위원회 위원장 역임
한국교육평가학회 학술위원회 위원장 역임

수 상

미국 다변량 실험심리학회 최우수 연구상
고려대학교 석탑연구상
고려대학교 명강의상

양준영

학 력

오하이오 주립대학교 교육학과 박사과정(Quantitative Research, Evaluation and Measurement 전공)
고려대학교 교육학과 석사(교육측정 및 통계 전공)
고려대학교 교육학과 학사

경 력

LG화학 조직문화변혁팀
LG인화원 기본교육팀

수 상

한국심리측정평가학회 논문 발표 우수상
한국조사연구학회 논문공모 대상 외 다수

조기현

학 력

고려대학교 교육학과 박사수료(교육측정 및 통계 전공)
고려대학교 교육학과 석사(교육측정 및 통계 전공)

수 상

한국고용정보원 고용패널 학술대회 우수상
한국노동연구원 노동패널 학술대회 장려상 외 다수

김효진

학 력

고려대학교 교육학과 박사수료(교육측정 및 통계 전공)
고려대학교 교육학과 석사(교육측정 및 통계 전공)

경 력

교육과정평가원 교육평가본부 학생지원팀
SK리더십성격검사(LPI) 개발팀

수 상

노동연구원 사업체패널 논문공모 최우수상
한국여성정책연구원 논문공모 우수상 외 다수

장유나

학 력

고려대학교 교육학과 박사수료(교육측정 및 통계 전공)
고려대학교 교육학과 석사(교육측정 및 통계 전공)

수 상

통계청 논문공모 장려상
한국언론진흥재단 학술대회 연구선정 외 다수

문제해결 중심의
People Analytics: 자료분석 편

초판발행	2021년 6월 10일
중판발행	2023년 10월 20일
지은이	홍세희·양준영·조기현·김효진·장유나
펴낸이	노 현
편 집	배근하
기획/마케팅	이영조
표지디자인	이미연
제 작	고철민·조영환
펴낸곳	㈜ 피와이메이트
	서울특별시 금천구 가산디지털2로 53 한라시그마밸리 210호(가산동)
	등록 2014. 2. 12. 제2018-000080호
전 화	02)733-6771
f a x	02)736-4818
e-mail	pys@pybook.co.kr
homepage	www.pybook.co.kr
ISBN	979-11-6519-168-9 93320

정 가   23,000원

박영스토리는 박영사와 함께하는 브랜드입니다.